高原地区教育政策研究丛书
洪成文　主编

高原高等教育政策研究

买雪燕　主编

学苑出版社

图书在版编目（CIP）数据

高原高等教育政策研究 / 买雪燕主编 . — 北京：学苑出版社，2021.9

（高原地区教育政策研究丛书 / 洪成文主编）

ISBN 978-7-5077-6254-9

Ⅰ . ①高… Ⅱ . ①买… Ⅲ . ①高原—高等教育—教育政策—研究—中国 Ⅳ . ① G649.20

中国版本图书馆 CIP 数据核字（2021）第 181405 号

责 任 编 辑：任彦霞
出 版 发 行：学苑出版社
社　　　　址：北京市丰台区南方庄 2 号院 1 号楼
邮 政 编 码：100079
网　　　　址：www.book001.com
电 子 信 箱：xueyuanpress@163.com
联 系 电 话：010-67601101（营销部）、010-67603091（总编室）
印　刷　厂：北京建宏印刷有限公司
开 本 尺 寸：787×1092　1/16
印　　　　张：19.75
字　　　　数：286 千字
版　　　　次：2021 年 10 月第 1 版
印　　　　次：2021 年 10 月第 1 次印刷
定　　　　价：68.00 元

编 委 会

总顾问 顾明远

委　员（以姓氏笔画排序）

　　　　　王　鉴　史培军　朱旭东
　　　　　刘旭东　苏　德　李晓华
　　　　　洪成文　梅　岩　曹昱源
　　　　　管培俊

总　序

　　党的十八大以来，习近平总书记多次到西部地区视察调研，深入基层和边疆一线，发表了系列重要讲话，为新时代西部大开发指明了方向，提供了基本原则。党的十九大明确提出，强化举措推进西部大开发形成新格局。2020年5月，中共中央、国务院在系统总结西部大开发战略实施经验基础上，顺应中国特色社会主义进入新时代、区域协调发展进入新阶段的新要求，统筹国内国际两个大局发布了《关于新时代推进西部大开发形成新格局的指导意见》，这对于推动高原地区高质量发展、决胜全面建成小康社会、开启全面建设社会主义现代化国家新征程具有重要意义。

　　我国有青藏、黄土、云贵和内蒙古四大高原，高原地区虽然是中国地理的脊梁，但教育事业的发展却相对滞后。改革开放以来，党中央一直关心高原地区教育的发展，教育事业从入学率的提升，到教育质量的提高和教育均衡战略的实施，都取得了世人瞩目的成就。然而与东部发达地区相比，高原地区的经济发展和教育事业发展还是有差距的。如何缩小差距，现行的政策有哪些需要调整，如何在政策思想和手段方面不断创新，以更好地满足高原地区教育事业发展的需求，是高原地区教育研究者绕不过去的大难题。高原地区的发展与教育发展息息相关，没有教育事业的发展，就没有高原地区的经济社会发展。教育发展又与教育政策息息相关，没有良好的政策和举措，就不会有教育的良好发展。因此，如何对既往的教育政策加以反思，如何创新当下的教育政策，如何为高原发展提供更好的政策思想和动议，都是当前需要做的紧迫工作。

在党中央提出的"两个一百年"宏伟目标的指引下，本着对高原地区教育发展的一腔热血，青海师范大学组织力量编写这套《高原地区教育政策研究丛书》（以下简称《丛书》），不仅是对高原地区教育在新时代如何更好发展的积极回应，也是对高原地区教育政策的一次系统性梳理，是高原地区教育研究的一个大手笔。应编辑部邀请，我欣然作序。

我认为，这套丛书的特点可以概括为三个方面：一是视角创新，二是内容聚焦，三是时机恰当。第一，这是改革开放以来第一套系统整理和研究高原地区的教育政策的丛书。《丛书》的出版将为高原地区教育研究和政策咨询提供系统性的资料，同时也会为促进高原地区教育政策的研究产生积极的影响，从这个角度看，这套丛书的研究视角具有独特性和创新性。第二，《丛书》丰富了我国区域研究的内容，填补了区域教育政策研究的空白，立足于高原地区教育发展，关注高原教育政策，内容具有很强的针对性。第三，《丛书》的编辑和出版恰逢建党百年、教育现代化的纲领刚刚颁布之际，从建党的角度看，有必要系统梳理一下党中央关心高原地区教育的政策和举措；从教育现代化的角度看，高原的教育现代化是全国教育现代化的短板，没有高原的教育现代化，就没有教育现代化的真正实现。研究高原教育现代化，就是要破解中国教育的难题，为高原教育现代化提供研究咨询，就是办大事，办实事，办好事，《丛书》的出版可谓恰逢其时。

《丛书》的第一批选题包括基础教育政策、高等教育政策和职业教育政策。待出版后，第二批的成果将逐渐拓展到高原教育发展的更多方面。如果合适的话，建议以后每五年编辑出版一次，让《丛书》发展成一个连绵不断的教育发展宝库、教育研究的数据库和资源中心。

这套丛书从编辑到出版，编辑委员会和出版社的相关同志都做出了巨大的努力，为全套丛书的出版贡献了各自的智慧。特别要感谢青海师范大学高原科学与可持续发展研究院对该丛书的大力支持。书中可能存在这样和那样的问题,恳请各位读者不吝赐教,让丛书不断提高水平,更好地满足不同层次读者的要求。

瞿振元

庚子年 季秋

(瞿振元,国家教育咨询委员会委员,中国高等教育学会原会长,第十、十一届全国政协委员)

序　言

改革开放 40 多年来，我国西部高等教育生存的特殊环境及其承担的特殊使命，使其成为国家发展的重大战略问题。青藏高原环境特殊，气候极端，有世界屋脊和地球的第三极之称，居住着文化背景不同的少数民族，形成了独具特色的民族文化。青藏高原高等教育事业历史短，发展快，以其独特的功能定位坚韧地支撑着西部经济社会发展和国家边防安全。

当前，我国经济社会发展正在进行着深层次变革，"五位一体"、高质量发展、"一带一路"建设等，为我国经济发展规划了新的蓝图，注入了新的动能。中共中央、国务院 2020 年 5 月印发的《关于新时代推进西部大开发形成新格局的指导意见》提出，强化举措推进西部大开发形成新格局，这是党中央、国务院从全局出发，顺应中国特色社会主义进入新时代、区域协调发展进入新阶段的新要求，统筹国内国际两个大局做出的重大决策部署。国家加大新一轮西部开发力度，深化与丝路沿线国家的合作交流，使原本闭塞的西部地区成为向西开放的前沿，成为我国经济发展新的增长极。在新的历史背景下，教育，特别是高等教育在西部经济社会发展中的作用尤为关键，而西部经济社会发展和科技进步也将极大地促进高等教育的发展。时代赋予了西部高等教育发展新使命，高等教育要适应新的时代要求，培养更多支撑经济社会发展的优秀人才，贡献更多的智慧。当前，再次审视和定位西部高等教育，聚焦于西部高等教育的改革和发展，探讨西部高等教育的政策，具有重要的现实意义。

对口支援工作是贯彻落实国家西部大开发战略的重要举措。教育部于2001年6月启动《对口支援西部地区高等学校计划》，实现了东西部高校之间的"结对帮扶"。2010年，教育部发布《关于进一步推进对口支援西部地区高等学校工作的意见》，从教师队伍建设、联合培养、资源共享、干部挂职、国际合作与统筹管理等方面深化对口支援工作。2013年2月，教育部、国家发展改革委、财政部联合发布《中西部高等教育振兴计划（2012—2020年）》，对西部高等教育提出了更高要求。

高原科学与可持续发展研究院是贯彻落实中央"教育援青"战略，充分发挥北京师范大学人才和科技优势，推进青海教育优先发展的重要载体。高原教育政策研究团队是该研究院的重要团队之一，以北京师范大学著名学者为学术带头人，汇集了青海师范大学和北京师范大学学者们的集体力量。

编者依循丛书的要求，系统搜集了高原高等教育的重要文献。所选文献均为高原高等教育研究最具代表性的知识成果，其中部分文献还是高原高等教育、西部高等教育的滥觞之作，这些文献对于理解高原高等教育、认识西部高等教育研究的文化性和特殊性，具有重要意义。本书共分为四篇，分别涉及理论探讨、政策法规、发展改革和比较研究。每个专题前安排有简短的导言，简要介绍专题选文的原则和内容，希望能帮助读者对高原教育、西部教育的思想内涵及其学术影响形成一个较深刻的认识，也可以为西部高等教育研究同行提供知识基础。

诚然，高原教育和西部教育还存在着国家高水平大学和重点学科数量相对偏少，学科专业设置和师资队伍结构不尽合理等问题，因此，高原高等教育还需要持续性关注和改进，期待着更多学者同行的关注和关怀。

千里之行，始于足下。一本著作的出版虽然微不足道，但是它将有一种微妙的暗示，相信本书的出版是西部高等教育，特别是高原高等教育大发展时期行将到来的先声。

最后，感谢青海师范大学高原科学与可持续发展研究院对该系列丛书的大力支持！

洪成文

2020年仲夏　西宁

目 录

第一章 　理论探讨 ……………………………………………… / 1
全面提高西部地区高等教育质量 ……………………… 张大良 / 3
论大学的"行政化"与"去行政化" ……………………… 荣司平 / 6
我国大学学术权力运行的历史变迁研究 …… 包万平　薛　南 / 14
高等学校民主协商型行政管理研究 …………………… 武启云 / 33
论高校"双一流"建设的思想理念 ……… 尹　达　申大魁 / 43
关于我国高校教学督导制度的反思 …………………… 胡亚玲 / 50
高等教育学学科建设之路的思考 … 成丽宁　苏　德　陈明思 / 59
高校大学生创业教育及其体系构建 …………………… 周　晶 / 69

第二章 　政策法规 ……………………………………………… / 79
西部高等教育振兴视角下高校社会捐赠财政配比政策研究
　　　　　　　　　　　　　　　　　…… 洪成文　牛欣欣 / 81
文化的多元性与少数民族双语教学
　　　　　　　　　　　…… 李延福　拉　本　项青朝加 / 98
对现阶段少数民族高等教育发展的几点思考 ………… 郭玉琴 / 106
民族地区校园文化建设的意义管窥 …………………… 汪春燕 / 113
民族高等教育公平及特殊保护政策研究 ……………… 买雪燕 / 117

中国少数民族双语教育研究现状与发展趋势 ……… 武启云 / 126
论多元文化教育视野下的我国少数民族高等教育 …… 王富强 / 135
西北民族高等教育的现状与发展对策研究
　　——青海省民族高等教育现状及发展对策研究
　　………………………………… 李长著　冯国桢　尚季芳 / 143

第三章　发展改革 ……………………………………………… / 155

新时代高等教育研究的取向及路径（笔谈）
　　………… 钟秉林　洪成文　李立国　周海涛　李泉鹰 / 157
教育研究影响教育改革及决策的过程研究
　　………………………………………… 洪成文　王　菁 / 183
青海省学科建设与社会融合发展的实证研究
　　——基于对青海省三所普通本科高校数据的实证研究
　　……………………………………………………… 买雪燕 / 189
青海省高等教育促进区域经济发展问题研究
　　………………………………………… 黄湘宁　朱彩萍 / 204
青海省远程高等教育发展的新思考 ……………… 保吉春 / 212
我国西北五省区高等教育发展水平研究
　　——基于因子分析法 …………………… 王　烁　张春海 / 222

第四章　比较研究 ……………………………………………… / 233

世界一流学科发展有哪些国际经验 ……………… 洪成文 / 235
"一带一路"建设背景下西北地区高等教育中合作办学研究
　　——基于利益相关者视角 ……………… 李晓华　刘静芳 / 238
新加坡经验对中国建设世界一流大学的启示
　　………………………………… 李　辉　于文轩　马志明 / 248

英、德、美、加远程高等教育运行质态及启示
　……………………………… 尹　达　韩秀婷　申大魁 / 260
论 19 世纪前期德国高等教育改革 …………………… 兰伊春 / 270
洪堡的教育思想与我国高等教育改革的价值取向 ……许光中 / 279
高等学校实施国际教育交流与合作的有关问题 …… 阿春林 / 291

第一章 理论探讨

教育理论是通过一系列教育概念、教育判断或命题，借助一定的推理形式构成的关于教育问题的系统性陈述。教育理论具有指导、引申、扩展高等教育实践的价值，同时也是实践反思的依据。在当前高等教育内涵式发展的推进下，教育理论显得格外重要。本篇所选文章在教育理论研究方面具有宏观的视野，既有对西部高等教育质量的殷切关注，亦有对大学"行政化"和学术权力运行的思考，也有从"双一流"建设到高校教学督导制度的反思，无不反映了21世纪以来，学者们对高等教育理论独特的研究视角和研究反思。

全面提高西部地区高等教育质量*

张大良**

今年 4 月 24 日，胡锦涛总书记在庆祝清华大学建校 100 周年大会上发表了重要讲话，明确提出了全面提高高等教育质量的战略思想。

西部地区高等教育是我国高等教育的重要组成部分，加快发展西部地区高等教育意义重大。提高西部地区高等教育质量，既要通过国家政策和资金等支持，促进西部地区高等教育科学发展；又要通过西部地区各高校自身努力，大力提升人才培养水平，大力增强科学研究能力，大力服务经济社会发展，大力推进文化传承创新，加快内涵式发展；还要通过继续实施"东部高校对口支援西部高校计划"，使受援高校实现师资队伍水平、人才培养质量、科研和服务地方经济社会发展能力、学校管理水平的显著提升，实现跨越式发展。

对口支援是加快发展西部地区高等教育的重大举措。支援高校和受援高校双方，以及相关省区教育行政部门，一定要深刻领会胡锦涛总书记的重要讲话精神，紧紧围绕西部地区经济社会发展需要，总结以往成功经验和做法，研究解决存在的问题，有针对性地开展好对口支援工作。

需要强调的是，支援高校要高度重视此项工作，充分认识对口支援工作是国家战略、政治任务和学校应尽的社会责任，要将对口支援工作纳入学校自身发展规划和每学年的工作计划，抓好工作落实。

---

* 本文发表于《中国教育报》2011 年 7 月 18 日。
** 张大良，教育部高等教育司司长。

我们要进一步明确对口支援工作的目标和重点。做好对口支援工作的最核心目标，就是要增强受援学校服务区域经济社会发展的能力。做好这项工作的抓手和具体任务就是"四个显著提升"，即在师资队伍建设、人才培养质量、科研和社会服务能力、管理水平方面实现显著提升。

为什么把师资队伍建设放在首位？因为办学第一要务是师资队伍建设。师资水平一定程度上决定了一所学校的办学水平，如果师资水平不高，就不可能办成高水平的大学。而师资达到了较高的水平，即使办学条件有这样那样的不足，也可以通过教师的努力，使学校发挥出较高水平。所以，一定要把提高教师队伍建设水平作为头等大事来抓。

提高受援高校人才培养质量是对口支援的重点。转变发展理念，转变发展方式，深化教育改革，必须以提高人才培养质量为核心。加快发展西部地区高等教育，归根结底是为了培养更多的适应西部经济社会发展需要的人才，就是我们经常讲的"留得住、用得上"的人才。提高受援高校的人才培养质量，关键要看我们培养的这些毕业生是否扎根西部并发挥了作用。如果我们培养的人才留不住、用不上，我们就不能说是提高了受援高校的人才培养质量。把科研和社会服务放在一起，就是为了突出增强科研能力、开展科技服务的重要性，为了强调依靠科技成果提高服务区域经济社会发展的贡献率。受援高校既要通过科技成果转化、技术推广，搞好科技服务；也要通过人员培训等继续教育，搞好教育服务；还要通过为地方政府和行业提供决策咨询，搞好咨政服务。受援高校要通过全方位的社会服务，在地方经济建设、政治建设、文化建设、社会建设和生态文明建设中发挥更大作用。

提升受援高校管理水平十分重要。要通过校际管理干部互访交流和干部挂职锻炼等形式，带动受援高校更新观念，开阔视野，转变职能，规范管理，充分运用信息技术手段，改进管理方式方法，提升学校科学化、精细化管理水平。

今年上半年，教育部启动了新一轮全面对口支援新疆、西藏高校工作。今年下半年对口支援工作任务繁重，主要任务包括：做好"十二五"

期间对口支援工作规划；引导高校把对口支援工作重心下移到院系和具体项目；做好教师和管理干部进修锻炼工作；做好定向培养博士、硕士研究生工作；筹备对口支援10周年成果展和表彰活动；依托清华大学成立教育部对口支援工作研究指导中心，开展对口支援政策咨询、专题研究、工作评估。

  今年是教育部实施东部高校对口支援西部高校工作10周年，我们将以此为契机，全面总结对口支援工作的成绩与经验，隆重表彰先进集体和个人，大力宣传先进事迹，推进"十二五"期间对口支援工作取得新进展、新成效。

论大学的"行政化"与"去行政化"*

荣司平**

随着《国家中长期教育改革与发展规划纲要（2010—2020年）》（以下简称《规划纲要》）的出台，学界关于大学"去行政化"的讨论又热烈起来。所有讨论几乎都是鞭挞大学的"行政化"，欢呼大学的"去行政化"。有学者认为，《规划纲要》的出台，使大学"'去行政化'最终上升到国家政策层面，它既反映了高校自身数年来争取学术自治的内在要求与学者们的不懈努力，也是高校在面临高等教育国际化，建设一流大学的使命所做出的必然选择，对今后的高校改革将产生深远的影响"[①]字里行间的欢欣鼓舞和信心百倍不难觅见。但是，我查遍了整个《规划纲要》，也没有找到"去行政化"这个词，更不可能有大学或高校"去行政化"。即使"行政化"这个词也只出现了两次，且在同一句话里。这句话是"随着国家事业单位分类改革推进，探索建立符合学校特点的管理制度和配套政策，克服行政化倾向，取消实际存在的行政级别和行政化管理模式"。显然，这句话被学界解读为学校管理要"去行政化"。不论这句话能否被解读为学校管理"去行政化"，既然这么去解读，可见学界是多么渴望学校，特别是大学，"去行政化"。但是，以笔者之见，大学的"行政化"与"去行政化"问题不是一个感情上的好恶问题，而是一个需要理性厘定其概念

---

* 本文发表于《教育科学》2011年4月第27卷第2期。

** 荣司平，青海师范大学教育学院教授、副院长，主要从事教育基本理论、多元文化教育研究。

① 赵章靖.高校去行政化：回归大学本位[J].大学（学术版），2010（6）：54.

内涵，揭示其历史渊源，辩证阐释其意义的学术问题。

一、大学"行政化"与"去行政化"的概念内涵

大学"行政化"有两方面的含义。一是，政府将大学视为一个一般意义上的行政机构去管理，有一定的行政级别，管理方法和手段也是一般意义上的行政方法和手段，大学内部的管理体制也像一个一般意义上的行政机构，以至在管理理念、管理方式、管理方法和手段上类似于行政机构。二是，大学内部的行政权力过大，行政管理部门和人员的地位高于教学科研部门和人员，形成了事实上的"行政中心化"和"教学科研边缘化"的不正常局面。正像一些学者感叹的，"在大学，行政压倒学术，行政支配各类资源，学术已被放逐，而且原本是教授的专家学者大都对官位趋之若鹜，由此而形成了中国特有的大学'行政化'景观，即'官本位'"。[①]

大学"去行政化"是针对大学"行政化"而提出的，有特定的内涵，不能纯粹按照字面意思来理解。按照字面意思，大学"去行政化"有两种截然不同的含义。一是，去—行政化，就是不要"行政化"，二是，去行政—化，就是不要"行政"。如不加以区分，很容易引起误解。著名语言学家周有光先生在接受访谈的过程中就产生过这种误解。

"马国川：您对最近通过的《国家中长期教育改革和发展规划纲要（2010—2020年）》有何评价？

周有光：我没看到这个《规划纲要》，不能评论。你能告诉我它的要点是什么吗？

马国川：抱歉，我也说不出有什么要点来。

周有光：它里面有没有讲学术自由？

马国川：没有讲，但是提到大学要'去行政化'。

周有光：这话不通啊。大学需要行政，不是'去行政化'，而是'去官

[①] 杨玉圣.大学"去行政化"论纲[J].社会科学论坛，2010（7）：70.

僚化'。大学房子要维修，校园要做清洁工作，这是行政工作。官僚化跟行政是两码事，大学要有行政，但是不能要官僚。所以'去行政化'是错误的，要'去官僚化'才对。"①

显然，周有光先生是在第二种意义上理解访谈人使用的"去行政化"。其实，有意义的学术讨论是在第一种意义上使用"去行政化"的。但是，在学界讨论的过程中，这两种意思都有人使用，甚至有人无意识地同时在这两种意义上使用这个词，极不利于问题讨论。

二、大学"行政化"的成因：历史与现实

现代意义上的大学是西方产物。西方大学最为显著的两个特征是：自治与学术自由。西方大学这两个特征是西方传统与现实的政治制度相互作用的结果。自治来源于市民社会的行会传统，学术自由来源于自由主义的政制建构。我国大学一开始就是由国家出面举办的，带有浓厚的"官学一体"特征。中国近代第一所大学"京师大学堂"虽仿效西方大学设置，但其性质有两个，一个是全国最高学府，二是国家最高教育行政机关，统辖各省学堂。其实就是一个"衙门"，人事纷争多于人才培养。第一任校长严复上任时间不长，就因为抽鸦片被赶下台，其后又都因为派系之争，频繁更换校长。国子监和科举被取消后，京师大学堂实际被当成国子监的替代品，求学为官仍被很多人认为是正途。"京师大学堂"改为"北京大学"以后的很长时间仍没有改变"衙门"习气。所以才有蔡元培提出的"大学为纯粹研究学问之机关，不可视为养成资格之所，亦不可视为贩卖知识之所。学者当有研究学问之兴趣，尤当养成学问家之人格"。用西方大学理念重塑北京大学，奠定了我国近现代大学"学术自由、兼容并包"的基本理念。但是，在军阀统治时期，在国民党统治时期，大学"学术自由"谈何容易，蔡元培多次因为争取"学术自由"而辞职。

---

① 周有光，马国川. 今日中国的大学与大学教育[J]. 读书，2010（10）：23.

中华人民共和国成立以后的大学更是效仿苏联体制，所有大学都由国家接管，按照国家需要调整院系，大学成为专政的工具。"文革"十年更是我国现代大学的梦魇，大学成为阶级斗争的战场，政治正确代替了对知识和真理的追求。

改革开放以后，我国大学虽然恢复了正常的教学秩序，但其作为意识形态主战场的地位并没有改变，国家对大学的控制主要是基于意识形态的考虑。作为"党委领导下的校长负责制"的定语，"党委领导"就是要保证办学的社会主义方向。历次的高等教育改革都是在这一大前提下进行的。

进入新的世纪以来，我国的改革开放事业向纵深发展。高等教育改革也经历了多次高潮，从收费到扩招，从院校合并到内部管理体制改革，从院校纷纷升格到教学水平评估，一波接着一波。这些改革实际都是利益的调整和再分配。这些改革无一例外都是政府主导的，不是高校自身发展引发的改革。在改革的过程中，意识形态逐渐淡化，利益分配逐渐成为人们注意的焦点。但是，在历次的高等教育改革中，并无健全的法令可循，在改革中谁得到利益和谁失去利益取决于教育行政部门的政令，所以，这样的改革次数越多，大学的"行政化"色彩就越强。因为，政府教育行政部门能够从行政干预中分享到利益。举例说来，《高等教育法》颁布之前，大学还有实际上的用人自主权，大学调进教师和录用新人员根本不用政府的人事部门和教育行政部门审批。《高等教育法》也是这么规定的，"高等学校根据实际需要和精简、效能的原则，自主确定教学、科学研究、行政职能部门等内部组织机构的设置和人员配备；按照国家有关规定，评聘教师和其他专业技术人员的职务，调整津贴及工资分配"。但是，《高等教育法》颁布时间不久，我国就进入了新的世纪，各种教育改革也进入了高潮，很多省区的教育行政部门根本无视《高等教育法》的规定，在历次改革中纷纷将用人权、机构设置权、职务评聘权收归己有，因为这些权力都可以带来实际的利益。有学者指出："我国大学行政化严重，还源于利益上的诱惑。在我国权力寻租还比较严重的背景下，对个人或小团体的利益的追求，就自然地转变成为对权力的过分追求，这更加剧了大学的行政化倾向。以大学招生为例,美国的大学,完全是由大学自主招生。在我国,哪怕是5%的大学自主招生比例,也由于招生过程中的权力腐败现象而备受质疑,更不用说如果是依照《高等教育法》而实行大学的完全自主招生了。正是由于权力腐败,使我国大学行政化的问题更加趋于复杂化。"①

所以,第一层含义上的大学"行政化",既有历史的因素,也有现实的利益驱动。在法制不健全的情况下,改革中的行政干预可以带来实际的利益。

第二层含义上的大学"行政化"主要来源于传统的思想观念和大学内部管理体制。

在中国人的思想观念中,"学而优则仕"是根深蒂固的。大学是国家举办的,又有从科级到厅级的官衔设置,所以,不要说一般人,就是很多专家学者也很乐于担任一定的行政职务。况且,大学的行政职务和国家其他行政机构的行政职务是相通的,可以相互调动。相反,技术职务(教授、副教授、讲师等)和国家其他行政机构的行政职务并不相通,也不被看作是什么官职。

由于大学是被国家当作行政机构来任命官员,实施管理的,大学自身也自觉不自觉地按照行政机构来管理自己。大学有一套系统的行政权力体系,但却缺少一套系统的学术权力体系,更没有像西方大学那样的自治系统。

同样,在法制不健全,法治意识淡漠的时候,行政权力往往能够带来一定的实际利益。所以,在大学中看重行政职务,追求行政权力并没有太过于奇怪的。那些从国家其他行政机构调任来的大学领导还往往有意识地通过控制干部使用权来强化大学的"行政"色彩。

由此来看,大学的"行政化"倾向是一个多方因素综合形成的客观现实,《规划纲要》提出的"克服行政化倾向"是有的放矢的。同时也表明,国家已经意识到学校作为一个特殊的社会机构,不同于一般的行政机构,"行政化"对于学校来讲是不合适的,是有待"克服"的。国家下定决心要在学校管理上,"取消实际存在的行政级别和行政化管理模式"。

---

① 林善栋.去行政化与现代大学制度的建立[J].教育评论,2008(6):9.

三、大学"去行政化"应注意的几个问题

国家已经在政策层面肯定了在学校管理上克服"行政化倾向"的政治正确性,学界拈出一个"去行政化"的概念来解读国家政策也没有太大问题,学术问题嘛,是可以讨论的。但是,各个学校,特别是大学,在具体贯彻执行国家政策时,并不是说一说那样轻松,而是任务异常艰巨和过程极其复杂的。

(一)大学"去行政化",不是"弱化行政",更不是"不要行政",而是要一个"高效行政"

前文述及,大学"行政化"是多种因素相互综合作用的客观结果,大学"去行政化"是对"行政化"的反动和纠偏。但是,由于以往政府对大学的过分干预和大学内部行政权力的过分膨胀,人们对"行政"本身产生了一种曲解,甚至反感、厌恶,好像很多恶果不是由"行政化"造成的,而是由"行政"造成的。其实,"行政"本身是个中性词,无所谓好坏,行政是管理,是服务。"行政化"是过度行政、滥用行政,是不该管的也管,变服务为控制。我们一定要时时提醒自己,大学"去行政化"摒弃的是"行政化",而不是"行政"。相反,我们不但不能摒弃行政,反而要加强行政。钟秉林校长指出:"大学'去行政化'改革不是在大学取消行政管理,而是要加强科学管理,更好地服务于大学发展。"① 这是有道理的,因为,在大学"行政化"的时代,凸显的是行政权力、行政地位,行政作为管理、作为服务是弱化的。实际上,大学的"去行政化"过程也是一个为"行政"本身正名的过程,给"行政"一个适当的地位,发挥它应有的作用,建立一个高效的行政。

(二)大学"去行政化",不是要"教授治校",更不是"教授夺权",而是要"学术自由"

现在的讨论中,多数人主张用"学术权力"制约"行政权力"、主张"教授治校",给人造成"教授夺权"的错误印象。其实,学术从来都不需

---

① 钟秉林.大学"去行政化"要避免极端认识[J].中国高等教育,2010(7):64.

要权力,学术真正需要的是自由。所以,周有光先生才会问"它(指《规划纲要》)里面有没有讲学术自由",而不是问什么"学术权力"。所谓的"学术权力",只不过是指在学术领域、学术事务上,专家教授应该拥有发言权和决策权,而不是行政官员。但是,试问,今天的大学中,有多少官员不拥有教授头衔?况且,当教授治校时,其治校行为已经不是学术活动,而是行政行为。谁能保证教授的行政行为就不会"行政化"?就不会"行政过度"?

问题的关键不是谁成为行政的主体,而是行政本身的位置要摆正,使行政行为名副其实。教授是学术上的教授,并不见得是行政管理上的专家。大学"去行政化"的初衷也不是鼓励教授当官,而是争取"学术自由",争取大学行政为学术、为教学科研、为师生员工更好地服务。这一切有赖于制度建设、依法治校和校园组织文化建设。

(三)大学"去行政化",不是要"脱离政府",更不是要成为"独立王国",而是要"有限自治"

我国的多数大学都是国家举办的公办高校,政府代表国家对大学实施必要的行政管理是天经地义的。关键是实施怎样的管理,而不是管理本身。即使自治传统悠久的西方大学,其自身的合法性也要源于一个更高权威的认可,由国王或教皇颁发"特许状"。大学自治不可能达到一个自治的政治实体那样的高度。大学既然是国家举办的大学,其自身的办学理念、专业设置、人员管理等必然受制于特定的政治制度、经济形势,甚至文化传统。但是,现代大学作为一个"培养人才、发展科学、服务社会"的特殊社会机构,又有其自身的发展规律,需要一定限度的自治空间。有学者对大学自治给出了两条最为重要的理由:"第一,思想的自由和有不同意见的争论,是追求真理的唯一的途径。没有大学自治和学术自由,只有领导的意见正确,追求不了真理。第二,没有大学自治,怎么会有创新国家,怎么会有创新型社会。没有独立精神的人,奴化的人要做新型的学术和科研,是不可能的事情。"[①]实际上,现代国家为了大学能够更好地发展,

---

① 蔡定剑.没有大学自治,就谈不上教育改革[J].中国改革,2009(5):16.

从而更好地服务于国家、社会和人民，也都赋予大学一定的自治权力，并以法律法规的形式明确和固定下来。我国在1999年就颁布实施了《高等教育法》，明确赋予了大学一定限度的自治权力。《规划纲要》提出的"克服行政化倾向，取消实际存在的行政级别和行政化管理模式"，其法律依据实际就是《高等教育法》。《高等法教育》第11条明确规定，"高等学校应当面向社会，依法自主办学，实行民主管理"。大学"去行政化"不是弱化或脱离政府的行政管理，而是依法规范政府的行政管理。

随着吉林大学实施的"去行政化"改革，大学"去行政化"已经不是纸上谈兵。《规划纲要》的出台，可能会引发新一轮的大学改革高潮。大学如何实现"去行政化"，需要我们专家学者的学术智慧，也需要认真解读和实施《规划纲要》给我们提供的方略。《规划纲要》提出"建设现代学校制度"，"推进政校分开、管办分离"，"落实和扩大学校办学自主权"，"完善中国特色现代大学制度"，并在具体的落实措施上都做出了规定。在"完善中国特色现代大学制度"中，规定"完善治理结构。公办高等学校要坚持和完善党委领导下的校长负责制。健全议事规则与决策程序，依法落实党委、校长职权。完善大学校长选拔任用办法。充分发挥学术委员会在学科建设、学术评价、学术发展中的重要作用。探索教授治学的有效途径，充分发挥教授在教学、学术研究和学校管理中的作用。加强教职工代表大会、学生代表大会建设，发挥群众团体的作用"。

我国大学学术权力运行的历史变迁研究*

包万平 薛 南**

美国学者伯顿·R.克拉克认为,大学是探索高深学问和方法的地方,学术活动所具有的特征使得大学与其他社会组织有所不同,这种不同体现在一些特殊的运行和权力问题上。① 大学作为一种学术组织,学术权力在大学内部运行中占据着重要位置,是支撑和维系大学发展的基本纽带,是护卫大学探求高深学问、促进学术进步的保障,也是确保大学学术标准得以传承、办学水平得以提升的重要因素。从晚清以来,我国大学学术权力一直随着时代的变化而变化,有时学术权力占据主导地位,有时学术权力居于屈从位置。在国家推进高等教育综合改革以及"双一流"建设的大背景下,社会对强化大学学术权力、去行政化的呼声也越来越高。因此,在中国特色社会主义进入新时代的历史背景下,对我国大学学术权力运行的历史变迁进行梳理,对完善大学内部治理,提升学术权力的地位和作用等具有显性的积极意义。

一、晚清时期大学学术权力运行

(一)从筹办到暂停京师大学堂

清末我国民族危机和社会危机进一步加深,国家面对不断被动挨打的

---

* 包万平,薛南.我国大学学术权力运行的历史变迁研究[J].重庆大学学报(社会科学版),2019,25(06).

** 包万平,青海师范大学教育学院研究员,主要从事高等教育学、教育法研究;薛南,澳门城市大学教育学院博士研究生。

① 克拉克.高等教育系统——学术组织的跨国研究[M].王承绪,徐辉,殷企平,等译.杭州:杭州大学出版社,1994:11.

局面，朝野上下逐渐认识到高等教育在国家富强中的积极作用，于是决定效仿外邦创建新式大学，以望通过兴学育才图治根本。创办我国近代第一所国立新式综合性大学"京师大学堂"便被提上议事日程。1898年2月，光绪皇帝批奏"京师大学堂迭经臣工奏请，准其建立，现在亟须开办"[①]。为了规范大学堂内部运行，同年7月总理衙门复奏《遵筹开办京师大学堂折》并呈上草拟的《京师大学堂章程》，皇帝当日发出上谕"开京师大学堂"，希望京师大学堂"广育人才，讲求时务"，认为该章程纲举目张、尚属周备，大学堂按照章程办理，并派孙家鼐任管学大臣。[②] 该章程就人员设置、权力运行等作了详细规定，大学堂由管学大臣掌管[③]。经过辛苦筹建，1899年1月大学堂发布开学公告，即"该生等于十八日到堂，十九日开学"，从此京师大学堂开始进入正式运行阶段[④]。

在正式开学的同时，京师大学堂内部管理规定也开始发挥作用。1899年1月出台的《京师大学堂规条》将大学内部权责划分的权力授予了管学大臣、总教习等人，"由管学大臣总教习定其权限"，各提调、分教习必先按照规定做好分内之事，不得推诿或者越界[⑤]。然而，由于戊戌时期，宫廷内部斗争加上外部社会动荡，1899年义和团运动爆发，京师大学堂陷入困境，许景澄上折暂撤大学堂，便很快得到清廷谕允[⑥]。于是，京师大学堂被迫停办。在此期间，京师大学堂除了作为一个办学实体外，还兼具统辖各省学堂的部分行政功能，"京师大学堂为各省之表率，万国所瞻仰……今京师既设大学堂，则各省学堂皆当归大学堂统辖……一切章程功课，皆当遵依此次所定"。[⑦] 由此不难看出，京师大学堂从筹办、初步进入正式运

---

① 董宝良.中国近现代高等教育史［M］.武汉：华中科技大学出版社，2007：39-40.
② 汤志钧，陈祖恩.中国近代教育史资料汇编：戊戌时期教育［M］.上海：上海教育出版社，1993：136.
③ 同②132-133.
④ 郝平.北京大学创办史实考源［M］.北京：北京大学出版社，1998：145.
⑤ 同②141.
⑥ 王学珍，郭建荣.北京大学史料（第一卷）［M］.北京：北京大学出版社，2000：49.
⑦ 朱有瓛.中国近代教育史资料汇编：高等教育教育行政机构及教育团体［M］.上海：上海教育出版社，1993：5.

行到迅速停办这一阶段，京师大学堂具备了现代大学之外形，比如仿照国外大学制定大学章程等，对大学堂内部治理做出了初步规定，但其内在实质则由于受传统思想和观念的影响，建构的大学内部治理结构充分体现了旧式官僚养成所的特点，大学堂内部主要权力集中在管学大臣手中，教师聘任、责权划分等皆由管学大臣等人左右，同时内部人员等级分明、官僚气息浓厚。

（二）从复办京师大学堂到修订章程

在社会局势稍微稳定之后，1902年1月光绪帝发出上谕任命张百熙为管学大臣，"从前所建大学堂，应即切实举办"，并要求其端正趋向、重新核定大学堂章程[1]。张百熙主持京师大学堂后，精心谋划，当年年底大学堂再度开学。1902年8月张百熙上奏《进呈学堂章程折》，并呈重新拟定的《京师大学堂章程》《高等学堂章程》等，随即光绪帝发出上谕将各章程钦定颁行[2]。在位阶上《钦定高等学堂章程》和《钦定京师大学堂章程》具有同等法律效力，按照《钦定高等学堂章程》规定，《京师大学堂章程》第一章之第一、二、三节对全国高等学堂产生法律效力[3]；同时，《钦定京师大学堂章程》第一章第四节规定"京师大学堂主持教育，宜合通国之精神脉络而统筹之"，由京师大学堂统属全国高等学堂一切条规，每学年各高等学堂将办学各项情形报送至京师大学堂[4]。可见，复办后的京师大学堂仍然具有管理全国高等学堂的部分职责。按照特别法优于一般法原则，在京师大学堂内部施行《钦定京师大学堂章程》。根据《钦定京师大学堂章程》规定，京师大学堂由管学大臣主持全学、统属各员，所有人员一律受考成于管学大臣。设有总办、副总办、堂提调、文案提调、支应提调、杂务提调等来负责大学堂内部行政事务；设有总教习、副总教习、功课监

---

[1] 朱有瓛.中国近代教育史资料汇编：高等教育教育行政机构及教育团体[M].上海：上海教育出版社，1993：6.

[2] 璩鑫圭，唐良炎.中国近代教育史资料汇编：学制演变[M].上海：上海教育出版社，1991：233-234.

[3] 同②256.

[4] 同②235.

督、教习等具体负责教育教学事宜，由总教习主持进行①。其中对于教师等学术人员的管理颇为严格，若教习出现教课不勤、紊乱课程等，不论中外教习，一律由管学大臣辞退；由总教习、总办等统一管理教习平时的教课勤惰情况，常年由督课职员记录在册，每年在进行年终考核时，副总教习以下人员，由总教习考核出具考语，并汇总至管学大臣查核。对于外国教习的管理更为严格，由西学功课监督进行专门查察，若有外国教习不按照此所定功课讲授，则会责成照章法办，同时规定外国教习不得在课堂上传习宗教等②。

由于《钦定高等学堂章程》《钦定京师大学堂章程》等在实践过程中存在不完善的地方，且"京师大学为学术人才根本，关系重要……现办大学堂章程一切事宜，再行商订"，因此张百熙、荣庆、张之洞等于1903年6月重新启动章程修订工作③。1904年1月，修订后的新章程《奏定高等学堂章程》《奏定大学堂章程（附通儒院章程）》颁行生效。按照法律架构，在高等学堂设有监督、教务长、正教员、副教员、掌书官、监学官等人员，由监督主持全学事务、统辖各员，有名望的教授可出任教务长、负责高等学堂内一些教育教学事宜，正副教员则负责教学工作，副教员还要协助正教员教学，所有教员一律听命于教务长④。

大学堂设有大学总监督、分科大学监督、教务提调、正教员、副教员、庶务提调等人员，总监督统率全学人员、掌管大学堂各项事务，各学科设有分监督、教务提调等，有威望的正教员可出任学科的副监督或教务提调、受本学科监督的管辖，正副教员主要传授学业，但其授业情况受分科监督、教务提调等考察。大学堂内校级设有会议所，主要商定大学堂内部学科增减、教师聘任等重大事项，正副教员有列席会议的权利，但由总监督做最终决定；分学科内部也设有教员、监学会议所，分科监督、教务

---

① 璩鑫圭，唐良炎.中国近代教育史资料汇编：学制演变[M].上海：上海教育出版社，1991：248-250.
② 同①248-250.
③ 同①288.
④ 同①338.

提调、正副教员、监学公等人员出席，主要决策课程、学生考试、学生毕业等事宜，由分科监督做最终定议①。从学校内部结构可以看出，大学堂内部是以行政权力主导的内部治理结构，正副教员等学术人员可列席会议，但最终决策权力由总监督掌握。

后来随着全国办学规模的扩大，需要专门的管理机构负责全国教育，1905年12月光绪发出上谕成立学部，"现在各省学堂已次第兴办，必须有总汇之区，以资董率而专责成。着即设立学部，荣庆着调补学部尚书"②。学部成立后，京师大学堂原来统辖各省学堂的行政功能划归至学部，京师大学堂变成单纯的办学实体。尽管如此，由于清末的整个体制安排和法律架构决定了高等学堂、大学堂等实行以行政权力为主导的内部治理结构，不管是在学堂章程修订之前还是之后，学堂内部管理的大权由总监督等行政官员掌握，学术权力严重依附于行政权力。可以说，整个清末的大学内部权力运行，充满了浓厚的封建官僚气息，行政权力掌控一切，教习、教员等学术人员唯命是从，没有任何学术权力可言，尽管后来在修订章程之后，大学堂内正副教员拥有了列席重大事项决策会议的权利，但实质决定权等仍与学术人员无关。

二、民国时期大学学术权力运行

（一）《大学令》的颁布

1911年，辛亥革命推翻了清王朝的统治，开启了民主共和时代。1912年在京师大学堂基础上成立的北京大学，仍然沿袭了京师大学堂内部以行政权力为主导的体制，校内事务仍由少数行政人员主观臆断、任意行事。对此蔡元培早就有所耳闻，北京大学校内的所有事务都由校长等少数几个人专断，教授等根本没有机会参与学校管理，在他看来这个非常不

---

① 璩鑫圭，唐良炎.中国近代教育史资料汇编：学制演变［M］.上海：上海教育出版社，1991：387-389.

② 朱有瓛.中国近代教育史资料汇编：高等教育教育行政机构及教育团体［M］.上海：上海教育出版社，1993：10.

妥而且不可取①。由于蔡元培受欧美教育影响颇深，对自由、平等、博爱等精神情有独钟。在德国学习考察期间，他发现虽然德国思想上保守、政治上专制，但是他们的大学却是异常民主，大学内部大小事务都是由公选的教授会决议，这样不管校长等如何变化，政局如何更迭，大学的运行都不会受什么影响。于是蔡元培决定仿照德国大学的教授会制度，推进学术权力主导的民主办学。1912年蔡元培出任教育总长后，在《大学令》中构建起了学术权力主导的教授会、评议会制度。《大学令》规定，由各学科教授和学长选取若干人组成评议会，校长为议长，负责召集评议会。评议会处理的主要事项包括学科设置、规章制度、学位评审与授予等。各学科教授组成的教授会则负责课程设置、学生成绩评定、学位论文评审等内容，教授会由学长召集②。可以说，《大学令》建构的是两个层面的教授会，也就是在校级层面由评议会决议，在院系学科层面由教授会决议，这样就能使以教授为主体的学术权力顺利执掌大学重要事务。

（二）北大、清华的实践

1916年蔡元培出任北京大学校长后，就开始制定《国立北京大学评议会规则》并着手建立评议会、教授会。1917年北京大学首届评议会设立，成为大学最高决策机构，人员主要由各科学长等19人组成③。之后，评议会的产生按教授名额进行分配，每5名教授可以推举1名评议员，评议员通过投票表决的方式产生。由此北大的重要决策均需评议会讨论决定后，方可付诸实施，校长不能以个人权势凌驾于评议会之上。在院系学科层面，1918年制定的《国立北京大学学科教授会组织法》规定，每个主要学科可设立一个教授会，各附属学科可以根据情况联合或者独立设立教授

---

① 刘克选，方明东.北大与清华：中国两所著名高等学府的历史与风格[M].北京：国家行政学院出版社，1998：53.

② 潘懋元，刘海峰.中国近代教育史资料汇编：高等教育[M].上海：上海教育出版社，1993：367-368.

③ 吴惠龄，李壑.北京高等教育史料：第一集 近现代部分[M].北京：北京师范学院出版社，1992：22.

会①。1918年，北大各个系科都建立了自己的教授会，主要讨论各个学科发展中的重要事项②。蔡元培这样设计的目的就是为了将大学发展的责任和决策的重大责任交给大学的主人，也就是广大教师，让学术权力主导大学内部治理，从而实现限制行政权力、保障学术民主自由的目的。至此，北大基本上建立了一套完整的校内权力运行机制，形成了学术权力为主导、行政权力为服从的格局。

  虽然北京大学首创了评议会、教授会制度，但后来由于时局动荡，北京大学评议会、教授会制度曲折发展，其实践并不是非常成功。对评议会、教授会制度加以传承并得到极大发挥的是清华大学。1926年，清华制定了《清华学校组织大纲》，规定在大学设立评议会与教授会两个重要权力机构。评议会由校长出任主席，成员由校长、教务长、教授会互选7名评议员组成，主要作用就是决定大学的大政方针、制定规章制度、安排大学经费、设置校内架构等等。在评议会开会决议某项事情之前，对决议之事要首先征求教授会的意见。对于评议会决议完成的事项，如果教授会中有2/3的成员予以否决，那么评议会还需要重新开会决议③。后来在梅贻琦主持下制定的《国立清华大学组织规程》等制度，规定清华大学实行校、院、系三级管理；设立校务会议，同时保留教授会和评议会。教授会成员为全体教授、副教授，校长为主席。教授会有权选举评议会议员和各学院院长。评议会是教授会的常务机构，是校内立法机构。评议会由校长、教务长、秘书长、各学院院长及教授会选出的7位评议员组成等④。由此可见当时清华大学的评议会和教授会的力量很大，学术权力处于大学的核心和主导位置。有一例子可以充分说明这个问题，吴南轩出任清华校长后，试图加强行政权力、削弱学术权力，从而对学术权力进行干预。1931年，清华教授会展开了一场"驱吴运动"，认为吴南轩不适宜担任清华的

---

  ① 吴惠龄，李壑.北京高等教育史料：第一集　近现代部分[M].北京：北京师范学院出版社，1992：23.
  ② 马征.教育之梦：蔡元培传[M].成都：四川人民出版社，1995：265.
  ③ 同①39–42.
  ④ 清华大学校史编写组.清华大学校史稿[M].北京：中华书局，1981：108.

校长，于是将吴赶出了清华①。后来抗战爆发，1938年4月北大、清华、南开三校南迁，组建成立了西南联合大学，校内管理体制仍然沿用了评议会、教授会制度，由教授等组成的评议会、教授会主导大学的内部事务，学术权力的作用得到最大程度彰显，这为后来西南联大奇迹的产生奠定了制度基础②。

（三）对既有成果的巩固

国民政府于1929年7月公布，并于1934年4月重新修订的《大学组织法》，进一步肯定和巩固了评议会、教授会的探索成果，对学术权力在大学内部治理中的主导地位赋予了法律保障。如"大学设校务会议，以全体教授、副教授所选出之代表若干人，及校长、各学院院长、各学系主任组织之，校长为主席"，主要审议大学预算、机构设置、课程事宜、大学内部各种规则、学生事宜等；"各学系设教务会议，以系主任及本系教授、副教授、讲师组织之，系主任为主席，计划本系学术设备事项"③。后来1948年1月新出台的《大学法》基本上延续了这一做法，但有所变化。大学校长综理校务，设有教务、训导、总务3处，由教授兼任3处之长。大学校务会议由教授代表及校长、教务长、训导长、总务长、各学院院长、各系主任等人员出席，规定教授代表人数不得超过其他人员的1倍，也不得少于其他人员的总数。教务会议由教务长、各学院院长以及各系主任等组成，讨论教务重要事项。各学院设院务会议，由本院教授、副教授代表以及院长、各系主任等组成，讨论本院学术设备及有关院务事项；各学系设系务会议，其做法和院务会议基本相同。另外，大学还设有训育委员会，由教授3人至15人及校长、教务长、训务长等组成，审议有关训导事项④。综上可以看出，在民国时期我国大学的内部治理中，学术权力主导校内大小事务，评议会、教授会等制度的主导作用得到了最大限度的发

---

① 张正峰.中国近代大学教授治校权力之合法性——以清华大学"驱吴运动"为例[J].教育与教学研究，2016（11）：46-49.
② 宋恩荣，章咸.中华民国教育法规选编[M].南京：江苏教育出版社，2005：429-432.
③ 同②415-417.
④ 同②429-432.

挥，行政权力在大学内部治理中起着辅助和协助学术权力运行的作用。这种科学的学术权力运行体制，不但造就了民国时期大家云集、人才辈出的局面，也助推了我国高等教育办学水平达到世界水准，办学质量得到了国际社会的广泛认可。

三、中华人民共和国成立之初大学学术权力运行

（一）全面向苏联学习

中华人民共和国成立之初我国全面学习苏联，1949年12月第一次全国教育工作会议确定，以苏联样板改造和建设新中国教育，于是中国大学拉开了"以俄为师"进行改造的序幕。根据苏联大学及民国时期大学校务会议实践等已有经验，1950年8月政务院出台了新中国第一个大学内部治理的行政规章《高等学校暂行规程》，标志着新中国大学内部领导制度的初步确立，在该"规程"中提出"大学及专门学校在校长领导下设校务委员会"，校务委员会的职权包括：第一，审查各系及教研组的教学计划、研究计划及工作报告；第二，通过预算、决算；第三，通过重要制度及规章；第四，议决学生奖惩事项；第五，议决全校重大兴革事项[1]。可以看出，在当时校长是大学的最高行政负责人，校务委员会是大学最高审议决策机构，同时也是处理学术事务的主要机构，而校务委员会成员则由校长、副校长、教务长、总务长等具有行政职务的人员担任，而没有行政职务的普通教师基本上没有参与大学内部权力运行的机会。学习苏联的另一个重要举措就是院系调整。1952年高等教育部成立，聘苏联专家福民为首席顾问并负责大学院系调整、专业设置等工作[2]。1952、1953年调整以服务工业建设为重点、发展专门学院、整顿和加强综合大学为原则，调整之后工科有了较大发展，工科招生规模比调整之前增加一倍，而文法财经等系科被整并或被取消，如法科在校生规模从院系调整之前的24.33%到调

---

[1] 鞠平凡. 校务委员会在新中国高等教育改革中的变迁[J]. 扬州大学学报（高教研究版），2004（2）：8-11.

[2] 毛礼锐，沈灌群. 中国教育通史：第六卷[M]. 济南：山东教育出版社，1989：75.

整后的 2%、财经等科系从调整之前的 16.03% 下降到调整后的 2.9%①。总体来说，这次院系调整，加强了工科、忽略了理科、削弱了文科。院系调整的另一个重点就是对大学内部结构进行根本性改造，一些综合性大学内部的工、农、医等学科被整体调整到专门学院或专业类大学，还有如社会学、心理学等部分科系由于其"阶级性"被彻底取消，这样大学内部学科之间的交叉、渗透、融合的基础基本消失了，学术生长与发展的内在机理遭到了严重破坏。通过此次院系调整，大学对政府的依赖增强，大学学科设置、招生就业分配，甚至是大学教什么、怎样教，都要受到来自政府教育部门的直接管理，于是大学办学自主权逐步萎缩，大学学术权力受到严重影响。

（二）确立党对大学的领导

由于在学习苏联经验的过程中出现了结合国情不够、生搬硬套等情况，1956 年在完成生产资料社会主义改造后，如何结合我国实际建设社会主义是党和国家面临的重要问题。在新形势下，调动知识分子的积极性，开展社会主义建设已经成为一个十分重要的问题②。1956 年 5 月，高等教育部颁布了对新中国大学内部治理有着深刻影响的《中华人民共和国高等学校章程草案》，该文件第一次提到"学术委员会"，并规定大学校长领导和处理大学全部工作，校长要担任学术委员会主席，负责讨论大学内部重大问题和学位授予等。高等教育部、中国科学院等发出通知，鼓励知识分子集中精力从事科研工作③。1956 年 9 月，中共八大通过《关于修改党的章程的报告》，确定"高等学校同其他企事业单位一样，一律实行党委负责制，学校党委要领导和监督本校的行政机构"。

事实上，在中华人民共和国成立之前党对大学的领导已有一些实践，比如早已在延安抗大、鲁艺等办学实践中有过初步探索。抗大是 1936 年 6 月共产党在延安成立的一所储备、培养和输送军政干部的大学，在其

---

① 毛礼锐，沈灌群.中国教育通史：第六卷[M].济南：山东教育出版社，1989：61-67.
② 同①98-99.
③ 同①100.

办学的9年多时间里,从最初的千名学员发展成为拥有12所分校、数万名在校学员,为抗日武装输送10多万名军政人才的超级大学,主要就是加强党对抗大的坚强领导,坚持"坚定正确的政治方向",在办学治校过程中注重健全抗大内部党组织建设,设有政治指导员等[①]。成立初期由毛泽东兼任抗大政委,毛泽东、周恩来等组成教育委员会,对抗大工作予以宏观指导[②]。同时,在抗大各地建设分校的情况下,开始注重制度建设,如政治教育制度、会议制度等,统一教材教法、配备干部等,以保证沿着"坚定正确的政治方向"前进[③]。鲁艺也是共产党于1938年4月在延安成立的一所"抗大"式的培养抗战艺术人才和干部的大学,同时注重政治性和实践性,教学方针由中宣部拟定,鲁艺的教师大多是中共党员,体现了鲁艺强烈的政治倾向和立场[④]。为了进一步强化党对大学的领导,在吸收延安抗大、鲁艺等办学经验的基础上,1958年中共中央、国务院出台的《关于教育工作的指示》中明确提出,"在一切教育机关和一切学校,应接受党的领导,应当实行党委领导下的校务委员会负责制"。这样党对大学的领导地位开始确立。但当时由于受各种思潮的影响,党政不分、以党代政等现象频频出现,校务委员会名存实亡,校长难以发挥作用。

(三)出台"高教六十条"

从1957年到1960年,社会主义建设在曲折中前进。1961年1月党的八届九中全会强调要深入基层调查研究,同年3月教育部组织人员到北京、天津等地的大学调研,发现在大学里有些问题比较突出,比如有的大学把党的领导绝对化、把学术问题和政治问题混淆起来等[⑤]。1961年9

---

① 刘家国.试论抗大办学治校的成功经验[J].军事历史研究,2006(4):65-72.
② 林瑞华.毛泽东运筹指导抗大办学[J].党史纵横,2015(5):49-50.
③ 谷瑞雪,刘春魁.抗大总校驻浆水时期的"正规化建设"[J].邢台学院学报,2017(1):15-17.
④ 陈剑.延安鲁艺"血液中"流淌的革命性与宣传性[J].文化艺术研究,2017(1):117-128.
⑤ 董宝良.中国近现代高等教育史[M].武汉:华中科技大学出版社,2007:310-311.

月，中共中央在《教育部直属高等学校暂行工作条例（草案）》（简称"高教六十条"）中，将大学内部管理体制确定为"党委领导下的以校长为首的校务委员会负责制"，规定大学设立校务委员会，集体领导大学的行政工作，大学发展重大问题由校务委员会讨论，校长负责执行。这时候校务委员会成员中增加了"教授等必要人员"，在该条例中还多次提到对学术力量的思想改造问题，要求大学"必须积极提倡和热心帮助知识分子的思想改造"。① "高教六十条"颁布试行后，在高等教育界引起了很大震动，在湖南农学院等大学还发生了周汝沆等5教授上书事件。在教授们看来，"工农兵上讲台"不利于高等教育发展，于是给省级领导提意见表达不同观点，被个别领导认为是"违背教育革命的毒草"，要求"组织高校师生进行批判、肃清其影响"，经过调查、争论、领导批示等，最后该事件以对5教授的肯定而结束②。可以看出，这时候大学内部的政治权力、行政权力、学术权力全面掺和在一起，不分彼此。1963年教育部提出"高等学校可以试行在校务委员会下设立学术委员会，作为学校党委和行政在领导学术方面的助手"，在此将学术委员会定位为校领导的"助手"。同年，北京师范大学等响应教育部号召，成立了校学术委员会，明确"学术委员会直属校务委员会领导"。由于学术委员会的地位属于"助手"，而且在实际的学术决策中没有太多实质权力，所以不少大学对此反应冷淡。尽管如此，学术委员会作为学术权力运行的实质载体正式出现，这反映了当时大学对学术权力独立运行的期望和诉求。

（四）"文革"期间

1966年"文化大革命"爆发，当时的社会共识是"知识越多越反动"，在大学里乃至社会上知识分子是主要的"革命"对象，随着工宣队、军宣队进驻大学，大学陷入瘫痪状态。十年动乱期间，大学的存在本身都成了问题，大学学术权力的运行也就无从谈起。

---

① 高军峰. "教育大革命"与"高教六十条"[J]. 文史精华，2011（4）：22-28.
② 何醒初. "五教授上书"事件[J]. 湘潮，2009（11）：50.

四、改革开放后大学学术权力运行

(一)建立健全大学内部机制,形成多种学术治理组织并存模式

伴随改革开放的脚步,中国高等教育迎来了新的转机。在邓小平的主持下,教育战线开始拨乱反正,在"文革"中被打倒的知识分子逐渐恢复了名誉,学术力量在大学里开始生长发芽,人们对学术权力重要性的认识也开始提高。1978年10月,《全国重点高等学校暂行工作条例》颁布,这个条例是对1961年"高教六十条"的重新修订,规定大学设立学术委员会,在校长等的领导和主持下,承担对科研、人才培养等工作中的重大问题提出建议,鉴定科研成果、评审教师职称及晋升等职责。由此可以看出,此规定中学术委员会的职权仅限于学术科研方面,说明当时人们已认识到学术权力对大学内部治理的重要性。值得庆幸的是,当时各大学开始陆续建立起了学术委员会等组织,由于历史条件的限制,学术委员会的象征意义大于实际意义,在大学内部治理中学术权力的作用也非常有限。1980年2月,随着《中华人民共和国学位条例》的颁布,我国大学逐步设立和完善了承担学位审议、评定等有关事宜的学位评定委员会。

十一届三中全会以后,我国高等教育事业得到了恢复,但轻视教育、轻视人才的错误思想仍然存在,教育工作不适应社会建设需求的局面并没有得到根本扭转[①]。为此,20世纪80年代初中央在极短的时间内出台了三个文件,其中包括1985年5月《中共中央关于教育体制改革的决定》。该文件提出改变政府对大学统得过多的体制,扩大大学在制定教学计划和教学大纲、调整专业服务方向等方面的办学自主权,规定"学校逐步实行校长负责制,有条件的学校要设立由校长主持的、人数不多的、有威信的校务委员会,作为审议机构"。大学党组织不能包揽一切,要集中加强党的建设与思想政治工作[②]。这个决定涉及了大学的多项学术权力,但由于受到

---

① 中共中央关于教育体制改革的决定[J].民主与科学,2009(5):44-46.
② 同①44-46.

现实条件的限制，不少内容在后来并没有得到彻底落实。1986年3月，《高等学校教师职务试行条例》颁布，各大学相继成立教师职务评审委员会。至此，大学内部已经明确设立的与学术权力运行有关的机构包括学位评定委员会、教师职务评审委员会等，大学内部开始形成了多种学术治理组织并存的模式，每个学术治理组织各司其职，互相之间没有任何隶属和监督等关系。

（二）完善高等教育法制与政策，保障大学学术权力有效运行

中华人民共和国成立后，我国高等教育法治建设虽然已经取得了部分成果，但还是存在位阶较低、规定分散等问题，已有的条例、规章等都没有涉及高等教育的深层次问题。从20世纪80年代起，国家教委开始牵头起草《中华人民共和国高等教育法》，在经过10多年的论证与起草过程、经历4次常委会审议后，最终该法于1998年9月通过并于1999年1月1日开始施行。作为调整高等教育领域的基本法，该法的出台在高等教育事业发展中具有里程碑意义。《中华人民共和国高等教育法》首次以国家法律的形式对学术权力的运行做出了明确规定，大学设立学术委员会，主要审议学科建设、人才培养方案、评价科研项目等事务。在实践中，我国大学围绕学术权力运行，组建了各种各样的委员会，主要包括学术委员会、招生委员会、教学委员会、科研委员会、职称评审委员会、人事委员会、学生委员会等，它们的主要作用是用学术权力处理专业事宜。

2010年颁布的《国家中长期教育改革和发展规划纲要（2010—2020年）》提出，要建设现代大学制度，发挥学术委员会及教授等在学术发展、学科建设、内部治理等方面的作用。此文件将学术权力的运行作为现代大学制度建设的重要内容，为学术委员会在大学内部治理中发挥积极作用提供了依据。不少大学也开始进行内部治理探索，对学术权力的运行进行大胆尝试与改革。尽管各大学根据现实情况进行了摸索，但是由于《高等教育法》等规定过于笼统，同时又缺乏明确的政策支持，学术权力在实践中的运行遭遇到了各种难题和困惑，学术权力的运行实效根据大学的隶属关系、办学层次、发展水平的不同产生了很大的差异，有些大学学术权力的

作用比较突出,而有些大学由于客观条件限制,学术权力作用发挥得并不明显①。基于这些缺陷,2015年新修订的《中华人民共和国高等教育法》第42条专门就学术委员会的职责进行了细化,强调学术委员会是大学内部解决有关学术发展、学术规范、学术决策等的机构。

(三)科学配置大学内部权力,提升学术权力在内部治理中的地位

由于大学的学术性本质使然,行政事务与学术事务之间具有天然的交合性,所以学术权力与行政权力之间的纠缠在很多情况下无法截然分开②。因此,在大学日常治理中,行政权力与学术权力之间的不协调也日渐凸显,大学内部法权配置受到各种考验,学术委员会作为学术权力的核心样态在现实中的困境颇为典型。长期以来,学术委员会的存在犹如象征机构,就像清华大学原学术委员会主席杨卫院士所言的"学术委员会以前是一个荣誉性机构"③。在此背景下,2011年教育部启动大学章程的制定与核准工作。由于学术权力与行政权力是大学内部治理中对立统一的概念体系,同时二者也是制定大学章程的核心议题,因此该办法明确要求大学章程要体现"学术委员会、学位评定委员会以及其他学术组织的组成原则、负责人产生机制、运行规则与监督机制",以提升学术权力在内部治理中的地位和作用。随后各大学在章程制定中都完善了与学术权力运行有关的内容,由于各大学现实情况不同,在核准的大学章程中对学术权力的表述和详细程度也各不相同,④现实中还部分存在学术委员会委员中有行政领导职务的教授比例较高等问题⑤。

---

① 毕宪顺.权力整合与体制创新:中国高等学校内部管理体制改革研究[M].北京:教育科学出版社,2006:74-98.
② 李冲,刘世丽,苏永建,等.我国高校内部治理结构与关系研究——基于教育部直属75所高校的调查与分析[J].大连理工大学学报(社会科学版),2018(5):105-111.
③ 冷凝.充分发挥校学术委员会教授治学功能——访我校新一届学术委员会主任杨卫院士[N].新清华,2004-06-18(2).
④ 熊庆年,蔡樱华.高校学术权力组织的制度再造与政府规制[J].复旦教育论坛,2018(4):37-42.
⑤ 许晓东,阎峻,卞良.共治视角下的学术治理体系构建[J].高等教育研究,2016(9):22-30.

党的十八大以来，以习近平同志为核心的党中央全面深化改革、全面推进依法治国的各项战略，尤其是 2013 年十八届三中全会明确提出完善大学内部治理结构，强调用制度保障和规范权力的科学运行，这无疑为大学内部权力的科学配置指明了方向。学术委员会作为学术权力的核心载体，为了提升其在大学内部治理中的地位和作用，2014 年教育部颁布了具有很强操作性的《高等学校学术委员会规程》，该规程明确了学术委员会运行的基本定位、活动原则、人员组成、职责权限、运行规则、委员的权利义务、基本要求等内容，强调学术委员会是大学内部最高学术机构，具体行使学术决策、学术审议、学术判定、学术咨询等职责。随后，很多大学根据该规程修订或完善了各自的学术委员会章程。① 由于该规程对学术委员会人员组成作出了规定，要求领导干部少于 1/4、普通教授多于 1/2。从各大学重新修订的学术委员会章程来看，不少大学对学术委员会委员中的领导干部比例进行了控制，在部分大学还要求领导干部退出学术委员会，这是一个比较大的进步。此后，2017 年教育部等五部门出台了《关于深化高等教育领域简政放权放管结合优化服务改革的若干意见》，其中明确提出要推动学术事务去行政化，"提高大学学术委员会建设水平，充分发挥学术委员会在学科建设、专业设置、学术发展、学术评价等事项中的重要作用"，这为大学继续强化学术委员会建设、进一步提升学术权力的地位和作用指明了方向，更为重要的是，为各高校加强"双一流建设"提供了路径、拓展了空间。

五、总结与启示

通过历史变迁的梳理发现，近一个世纪以来，由于发展阶段不同，我国大学学术权力运行的载体、运行方式、地位作用等有很大差异。晚清大学的学术权力依附于行政权力，初始的京师大学堂衙门气息浓厚，学术权

---

① 郭腾军，方丽. 高校学术委员会学术权力效力研究——基于 69 所研究型大学学术委员会章程的内容分析[J]. 高教探索，2018（2）：17-22.

力被高度挤压；民国时期，随着教授会、评议会等制度的建立，学术权力的地位得到大幅提升，学术权力逐渐成为校内治理的抓手，并出现了学术权力为主导、行政权力为服从的格局，这种权力运行架构创造了民国时期大家云集、人才辈出的局面，从而助推了当时大学的办学质量向世界水平迈进；中华人民共和国成立初期，大学仿照苏联模式办学，学术权力又回到了依附行政权力的轨道上，1956年政府教育部门文件中出现了"学术委员会"字样，由于受历史条件限制，学术委员会的作用没有实现；改革开放以后，人们对大学学术权力的认识逐步深入，同时国家对保障学术权力运行的制度体系建设也逐渐完善，与此同时大学学术委员会等组织的地位也日益提高，学术权力与行政权力开始分离并逐步走向独立；进入21世纪，《高等教育法》等更是为大学学术权力运行提供了法律保障，明确了学术委员会等学术组织的职责、组成，学术权力在处理学术事务、评判学术项目等方面的作用得到了更大重视。

（一）几条规律

总体来看，我国大学学术权力运行呈现出如下发展规律：(1)学术权力从"潜隐"趋向于"显现"、从依附行政权力到逐步独立，学术权力的地位和作用随着历史的发展得到完善；(2)学术权力运行的载体逐步健全，学术委员会等人员组成、组织架构、职责权限等越来越明确、规范，学术权力运行呈现出制度化、正规化趋势；(3)学术权力在大学内部治理中的作用越来越突出，学术权力从参与处理部分学术事项，到逐步深度参与学术决策、学术评议，再到后来的参与大学重大事项决策等；(4)学术权力与其他权力之间的界限逐步明晰，大学的政治权力、行政权力与学术权力逐步实现了专属处理自己职责范围内事项的划分，党委专注党务建设、坚持社会主义办学方向，校长全面负责教学、科学研究和其他行政管理工作，学术组织专注学术发展等方面。

（二）几点启示

习近平总书记强调，"重视历史、研究历史、借鉴历史，可以给人类带来很多了解昨天、把握今天、开创明天的智慧"。笔者通过梳理我国大学学术权力的运行历史，可以为新形势下大学一系列现实问题的解决提供几点启示。

1. 制度体系建设方面。虽然现有的法律、法规、规章等就学术权力的运行作出了规定，但总体上还比较宽泛、操作性欠佳，实践中也出现了诸多问题。在我国大学学术权力的历史变迁中，形成了一系列可供借鉴的制度文本，比如在国家层面的《大学法》《大学组织法》《大学令》等法律法规，还有在学校层面的《评议会规则》《教授会组织法》《大学组织规程》等都对当前完善学术权力运行的制度建设有所帮助。

2. 学术人员参与决策方面。大学作为学术机构，以教授为代表的学术人员是大学的主体之一，学术人员参与大学校务决策，不但是社会发展的现实需求，同时也是彰显大学学术权力的重要方式。由于当前我国大学校务决策以党政领导为主体，普通学术人员参与校务会议决策存在着先天性体制壁垒。从历史的梳理来看，在民国时期早已形成了学术人员参与校务会议的良好传统，比如规定校务会议中教授、副教授代表人数"不得超过其他人员之一倍、也不得少于其他人员的总数"等，这对当前完善大学校务决策制度、促进学术人员参与学校治理有较大借鉴意义。

3. 学术权力在院系的运行。在历史发展中我国大学内部建构了校—院系组织架构。院系作为大学教学和科研的载体，理应是学术权力运行的重心所在，但是目前却形成了头重脚轻的校院权力配置格局，校级层面拥有较大的学术权力，而院系则相对不足，这样就严重制约了院系办学活力，从而也影响到大学的发展及其学科竞争力。"双一流"建设中没有一流的院系就没有一流的大学，实现治理重心下移、健全学术权力在院系的运行，是大学激发院系活力、提升办学水平必须面对的现实问题。在这方面，我国民国时期校级评议会、院系教授会机制则有着较强的现实参考性，可供我们从中吸取历史智慧。

4. 学术委员建设方面。回顾中华人民共和国成立以来学术权力运行历史就会发现，我国大学学术委员会的产生与发展有其历史阶段性特点。学术委员会诞生之初，由于特定的政治条件考量，赋予其较低的职责权限，到后来学术委员会开始承担咨询、审议职责,再到决策学术事务,学术委员会的职责权限逐步扩大,直到成为学术事务最高决策机构。目前来看,大学办学治校中的学术与行政事务还无法截然分开,因此学术委员会仅仅处理纯粹的学术事务,并不能改变以学术委员会为代表的学术权力运行乏力的现状,而在历史上大学评议会、教授会的决策事项并不限于学术事宜,已延伸至大学办学治校的方方面面,这对于学术委员会未来发展有很强的借鉴意义。

(三)面向未来

面向未来,在国家推进高等教育强国战略、加强"双一流"建设、深化高等教育改革的新形势下,需要进一步提升学术权力在大学内部治理中的权威性,同时也要关注学术权力在学科中的运行问题。如伯顿·克拉克所言,学术权力也是一种扎根于学科的权力[1]。在学科结构范围内专家学者有着广泛的学术权力,然而他们在行使权力时又会囿于学科文化限制或学科偏见,尤其是在部分学科利益受损或有受损之虞时,难以摆脱传统的学科思维而做到客观、公正、公平的运行,这一现象在当前大学内部学科竞争中频频上演。比如在很多大学都存在主干学科、支撑学科和基础学科之别,经常在学术委员会和其他决策机构中会存在主干学科的代表从人员数量到人员级别都占据绝对优势地位,而一些支撑学科、基础学科人员则代表性不足,从而在学术权力运行中受到排挤之现象较为常见。在"双一流"建设深入推进的背景下,大学内部学科之间的交叉融合在所难免,各学科之间的竞争将会更加激烈,此时由于学科间的专业性使然,学术权力存在着新的失灵风险,若行政权力强力介入又会影响到基于学科的学术权力运行。面对如此新情况只有以史为鉴,比如学习蔡元培基于学科而设立教授会的经验,各主要学科设立一个教授会,其他学科独立或联合设立教授会等决策相关事务,从而消解现实中的矛盾。

---

[1] 克拉克.高等教育系统——学术组织的跨国研究[M].王承绪,徐辉,殷企平,等译.杭州:杭州大学出版社,1994:124-129.

高等学校民主协商型行政管理研究*

武启云**

高等学校行政管理是学校管理者合理组织和使用学校资源，有效实现学校培养目标的决策和行动，是学校管理的重要内容。它的本质和宗旨就是在高校系统中运用组织机构、政策法规、人员、信息等管理手段和工具，进行计划、组织、指挥、协调、监督和控制，以有效达成教育目的。由于高等学校行政管理强烈的实践性指向，理论层面的专门研究反而相当缺乏，更多的是以操作性指导为基本取向的研究。学校组织内部有权利、结构、逻辑、价值，其组织成员的行为不仅是独特个性的反映，还受到社会规范和组织文化期待的影响。因此，从组织行为和组织文化的视角审视高等学校行政管理，将为我们提供一条研究高等学校行政管理的新路径。

一、现代高等学校行政管理的普遍假设：规范与控制

自19世纪末中国现代高等学校诞生之日起，效率、效益和效能一直是高等学校行政管理追求的目标，效率崇拜是高等学校行政的核心特征。即使是后来引进的人际关系、组织管理等思想与理念也是在追求学校效率、效益和效能的核心理念下的一种拿来主义策略。由于科学主义的绝对强势，科学管理一直是高等学校行政的绝对主流。科学主义的几个关键

---

* 本文发表于《国家教育行政学院学报》2018年第1期。
** 武启云，中国双语教学研究会常务理事，中国教育学会教育学研究会理事，青海师范大学教育学院党总支书记，教授，博士，主要从事教育领导与管理研究。

词是"测量""标准""规范""分工"和"效率",连同一般管理理论中的"计划""组织""指挥""协调""控制",以及行政组织理论中的"等级""权力""制度"共同组成了我国现代高等学校行政管理的一个普遍假设——规范与控制。

人的行为源自人们各自不同的价值观和信念。人的价值观和信念产生的基础是人们对某一领域中的基本要素及其关系的基本假设。管理领域一个基本的假设就是管理的效率、效益和效能只能通过规范与控制实现。这一假设来自人们极为熟悉的"现代主义"思维模式。我国现代高等教育脱胎于西方高等学校,其管理理念也深受西方影响。现代主义是现代西方价值的主流思潮,现代主义的核心是牛顿的形而上学观和宇宙观,他为社会科学提供了因果预测性、先行序列性和封闭方法论的基础。这也自然成为现代高等学校行政的概念基础。在现代主义面前,人们不再着重体验和感悟生命,而是崇尚测量和揭示规律。

科学管理给予高等学校行政管理这样一个启示:学校管理活动是可以控制的,通过设计一个合理的组织结构,编制一套完善的规章制度,遵循一系列科学的管理原则,再辅之以严格的奖惩手段,学校组织也能像其他一切组织一样,在有限的条件下实现最佳的管理目标。时至今日,人们在高等学校行政中的主要做法是:建立以校长为标志的学校高层管理组织、以职能部门为标志的学校中层管理组织、以教师和学生为标志的底层管理组织及管理承受者的权力等级结构;以全面测试学生在学科领域、能力和成就方面的水平为主要标志的工作任务和作业水平的科学度量;建立教学工作的科学程序和基本模式;实现分科教学下的教师分工;制定管理人员、教师以及学生的行为规范;制定完成教育任务的最佳方法;建立严格的工作和学习纪律等。

高等学校行政中的科学管理,向人们承诺了秩序、组织及确定性。主要表现在学校教育中的目标教学、标准化教育评估、定量实证研究、系统教学和合理化的科层制度中。其基本理念是"我们生活的世界一定是以某些潜在的逻辑模式、制度和秩序为特征的……这些有序的、被认为是循环出现的模式一旦得以证明并被描述出来，控制事件进程的钥匙就掌握在了人的手中，人类的生活条件就可以改善"①。以科学管理为核心的现代高等学校行政管理，强调的是高等学校行政管理的应然。规范与控制既是其基本假设，也是其思想精髓。但是，随着学校教育的多元化发展，现代高等学校行政管理自身的合理性不断受到质疑。第一，现代高等学校行政管理的目标定向总是指向于一个确定的、先验的学校目标。可是，在教育实践中，学校要真正确定一个先验不变的教育目标是很困难的，以至于越来越多的人开始质疑，是否真的存在一个确定的、先验的学校目标，而且今天更多的人更加趋向于学校目标的生成性。第二，把决策描述成一个完全理性的过程。无论是哪个领域、哪个层次的管理，很难证实管理者的行动是完全根据可选方案的评估和对最佳方案的选择来确定的。教育机构与其他专业性组织一样，都是由专业人员组成的，这种组织的决策往往要依靠个人和下属部门作出。专业上的评价更多的是以一个人的专长和管理手册中规定的程序为基础的。第三，现代高等学校行政管理强调组织的统一性和整体性，但忽略和低估了个人的意义、价值和贡献。第四，现代高等学校行政管理的一个构想就是权力位于金字塔结构的顶端，在校长权力下，学校组织的其他成员往往只是权力的承受者。这种管理学科产生初期的权力模式，面对规模化、主体化的社会组织，其对组织发展和组织活动的有效保障越来越受到质疑。第五，现代高等学校行政管理将学校看作一个稳定不变的组织，忽视了其变革和不稳定的特征。

二、高等学校行政管理理念的蜕变：不确定与意义建构

现代学校管理理念是基于对知识确定性的理解。人们普遍认为，确定性是知识的基本特征，知识是一种经过证实的正确信念及其体系，是一种"具有客观基础的，得到充分证据支持的真实信念。"② 通过严格的、科学

---

① 欧文斯.教育组织行为学——适应型领导与学校改革[M].8版.窦卫霖，温建平，译.北京：中国人民大学出版社，2007.
② 夏正江.论知识的性质与教学[J].华东师范大学学报（教育科学版），2000，（6）：1-11.

的逻辑过程，也就是理性思维过程而获得的知识，具有绝对的、永恒的、普遍的价值特征，是不容置疑的。逻辑实证主义也认为，知识来源于纯粹客观的观察，再经由科学方法（假设演绎法）得到科学知识和理论。科学知识的产生过程是相当"客观"的，因此，一旦被确证，就会变成绝对真理，其地位是相当稳固的。但是，在后现代主义者来看，现代主义通过理性达到对客观事物及其现象的正确认识，并且在消除差异的基础上获得对事物及经验的普遍证实与逻辑证明，本身就是对事物活生生的否定，现代知识的普遍性和同一性扼杀了知识本身的差异性和丰富性，压制了知识的多样性和创造性。后现代主义者认为，不确定性才是世界的基本特征，构成了我们从事选择和进行实践的基本约束条件；不确定性也为宏大秩序的生成创造了各种可能的形式、路径和空间。

当确定的知识观受到质疑，以传授确定的知识为核心的学校教育目标也自然而然地受到了挑战。高等学校行政管理是以达成学校教育目标为自身终极目标的，学校教育目标的变化直接左右着学校的行政管理目标。皮亚杰认为，客体只有经过主体结构的加工改造以后才能被主体所认识，主体对客体的认识程度完全取决于主体具有什么样的认知结构。因此，建构主义认为，学习者以自己的方式建构对于事物的理解，从而不同的人看到的是事物的不同方面，不存在唯一的标准的理解。教学要增进学生之间的合作，使学生看到那些与他不同的观点的基础，通过学习者的合作使理解更加丰富和全面；教学应当把学习者原有的知识经验作为新知识的生长点，引导学习者从原有的知识经验中，生长新的知识经验；教师是意义建构的帮助者、促进者。学生是学习信息加工的主体，是意义建构的主动者。

随着学校教育的中心由"知识"向"人"的转移，学校行政管理的中心也在发生变化，学生和教师逐步成为学校行政管理的中心。以学生和教师为中心的高等学校行政管理，强调学校组织中的个体成员教师和学生的作用，而不是整体机构及其下属部门的作用，学校组织中的个体成员是关注的焦点。正如托尼·布什所描述的一样，"对不同的教师来说，学校是不同的现实存在。每位教师都把自己的观点带到学校,带到他的工作岗位上。"学校组织应关注组织成员对事件所赋予的含义。① 因此,在后现代的视野中,高等学校行政管理面对的是管理知识的不确定性和生成性,高等学校行政管理要实现的是学校生活意义的不断建构。

三、高等学校民主协商型行政管理文化建构策略

通过师生生活意义的不断建构使学校向着积极方向变革和发展,是高等学校行政管理的基本目标。道格拉斯·麦格雷戈(Douglas McGregor)的Y理论认为:对于大部分人来说,工作(在这里学生的学习也可以理解为广义的工作)是理所当然的,如果工作令人满意,他们会感觉工作同娱乐一样自然、惬意;如果他们致力于实现组织目标,他们在工作中会发挥主动性,进行自我指导、自我控制;在适当条件下,一般人不仅能够学会承担责任,而且会学习会主动请求承担责任;人们一般都重视创造性,并努力寻求在工作中发挥创造力的机会。因此,在高等学校行政管理中,人们之间的相互理解是至关重要的,高等学校行政管理要不断探索并尊重组织成员彼此的思想与存在,要认可和尊重他人。"人人有权利要求被理解"成为一种普遍的教育观,正如多尔所说的:"没有人拥有真理而每个人都有权利要求被理解。"② 注重人与人的平等、相互理解是高等学校行政管理的应然,高等学校行政管理文化应基于广泛的民主与充分的协商。

(一)高等学校民主协商型行政管理的心理基础:心智模式的改善与系统思维

组织成员的心智模式和思维方式是影响学校行政管理模式的基础因素。彼得·圣吉(Peter Senge)认为,片面和局部的思考方式以及由此产生的行动,造成了目前切割而破碎的世界。要改变这种状况,就需要突破线性思维的方式,排除个人和群体的学习障碍,更新管理的价值观念。因

---

① 布什.当代西方教育管理模式[M].强海燕,主译.南京:南京师范大学出版社,1998.
② 多尔.后现代课程观[M].王红宇,译.北京:教育科学出版社,2000.

此,他以系统动力学为基础创立了"学习型组织"理论,希望通过"五项修炼"来提高组织的竞争力,并采用电脑模拟系统,使网络时代的新组织立于不败之地。彼得·圣吉所希望建立的学习型组织,是一种更适合人性的组织模式,由学习团队形成社会群,有着正确的核心价值、信念和使命,具有强韧的生命力与实现共享的共同力量,不断创新,持续蜕变。在其中,人们胸怀大志,心手相连,相互反省求真,脚踏实地,勇于挑战极限以及过去的成功模式,不为眼前近利所诱,同时以令成员振奋的共同愿景以及整体动态搭配的政策和行动充分发挥生命的潜能,创造超乎寻常的成果,从而由真正的学习中体悟出工作的意义,追求心灵的成长与自我实现,并与周围的世界产生一体感。而高等学校由于其特殊的价值和使命,最理想的组织状态就是"学习型组织"。在组织管理层面,"学习型组织"强调的是团队成员广泛民主和充分协商基础上的集体领导力和团队创造力的开发。

心智模式改善是"学习型组织"建设的先决条件。心智模式是由于过去的经历、习惯、知识素养、价值观等形成的基本的、固定的思维方式和行为习惯。心智模式影响人们的认知方式,通常不为人们所察觉,却会对人的行为产生重大影响。加德纳认为,心智模式不仅决定我们如何理解世界,而且决定我们如何采取行动。高等学校行政中做出的许多决策常常受到心智模式的影响,高等学校行政中许多计划无法得以实现,往往是因为这些计划与行政管理人员的心智模式相抵触。彼得·圣吉说:"新观点和知识未能得以实践的原因是,它们与人们内心深处有关世界运行模式的图像发生了冲突,而这些图像则把人们局限在自己习以为常的思考方法和行为方式之中。""心智模式根深蒂固的惯性力量,会把最杰出的系统思考智慧淹没。"①

改善心智模式的精髓是反思实践。在行动中反思自己思考方法的能力,是真正卓越的行政人员的特点。把心智模式与外界隔绝开来的罪魁祸

---

① 圣吉.第五项修炼——学习型组织的艺术与实践[M].张成林,译.北京:中信出版社,2009:173,177.

首是"习惯性防卫",由于"习惯性防卫"使人们无法进行正常的反省检查。克服"习惯性防卫"的有效方法是"深度汇谈"。组织内的每一个成员在一种友好的气氛中完全摊出自己心中的假设,自由交流,最终自然产生远比任何个人深入的见解。在这里没有绝对的权威,每个人都是思维(包括自己思维)的观察者。实现"深度汇谈"首先要做到悬挂假设,同时要在组织成员间建立一种相互信任的伙伴关系,组织中还需要一个好的"辅导者"。"辅导者"的基本工作是:帮助组织成员清楚自己的责任,即对汇谈的结果负责;保持平等良好的汇谈气氛,把握汇谈的正确方向;拿捏汇谈的实际,进行有效启发和协助。经常进行深度汇谈的组织,成员之间会发展出一种彼此间的深深的信任,这是克服"习惯性防卫",进行反思实践的基础。

"系统思维"是高等学校民主协商型行政管理的基本方法论。人们已经习惯于线性的简单的因果关系的思维,其实,"果"是问题显现出来的表面症状,"因"是系统中造成这些症状的相互作用,它们在时空中不是紧密相连的。如果能够发现这些相互作用关系,就可能带来有持久改善功效的变革。因此,彼得·圣吉认为:"最明显的解决方法不管用,它最多也只能带来短期的改善,长期来看则会把事情搞得更糟……微小的、集中的行动,如果选对地方,有时会带来可观的、可持续的改善。"[1] 系统思维面向系统的复杂性和系统各要素间的关系,它的精髓是用整体的、结构的、动态的、综合的观点观察事物。面对高等学校行政管理,系统思维强调学校组织成员不是无助的反应者,而是改变学校现实的主动参与者,他们不是对现状做出被动的机械反应,而是在创造属于自己的共同未来。

(二)高等学校民主协商型行政管理的目标建构:问题创造与共同愿景

"自然具有内在的创造性;创造性是自然的'预定倾向'……创造是不断进行的自然的内在过程……在一个创造性的宇宙中,秩序并非预先确定随后又被解体;相反,秩序不断地产生于无形之中;更高水平的复杂性

---

[1] 圣吉.第五项修炼——学习型组织的艺术与实践[M].张成林,译.北京:中信出版社,2009.

来自更低的水平;时间带来奇迹。"① 这一思想对高等学校行政具有极大的启发意义。第一,学校的秩序来自学校本身,学校自身的组织发展孕育着学校未来的秩序,人主观臆造的秩序准确地说不属于学校,充其量也只是造成学校新的问题的一种外在因素。第二,高等学校行政从本质上说不应是一种设计后的程序化操作和执行,而应是一种基于学校自组织的对话与沟通,是学校组织成员共同的生活现实。第三,反思性行为是高等学校行政管理的基本行为,它贯穿于高等学校行政管理的始终。管理的知识和观念不是固定在那里等待发现的,而是通过反思性行为不断生成和扩展的。第四,如果能够重复地、回归地且非线性地反思高等学校行政管理,我们就会生成和"创造"出更多的激动人心的问题,高等学校行政管理随着其螺旋形旋转而达到一个全新的领域,它会使高等学校行政管理更加引人入胜。

在高等学校民主协商型行政管理中,行政管理目标具体体现为学校组织的共同愿景。每个组织几乎无一例外地存在着一种具体的能够激发其成员为之奋斗的景象、任务、使命或目标,它是组织凝聚力的基础,它将组织成员紧紧地黏合在一起,激发强大的驱动力,提供未来发展的机会,孕育无限的创造力。它是民主的共同参与的学校组织首先应该培育的。没有共同愿景,没有真心渴望的目标,大家就没有动力和方向,维持现状心态的影响力就会压倒一切。

共同愿景是从个人愿景中汇聚而成的,组织在构建共同愿景时应该容纳那些与共同愿景无利害冲突的个人愿景,并能够给予一定的空间。共同愿景一般通过培养组织的共同语言,组织开展团队的群体性学习,广泛开展深度汇谈,突破自己的成就、目标、愿望以实现自我超越等步骤加以构建。共同愿景构建的基础是组织文化,因为组织文化虽然是一种散落于组织系统的制度、规范、价值观、行为乃至产品之中的精神层面的东西,但它的导向、约束、凝聚、激励、辐射的作用与功能及共同愿景内在构造的

---

① 多尔.后现代课程观[M].王红宇,译.北京:教育科学出版社,2000.

要求是极为一致的。组织文化是共同愿景生长的土壤,而且这一土壤的培育与共同愿景的生长几乎是同步的。

（三）高等学校民主协商型行政管理的实践策略：学校变革与意义建构

"组织"是指系统内的有序结构或这种有序结构的形成过程。如果一个系统靠外部指令而形成组织,就是他组织；如果系统按照相互默契的某种规则,各尽其责而又协调地自动地形成有序结构,就是自组织。一个系统自组织的功能越强,其保持和产生新功能的能力也就越强。面对学校变革,人们发现断定某种情况能够依循某种方式转变,并不一定表示该情况便应该这样转变。自组织是不确定的,对于学校应该进行什么样的变革这个问题,人们的看法往往大相径庭,而几乎每个教育改革者都深信自己的观点才是对的。但是,有力的论据以及决策的权力,根本不能帮助解决与变革实施过程有关的问题。理性主义改革者的谬误在于假定学校组织可以凭借表面上合乎逻辑的推理来改变。当技术的工具的变革无法真正实现学校变革时,一种新的观点——文化价值,为学校变革提供了一条新的途径。

与技术工具观点不同,文化价值的观点视学校为文化实体,是复杂的社会组织,由象征的网络联系起来,而不是一个由目标、正式的职责、命令与条例所推动的正规系统。技术工具观点强调的是变革的管理,文化价值观点强调的是意义的构建。文化价值观点要找出并研究学校在社会文化环境中的转变过程,其中一个重点是教学对教师的意义以及这些意义的根源。而该观点的基本假设暗示了除非教师对变革的意义有着共同的看法,否则变革思想将无法得以同化。学校文化是诠释师生学习和工作意义的基本准则,它具有一定的稳定性、确定性和可预测性。但是在学校变革中理性主义者想追寻永恒的、共同的、绝对的、不变的学校文化,这种文化一致性的假设是站不住脚的。每个学校、每位老师、每名同学都可以说是一个独立的文化实体,与其说学校是相同特质的实体,倒不如说学校是一处不同文化汇聚交流的地方。在此,高等学校行政管理的关键是促成教师和学生对学校生活的意义构建,这也是学校变革的关键。只有当我们不再只是纠正表面的缺点,认识到变革其实是要对以往一向存在的传统、比喻、意义的重新商议,学校才会彻底改变。

科学管理神话中的严格检查和严密监督远非确保组织成员可预见行为的唯一手段。教师和学生对学校文化的认同可以提供激发可靠行为的强大动力,即使在充满极其不确定因素和极大压力下也是如此。民主参与充分协商的高等学校行政管理,重视个人对所参与工作的理解和思考,组织成员对组织价值和目标的认同,可以通过其充分的参与和协商实现。正如托马斯·杰斐逊和登哈特夫妇所倡导的那样:公共行政要致力于培育公民参与。"我从来都不知道除了人民本身之外社会的最终权力还有什么安全的受托人,如果我们认为他们所受的启蒙尚不足以使其用一种有益的裁量权实施控制的话,那么纠正的办法不是剥夺他们的裁量权,而是使他们充分地了解自己的裁量权。"[1] 高等学校民主协商型行政管理要实现的就是赋予教师和学生足够的充分的裁量权,将决定学校发展的最终权力托付给教师和学生。

---

[1] 登哈特丁,登哈特 R.新公共服务:服务,而不是掌舵[M].丁煌,译.北京:中国人民大学出版社,2010.

论高校"双一流"建设的思想理念*

尹 达　申大魁**

实现从高等教育大国到高等教育强国的历史性跨越,是我国高等教育改革与发展的应然之举。《统筹推进世界一流大学和一流学科建设总体方案》提出推进我国世界一流大学和一流学科建设的日程表,我国高校"双一流"建设意味着一场深刻变革,其战略地位决定以战略思维推进"双一流"大学建设的必要性与必然性,而战略思维是"系统地、创造性地思考、规划全局性问题时的思维活动过程",其要点在于"抓住重点,抓住机遇,统筹兼顾,推动全局发展"①。思维深度、广度和高度构成战略思维的三个维度,探究历史、放眼国外、立足现实决定战略思维的深度、广度与高度,也在一定程度上决定战略选择的品质。在创新驱动发展战略背景下,深入探讨我国高校"双一流"建设的历史情结,借鉴国外高校"双一流"建设的有益经验,多维反思我国高校"双一流"建设的现实状况,以期实现突围、重建与创新,是高校"双一流"建设的思想理念。

一、汲取我国历史上大学发展传承之养分

"传承"意味着更替继承,而"历史传承"则是通过对历史的考察来

---

* 文章发表于《黑龙江高教研究》2016年第8期(总第268期)。基金项目:山东省教学研究重点课题"全纳教育教学策略行动研究"(编号:2014ZD0089)。

** 尹达,陕西师范大学教育学院博士研究生;申大魁,青海师范大学生命与地理科学学院副教授,博士。

① 许达哲.战略思维的基本方法[N].学习时报,2006-12-04(7).

梳理、提炼前人的经验教训，并有针对性地汲取前人先进的理念和以资借鉴的成功做法，其本质上就是反思与超越，从而实现历史传承与开拓创新的有机统一。对于我国高校"双一流"建设，人们总是倾向于学习国外，言必欧美，严重忽视我国高校发展的历史传承与时代变迁。挖掘、发现并汲取我国大学历史发展的经验教训，理应成为我国高校"双一流"建设的"情结"，而"情结"就是一种无意识感觉与信念而结成的本能冲动与欲望。其实，我国大学在历史发展过程中也形成特有的"历史情结"，其本质是基于一定社会发展历史时期的文化心理，是特定历史时期经济、政治、科技、文化等相互联结的必然结果，集中反映一定历史时期人们对某一事物的特定愿景与期待。推进我国高校"双一流"建设，必须汲取我国传统历史文化之精华，尤其要分辨并汲取我国近现代"大学"发展之养分，延续并继承我国近现代"大学"发展之精神。

在宋朝兴盛的书院，以个人研读、教研结合、学术自由、开放包容、尊师爱生的教学特点和学生参与、机构简单高效的组织管理，对我国大学发展产生深远影响。在明末清初第一次"西学东渐"浪潮中，诞生我国第一所西式大学——澳门圣保禄学院，"教学形式、考试方法、论文答辩、学位授予等制度均仿照欧洲大学的大学制度而设立"[①]。清朝末年，以龚自珍、林则徐等人为代表的"经世致用"学派为我国"文化教育界注入一股活力"；洋务派提出"中学为体，西学为用"的教育纲领，兴办洋务学堂，开展留学教育，推动我国高等教育的近代化；维新派提倡新学改良教育，广设学堂培养人才；清政府为了维护自己的统治地位，也宣布实行"新政"，制定《钦定学堂章程》和《奏定学堂章程》，废除科举制；辛亥革命后，南京临时国民政府颁布一系列的教育法令，集中体现反封建的精神；同时，新文化运动兴起，"大学教育改革首开新风的是北京大学"。重专、重通、重平衡的育人之道，重学、重术、重事功的服务之道，重传、重改、重引领的文化之道，以及重用、重教、重推广的研究之道，"构成

---

① 吴骁.谁是中国近代第一所大学？[N].光明日报，2015-11-03（13）.

了民国时期大学建设'四大道'"①,对我国高校"双一流"建设具有一定的借鉴价值。

尽管我国古代、近代并没有提出建设世界"双一流"大学要求,但事实上一直都在努力探寻世界"双一流"大学建设发展之道,建设一流大学、培育一流学科、培养一流人才是我国的历史情结,不甘落后的中国人对高等教育发展之路的勇敢探索,对高等教育教学质量的重视与对提高人才培养质量的不懈追求,集中体现为教育立国、教育救国、教育兴国、教育强国的美好愿望。我国古代、近现代大学建设的最大经验就是政策的有效引导、校长的锐意进取、高校自主的社会地位、学术自由的研究氛围、大师级教授的积极推动、青年学生的广泛参与、组织机构的简洁高效、发展目标的准确定位与开放办学的远见卓识等。

二、借鉴世界"双一流"大学发展之经验

运用战略思维来推进我国高校"双一流"建设,还要求从空间的维度来放眼国外,探讨世界"双一流"大学发展原动力。1087年在意大利诞生的博洛尼亚大学是西方世界的第一所大学,其显著特色是由学生掌握大学的领导权;12世纪中叶至13世纪初期,相继诞生巴黎大学、牛津大学和剑桥大学。这就是世界上最早的4所具有现代意义的大学,为后世高校"双一流"建设积累了宝贵的办学经验:高校拥有相对独立的自治权,崇尚学术自由与独立,坚持教学与科研的协同推进,崇尚科学民主、师生参与、"大学人"依靠自身价值获得地位与尊重,坚持学问的神圣化与自觉性,秉承兼收并蓄的原则,保持文化知识的多样性与多元化,而其诸如自身管理体制、课程体系规划、教学方式选定、服务社会方式以及与政府相处的智慧等都表现了欧洲中世纪大学开放进取、锐意改革的精神。

2015年世界大学声誉排行榜显示,在名列前20名的大学中,美国占

---

① 王运来.大国人才战略的时代之问——从民国时期建设一流大学"四大道"谈起[J].人民论坛·学术前沿,2015(17):58-67,81.

16所，英国为3所，加拿大为1所。美国当前各类高校共有4000多所，分为公立与私立两大类，研究性大学仅有151所。"美国的高等教育事业比较发达，拥有一个庞大、多样、创新的高等教育制度"①，实施"专才"教育，由哥伦比亚大学、哈佛大学、耶鲁大学等8所大学组成的常青藤盟校（Ivy League）举世闻名。美国在高等教育领域取得的巨大成就，除了因为"宽松的管制环境、雄厚的经济基础和一流的人才"之外，主要在于"欧洲大学传统、宗教文化以及美国人的文化性格等社会文化因素"②。英国有170多所大学，很多大学都把自己视为一种服务性行业。英国高校实行学院制、导师制，不设学分，采用小班授课制和英式学习方法，淡化教材，鼓励学生创新，推行严格的考试制度，学制较短但有质量保障措施。加拿大有高校600多所，加拿大高等教育在发展过程中逐步形成自己的特色，而灵活又严格的教育机制、强大的经济支撑、现代化的教学理念与手段、高校的特色化发展、产学研的紧密结合、高度自治的管理模式、国际化开放化的办学方式等是加拿大高等教育取得辉煌成就的重要原因，尤其是联邦政府与地方政府采取灵活变通的支持政策为高校发展所提供的宽松环境，为推动高校"双一流"建设创造了良好的外部条件。需要强调的是，即使美、英、加等教育强国，被公认为是世界"双一流"的大学也屈指可数，尽管创建世界"双一流"大学是很多发展中国家的战略决策，但在推进世界"双一流"大学建设过程中不可一拥而上，也不可能每个大学都会"成为"世界"双一流"大学。

欧洲大学精神为美、英、加等国的大学提供了丰富的营养，美、英、加等国的大学在特定的历史条件下也抓住发展机遇，并很好地处理政府、社会、市场与自身发展的关系，探索出一条足以能够平衡众多利益相关者的发展之道。在灵活的政策支持和强大的资金保障、丰富的人才资源等条件下，美、英、加等国高校积极推行民主的治理机制、自主的发展策略、独立的学术尊严、公平的竞争环境、广泛的师生参与、丰富的课程资源、

---

① 符华兴，王建武. 世界主要国家高等教育发展研究［M］. 长沙：湖南人民出版社，2010.
② 同①.

多样的教学方式、有效的监督体系、协同的产学研创、开放的办学体制、完善的议事规则、大胆的独立创新、严谨的质量监控等优越的软硬件建设等措施,从而有效地促进大学的规范化、现代化、科学化与民主化发展,同时也吸引大批具有学科特长和创新潜质的优秀人才,并进而产生"马太效应",最终自然地铸就建设一流大学、创立一流学科与培养一流人才的良性循环圈。

三、探寻我国高校"双一流"建设思路

我国已经成为世界高等教育大国,而由世界高等教育大国向高等教育强国的转变,注定是一个漫长而又艰辛的过程。运用战略思维推进我国高校"双一流"建设,要求以考察前世兴衰为前提,在汲取国外高校"双一流"建设经验教训的同时,与我国现实国情与高校实际需要相结合,从而探寻我国高校"双一流"建设的思路。当前,我国高校与世界一流大学相比尚有很大差距,我国高校存在的最大问题是要处理好政府和高校的关系,扩大和落实高校的办学自主权,减少高校对政府的习惯性依赖。调查发现,大学作为诸多"利益相关者的中心阵地"[①],最亟须解决的问题是人才引进问题、教授治学问题、民主决策问题,而上述所有问题的总根源就是现代大学制度的缺失。有些高校缺少学术自由与学问崇拜的氛围,缺少尊重知识、尊重人才的环境,更缺少为科研发展与人才培养而献身的理想主义,这正是我国高校与世界一流大学的差距之所在。"钱学森之问"——为什么我们的学校总是培养不出杰出人才?在不合理的评价机制作用下,一些教师迫于"完成科研任务"忙着申报课题、撰写论文、忧心职称而轻视教学时,大学也就丧失了学术自由与学问崇拜。学术自由与学问崇拜是一所大学的灵魂,也是大学之所以为大学的重要标志,更是推进大学持续发展、敢于创新、勇于超越的永恒动力,而高校依章办学、自主发展是破

---

① 尹达.论现代高校创新创业教育教学运行质态选择[J].新疆广播电视大学学报,2015(2):65.

除功利主义、重塑理想主义的根本保障。我国高校"双一流"建设本质上是"211工程"、"985工程"以及"优势学科创新平台"和"特色重点学科项目"等重点建设的提升发展,更是我国千百年来追求高等教育优质发展的"历史情结",但对于提升我国高等教育综合实力和国际竞争力具有很强的现实意义。

我国高校"双一流"建设是基于我国现实国情的一项宏大而又复杂的系统工程,因而我国高校"双一流"建设的现实出路还要求必须处理好以下五对关系:一是处理好一流大学与一流学科建设的关系。以一流学科建设推进一流大学建设,以一流大学建设整体推进一流学科;一流大学需要一流学科做支撑,但一流大学更需要一流学科体系的构建,尤其要重视交叉学科一流化建设,将交叉学科建设作为世界一流大学建设的增速器,因而一流大学就是一流交叉学科,一流交叉学科建设是世界一流大学建设的首要任务。二是"双一流"建设与普通高校建设的关系。所有大学都搞"双一流"建设是不现实的,但建设"双一流"也不能仅依靠"211工程"大学、"985工程"大学,"那种认为'双一流'建设是部属院校或重点大学的任务而与地方院校无关的认识是放弃历史选择和责任的短视行为"[①],每所大学都应找到适合自己发展的道路。三是高校"双一流"建设与创新创业人才培养的关系。高校"双一流"建设需要产学研创一体化整体推进,培养创新创业人才是各级各类高校的重要任务之一;从长远来看,创新创业人才的培养,也势必会推动高校"双一流"建设进程。四是一流学科建设与热门专业的关系。一流学科可能包括很多专业,但这些专业并不一定是热门专业,所谓的热门专业是由社会需求量决定的,而学科本身并没有冷热之分。五是要处理好中小学与高校"双一流"建设的关系。二者的关系本质上是基础教育与高等教育的关系,基础教育的"基础性"决定高等教育的"高度",而高等教育的"高度"势必对基础教育具有引领作用。"基础不牢,地动山摇",优化基础教育质量,推进素质教育进程,是

---

① 蔡宗模,吴朝平,杨慷慨.全球化视野下的"双一流"战略与地方院校的抉择[J].重庆高教研究,2016,4(1):24.

实现高校"双一流"建设目标的奠基性工程。

综上所述，我国高校"双一流"建设是一项宏大而又复杂的系统战略工程，必须运用战略思维深入探究历史汲取养分、放眼国外借鉴经验、立足现实探寻出路。"科学与人文并重、一流的学者云集、高素质的学生汇聚、卓越的科研成果和学术思想自由"是一流大学的重要特征①，我国高校"双一流"建设必须摒弃功利主义思想，必须增强世界"双一流"大学特有的"文化气质"，必须增强高校"活力"，创设"宽松的自由学术氛围"②，必须进一步扩大高校自主权，并处理好与政府、市场、社会的关系，必须勇于走出一条具有中国特色的能够平衡多元利益相关者而又永葆"大学精神"的发展之路，必须秉承以学术自由、行事民主、兼收并蓄、开放办学为核心的大学精神，这是我国高校"双一流"建设的思想理念，更是创新驱动发展战略背景下我国实现由教育大国迈向教育强国的必然选择。

---

① 任平.学术自由：一流大学的利器[J].黑龙江高教研究，2006（8）：11.
② 柳逸青.论一流大学的文化气质——以剑桥大学下午茶为例[J].重庆高教研究，2014，2（1）：84.

关于我国高校教学督导制度的反思*

胡亚玲**

目前,我国高校普遍实行教学督导制度,但不是"存在的就是合理的"。学界不应该几乎一边倒地论证高校教学督导工作如何重要、如何开展好教学督导,而应该有理性的质疑声音。我国高校的教学督导是如何从无到有的?是否具有法律、法规和政策依据?是否符合高等教育教学规律?这一系列的问题都有待于进一步澄清。

一、高校教学督导制度嫁接于国家的教育督导制度

在教育领域,教学督导是次生的,次生于教育督导。"'教学督导'一词,引申于我国的教育督导制度。"① 但是这种引申完全是简单的概念嫁接。

国家对学校教育的督导实践始于20世纪80年代。1986年9月11日,国务院规定在全国"逐步建立基础教育督学(视导)制度"。1986年,国家教委对原教育部机构进行初步改革,国务院批准国家教委成立督导司。1991年,为了规范教育督导工作,国家教育委员会颁布了《教育督导暂行规定》,第二条规定:"教育督导的任务是:对下级人民政府的教育工作、下级教育行政部门和学校的工作进行监督、检查、评估、指导,保证国家有关教育的方针、政策、法规的贯彻执行和教育目标的实现。"第三条规

---

* 文章发表于《青海师范大学学报(哲学社会科学版)》2014年9月第36卷第5期。
** 胡亚玲(1970—),女,汉族,河南上蔡人,青海师范大学副教授。
① 刘晓欢. 试论高等教育教学督导[J]. 暨南学报(哲学社会科学),2002,24(2):115.

定:"教育督导的范围,现阶段主要是中小学教育、幼儿教育及其有关工作。行使教育督导职权的机构可根据本级人民政府或同级教育行政部门的委托,对前款规定以外的教育工作进行督导。"1995年颁布的《中华人民共和国教育法》第二十四条规定:"国家实行教育督导制度和学校及其他教育机构教育评估制度。"这一法律规定是教育行政主管部门对地方政府发展教育事业和对各级各类学校举办教育状况进行督导的法律依据。自教育法颁布以来,从中央到地方的各级政府都建立了各级教育督导机构。可以看出,教育督导主要是政府管理教育事业的一种方式、方法,主要对象是基础教育。

政府对教育事业的督导是全方位的,督导结果往往作为考核地方政府和学校业绩的依据。在我国长期以来"唯官""唯上"的不良风气影响下,地方政府和学校都极其看重督导结果,教育督导过程中的表面文章和弄虚作假时有发生。另一个直接后果是,各级各类学校为了应对政府部门的教育督导工作,也模仿政府部门建立督导机构,一般的名称是督导室,主要督导的对象是教师。这种做法正是应了中国"以官为师、以吏为师"的大传统,学校向政府部门看齐。按照我国现行体制,政府通过教育督导来管理学校教育是天经地义的,学校是被督导的最小单位,学校自身不能再实施教育督导。

在具体的操作过程中,学校肯定能够意识到自身实施督导的局限之处,所以,只能把督导对象限定在教师身上,对教师的教学工作进行督导。

在20世纪90年代之前,教育领域的督导工作还主要局限在基础教育领域,主要在义务教育阶段。随着高等教育扩招,高等教育规模扩大,高校的生源质量下降,师资补充乏力,教学质量受到威胁,国家教育部陆续出台了若干针对高校教学质量的文件。国家教育部于2001年出台了《关于加强高等学校本科教学工作提高教学质量的若干意见》,意见指出:"政府和社会监督与高校自我约束相结合的教育质量监测和保证体系,是提高本科教育质量的基本制度保障。各级教育行政部门要建立科学有效的本科教育质量评估和宏观监测的机制。教育部拟将进一步修改和完善高等学校本科教学评估指标体系,并适时开展本科教学工作的评估、检查;加强对不同层次、不同类型高等学校教学质量监测的分类指导;引导和规范社会评估高等学校人才培养质量的活动。"2004年教育部召开了"第二次全国普通高等学校本科教学工作会议",2005年1月出台了《关于进一步加强高等学校本科教学工作的若干意见》,指出:"教育部实施定期进行教学评估制度和高校教学基本状态数据年度公布制度,有计划地开展学科专业等专项教学评估工作,逐步建立政府、高校和社会有机结合的高等教育质量保障体系。"过去的十年,教育部组织了多轮高校教学质量评估。行政化色彩浓厚的高校管理体制使得这种评估带给高校诸多的压力,许多高校或主动或被动地建立起督导机构,作为教学质量监控体系的重要部分。由此来看,高校内部建立教学督导制度晚于基础教育领域,是高校为了应对教学质量评估而开展的新举措,被一些高校教师戏称为"向中小学学习"。从逻辑上来讲,政府教育行政主管部门代表国家对学校教育的管理方式并不必然适合学校来管理自身的教学活动,学校教育教学活动有自身的规律。特别是高等院校,其教育教学活动主要依据法律、法规、方针、政策、大学传统进行,政府对大学的影响和干预应该受到合理的限制。近年来引起热烈讨论的"高校去行政化",实际目的就是减少政府对高校的干预,高校更不能主动学习政府的管理方式。所以,一些学者拿国家的教育督导制度来论证高校教学督导的合理性本身就不合理。

二、高校教学督导制度缺乏法律、法规和政策依据

虽然国家实行教育督导制度,也在2012年颁布了《教育督导条例》,但是,没有任何一个法律条文规定高校实行教学督导制度。1999年实施的《中华人民共和国高等教育法》(以下简称《高等教育法》)第四十四条规定:"高等学校的办学水平、教育质量,接受教育行政部门的监督和由其组织的评估。"这一法律条文仅能被理解为,国家教育行政部门对高等学校具有监管的权利,并不能为高校内部实行教学督导制度提供支持。

高校的教学督导制度属于高校内部管理体制的内容。关于高校实行什么样的内部管理体制,《高等教育法》第三十九条规定:"国家举办的高等学校实行中国共产党高等学校基层委员会领导下的校长负责制。中国共产党高等学校基层委员会按照中国共产党章程和有关规定,统一领导学校工作,支持校长独立负责地行使职权,其领导职责主要是:执行中国共产党的路线、方针、政策,坚持社会主义办学方向,领导学校的思想政治工作和德育工作,讨论决定学校内部组织机构的设置和内部组织机构负责人的人选,讨论决定学校的改革、发展和基本管理制度等重大事项,保证以培养人才为中心的各项任务的完成。社会力量举办的高等学校的内部管理体制按照国家有关社会力量办学的规定确定。"同时,第四十一条规定:"高等学校的校长全面负责本学校的教学、科学研究和其他行政管理工作,行使下列职权:(一)拟订发展规划,制定具体规章制度和年度工作计划并组织实施⋯⋯"如此看来,校长好像有权力制定教学督导制度。但是,第十一条规定:"高等学校应当面向社会,依法自主办学,实行民主管理。"也就是说,校长的管理权限并不是无限的,而是受制于现行的法律法规以及教职工的意愿。当然,一个高水平的管理制度还应该符合高等教育规律。

那么,目前高校的教学督导制度是否遵行了现行法律、法规?是否体现了国家政策精神呢?

目前高校的教学督导工作基本上是处于一种自发状态,没有统一的模式。在管理类型上,有学者将高校的教学督导制度归纳为三种类型:一是"由主管教学的校(院)长主管型";二是"挂靠在教务处型",由教务处一名副处长负责;三是"由主管教学校(院)长和教务处共管型"。研究结果表明,实行第一种管理类型的高校极少,实行第二、第三种管理类型的高校占绝大多数。① 很显然,高校教学督导主要监管的是教师的教学环节。因为,在现行体制下,主管教学的校长几乎只分管教务处,教务处只

---

① 李泽民.高校教学督导现状与发展调查报告[J].广东教育学院学报,2004,24(4):79-83.

负责教学工作。和教学质量相关的其他因素,如师资力量、教学条件、管理制度、生源质量等,都不属于教务部门的管理权限。师资力量归人事部门管,教学条件归资产管理部门管,管理制度归行政部门管,生源质量取决于基础教育质量和招生政策等等。所以,高校的教学督导实际上就完全落在了对教师教学行为的督导。在实践中,高校教学督导的主要工作就是听课、评课,检查教师的教学大纲、教学计划和教案,有的高校甚至把督导结果作为教师年终考核和职称评聘的依据。暂且不说这些做法是否能够真正提高教学质量,但就这些做法本身,其实严重侵犯了高校教师的合法权益。我国实行教师资格制度,高校教师所拥有的高校教学资格是国家教育行政部门代表国家对教师教学能力的认可,不允许任何个人和部门无端怀疑。如果高校教师出现了足以停止其教师资格的事件,那也要由教育行政部门以行政执法的方式停止高校教师的教师资格。只要高校教师的教学资格没有被教育行政主管部门停止,高校就应认可高校教师基本的教育教学能力。执行教学大纲、教学计划,认真准备教案,保证教学质量,都是教师最基本的教育教学能力范畴,是教师拥有教学资格的应有之义。也就是说,只要高校教师拥有了高校教学资格证书,我们就应在形式上认可他的教学基本能力。在实际工作中,实行资格准入制度的行业,都不可能出现像教学督导这样的监管。如,只要我有驾驶执照,我就可以单独驾车上路,交通管理部门不能因为我是新手就怀疑我的驾驶能力,强制派一个老资格的驾驶员坐在旁边监督我的驾驶。律师、会计、护士等,都是同样的道理,只要没有被吊销资格,就可以单独执业,不受国家行政部门以外的组织和个人对自己的业务能力的监管。1994 年实施的《中华人民共和国教师法》第七条规定,教师享有"进行教育教学活动,开展教育教学改革和实验"的权利,享有"指导学生的学习和发展,评定学生的品行和学业成绩"的权利,教师享有这些权利的唯一前提就是拥有教师资格。1999 年实施的《高等教育法》第四十六条规定:"高等学校实行教师资格制度。中国公民凡遵守宪法和法律,热爱教育事业,具有良好的思想品德,具备研究生或者大学本科毕业学历,有相应的教育教学能力,经认定合格,可以取得高等学校教师资格。不具备研究生或者大学本科毕业学历的公民，学有所长，通过国家教师资格考试，经认定合格，也可以取得高等学校教师资格。"也就是说，高校教师的教师资格是国家认可的，是其已经具有高校教育教学能力的证明。当然，每个教师的教学水平有高有低，但是，我国高校还实行职务聘任制度，每个学校可以根据自己的需要聘任不同教学水平的教师。受聘教师的教学水平是已经受到学校认可的，教师的权利和义务已经在聘任书中有契约式的约定，学校只需要根据约定对受聘教师进行聘期考核就行了。这也正是《高等教育法》第五十一条规定的："高等学校应当对教师、管理人员和教学辅助人员及其他专业技术人员的思想政治表现、职业道德、业务水平和工作实绩进行考核，考核结果作为聘任或者解聘、晋升、奖励或者处分的依据。"考核显然不属于教学督导的职责范围。所以，在高校教师拥有教师资格和受聘合约之后，还要对教师的教学行为进行督导，是对教师合法权益的侵犯。

《高等教育法》明确规定，我国高校实行民主管理。在我国，民主管理主要有两方面的含义：一是民主决策，二是民主监督。有研究表明，高校要不要实行教学督导以及实行什么样的教学督导，并没有征求广大教师的意见。有学者对三所教育部直属高校的教师对教学督导的认识和期望进行了调查研究，结论表明，"教师认为目前教学督导工作的重点主要集中在对教学工作的督查和巡视，而总结并推广优秀的教学工作经验，关注学生评价有争议的教师所担任的课程，参加学校的教学改革、专业建设、课程建设等工作并未成为教学督导工作的重点。教师希望在今后工作中教学督导工作的重点应放在召开教师座谈会以了解教师教学和教学管理中存在的问题，参加学校的教学改革、专业建设、课程建设，总结并推广优秀的教学工作经验，督导检查相关职能部门的教学管理等工作。这表明教师希望教学督导工作能从注重监督转向提供指导和服务，从侧重'督教'转向侧重'督管'。"[①] 这个研究结论说明，广大高校教师并不希望教学督导过

---

① 姚相全，周东明.高校教师对教学督导的认识与期望的调查研究[J].教育研究与实验，2011（5）：68.

多地监管自己的教学行为,而是希望教学督导为自己的教学行为服务。而这正说明了学校在实行如此教学督导的决策阶段并没有征求教师的意见,或者将教师的意见置之不顾。另外,在教学督导制度实行的过程中,由于官本位比较严重,行政权力膨胀厉害,教师的真实意见得不到表达,有些教师甚至不敢发表批评的声音。这样,民主监督对教学督导制度丝毫不能发挥作用。

在依法治国、依法治教、依法治校的大背景下,学校对教师的任用也应该体现法治精神。《国家中长期教育改革和发展规划纲要(2010—2020年)》中明确要求:"提高教师地位,维护教师权益,改善教师待遇,使教师成为受人尊重的职业。""大力推进依法治校。学校要建立完善符合法律规定、体现自身特色的学校章程和制度,依法办学,从严治校,认真履行教育教学和管理职责。尊重教师权利,加强教师管理。"在国家日益强调和保障公民权利的导向下,高校教师的合法权利更应该得到高校自身的尊重和保障。在教学过程中,教师的劳动不仅仅要得到学生、社会的认可和尊重,还更应得到同行和高校自身的认可和尊重。

三、高校教学督导制度违背高等教育教学规律

高校的教育教学不同于基础教育,有着自身独特的教育教学规律。在基础教育阶段,主要是进行双基(基本知识和基本技能)的教学,知识层次相对较低,教育对象具有较强的可塑性。国家对基础教育领域的课程制定有统一的课程标准,教学过程和程序相对比较规范。高等学校主要进行人类积累的高深学问的教学,这类知识往往专业性比较强,具有较强的研究性和探索性。教育对象大多是年满18周岁的成年人,具有独立的思考能力和判断能力。由于高等教育学科、课程的特殊性,国家不可能针对高等教育的课程出台统一的课程标准。高校教师的教学过程和风格往往是异彩纷呈,各有千秋,很难用一个统一的标准来衡量。由于课程类型多样,高校教师具有相当程度的教学自主性和灵活性,教学内容的取舍、教学方法以及教材的选择,都取决于教师自己的判断,外人很难对此做出客观

评断。

目前，高校教学督导人员的组成一般有三种情况："一种是全部由离退休的、具有正高职称的教授或专家组成；一种是由在职的部分党政负责人，与在职的或已离退休的教授或专家组成；第三种是由在职的领导干部组成，主要是学校的教学管理干部和学院主管教学的副院长。"[1] 这样的教学督导队伍对教师的教学行为很难提供客观、公正的评价。首先，在知识更新如此迅速的信息时代，老教师很容易拿老眼光看人，用自己已经陈旧的知识框架要求年轻人。其次，教学管理干部和专业教师对课程和教学的理解是不同的，其督导意见很难对教师改进教学具有实质意义。如，一位年轻教师在开学的第一堂课没有讲课程内容，而是大讲自己是如何从学士到硕士、从硕士到博士的求学过程，讲得学生热血沸腾，踌躇满志，但是却被教学督导人员判为教学不合格。殊不知，高校教学还具有教育意义，也就是说，高校教师不仅仅要传授知识，还要教育学生。该教师现身说法，激发了学生的学习兴趣和动机，为以后的教学打下一个良好的基础，笔者认为他是无错的。

高校教学具有较强的创造性，好的教学不可能按部就班进行。但是，教学督导往往要求教师的教学要符合规范要求。有些高校要求教师在学期之初就把整个学期的教学计划、教案、作业的布置安排好，教学成了一个按图索骥的程序化的东西，这是没有遵循高校教学规律的表现。高校教学确实需要一个比较规范的教学大纲，因为学科知识毕竟有一个基本的体系。但是，至于教师如何让学生去掌握这个学科的知识框架，教师还要做许多工作。高校教师通过和学生交流，掌握学生已有的知识结构，通过阅读专业文献，补充学科前沿知识，随着教学的深入，随时调整授课的进度和内容。但是，目前的教学督导制度制约了教师教学的灵活性，更损伤了教师教学的创造性。高校教师的教学行为更多地是靠自律而不是他律来规范。根据我国现有的高校教师资格的规定，能够成为一名高校教师是一件

---

[1] 赵菊珊，汪存信.高校教学督导工作回顾与前瞻[J].高教发展与评估，2008，24（2）：39.

很不容易的事情。我们必须相信，大部分取得高校教师资格的教师都能够胜任高校教学任务，否则，我国的高校教师资格认定制度就会有合法性危机。

高校教学督导制度存在的最根本理由，是建立健全教学质量监控体系，提高教学质量。但是，高校目前的教学督导制度能否实现这一目的呢？答案是否定的。首先，高校教学质量的提高要靠一些更根本的东西，而不是教学督导。高校的师资力量、教学条件、管理水平、生源质量才是教学质量的决定因素。其次，教学质量的监控并不能简单地等同于对教师教学行为的监督和控制。如果我们把影响教学质量的每一个因素都监控好了，教学质量自然就会提高。如严把教师的入口关、培训关、考核关，添置较先进的教学设备，提高教学管理水平，营造良好的教风、学风等等。

在高等教育领域，国家的政策导向是建立现代大学制度。教育部于2012年出台了《高等学校章程制定暂行办法》，指出："章程是高等学校依法自主办学、实施管理和履行公共职能的基本准则。高等学校应当以章程为依据，制定内部管理制度及规范性文件、实施办学和管理活动、开展社会合作。"推动大学按照章程依法自主办学，是高等学校去行政化的重要举措，有学者呼吁建立国家层面的"高等学校教学督导工作条例"，[①]邀请政府权力介入高校内部的教学管理，很显然是不合时宜的。

当然，否定目前的高校教学督导制度，并不是主张高校教师的教学行为不受监管。在目前的体制下，监管高校教师教学行为的途径有很多。如学生匿名网上评教，年终考核时的同行评价，人事部门组织的人事考核，聘任合同约定的义务等。

---

① 赵菊珊，汪存信.高校教学督导工作回顾与前瞻[J].高教发展与评估，2008，24（2）：40.

高等教育学学科建设之路的思考*

成丽宁　苏　德　陈明思**

自从改革开放以来,我国踏上了社会主义现代化的高速发展的进程,人民的物质生活水平日益提高,各方面生活条件有了很大改善。实现中国梦是当前我国社会主义现代化建设的主题。近代以来,我国最伟大的梦想就是实现中华民族的伟大复兴,毋庸置疑,中华民族的崛起,也包括高等教育的崛起。虽然相比于以往,我国的经济、政治、文化等获得了长足的发展,但是与其他发达国家之间还存在着一定的差距,我国的高等教育相比美国等发达国家,仍然还有很长的一段路要走。"任何一个高等教育系统,都是在给定的条件下,通过与周围环境的互动,既保持自身特性,又实现自我超越,始终处于继承传统与开拓创新(简称传统与创新)的矛盾运动之中。"① 因此,"最近十年,许多学者开始从高校的内部特征、特色建设、区域发展和学校定位进行探索"②。在发展我国高等教育的过程中,必须在继承、发扬我国优良历史文化传统的前提下有所创新,并立足于我国的基本国情,充分借鉴、消化、吸收其他各国的优秀文明成果和有益的经验,推动我国高等教育学科日趋成熟,促进我国高等教育学学科建设有

---

*　本文发表于《民族高等教育研究》2017年3月第5卷第2期。
**　成丽宁,中央民族大学教育学院博士研究生;苏德,中央民族大学教育学院教授,博士生导师;陈明思,青海师范大学教育学硕士研究生。
①　陈国峰.高等教育传统与创新的双向建构[J].高等教育研究,2015,36(7):15.
②　曹汉斌.我国高校办学自主权研究的历史现状与问题[J].内蒙古民族大学学报(社会科学版),2005,31(1):107.

序、快速推进。当然,这个过程是在错综复杂的国际格局以及较为不公平的、以发达国家制定的所谓的"国际政治经济秩序"下进行的。其所面临的挑战是巨大的,必须把握好尺寸和方向,不能突破其中的度,否则,只能沦为其他发达国家的附属和依附。

一、高等教育学基本发展历程

我国高等教育学学科发展起步较晚。清末,以张之洞、梁启超为代表的教育学者从民族高度以个人视角阐释了其对于高等教育学的理解,标志着我国高等教育学学科雏形的产生。中华民国时期,蔡元培先生所倡导的高等教育制度的建立,使得高等教育的发展迎来了前所未有的机遇。1949年之后,我国社会步入了短暂的和平稳定时期。很多学者利用这个契机,本着为国家奉献的精神,积极扎根本土投入高等教育研究领域。正因为如此,潘懋元先生在新中国成立初期才能够开创我国高等教育学的先河,并努力推动和加大我国高等教育的研究。

作为一个研究领域,高等教育学直至1983年才被认定至我国的学科专业目录中。至此,高等教育学在历经几十年的沧桑后,终于成为一门独立的学科。1984年,潘懋元先生所著的《高等教育学》出版,为高等教育学的理论与实践研究提供了强有力的支撑。通过对高等教育学学科形成与发展过程的梳理与分析,将其过程大致可以划分为三个阶段:

(一)萌芽阶段:高等教育学学科的探索

1949—1966年期间,高等教育在我国迅速崛起与发展。许多教育学者意识到高等教育不同于普通教育,必须建立起一套适合高等教育发展要求的理论体系。1956年,厦门大学的潘懋元先生坚持自己将高等教育进行专门研究的理想,在学校课程里首次尝试开设"高等学校教育学"。随后,各大高校纷纷效仿,高等教育的改革势在必行,这些都为我国高等教育学学科产生奠定了牢固的基础。《高等教育通讯》是我国高等教育部门出版的专著,其提供的与高等教育调查相关的研究报告,很好地揭示了高等教育当时的研究现状,为高等教育以后的发展提供了方向。当然,在高等教育学走向学科独立化的道路上,潘懋元先生所著的《高等学校教育学讲义》也起到了很好的积极推动作用。1966—1976年期间,由于国内外局势的动荡不安,摧毁文化成为当时的社会主旋律,知识分子遭到严重打压,高等教育的研究陷入停滞时期。1977年之后,伴随着改革开放,许多高等教育学者们在社会形势有所好转的条件下又重新对其进行研究,明确了该领域内急需解决的一些问题,并尝试对高等教育学科的独立与发展前景进行了构思与展望。

中华人民共和国成立初期的高等教育学研究,主要以调研报告与政策展望为主要形式,更加注重个人的研究,缺少团队合作研究。与此同时,高等教育专业人才的缺乏,使得当时的高等教育研究无法形成统一认识,很难实现大的突破。但不可否认的是,这个时期高等教育领域内的理论与实验研究为高等教育学学科的诞生打下了坚实的基础。

(二)成立阶段:高等教育学学科的构建

自1978年改革开放后,我国高等教育事业伴随着"解放思想,实事求是"的指导方针具体实施,迎来了新的研究热潮。潘懋元先生所著《高等教育学讲座》,使我国的高等教育学研究热潮正式被掀起。紧随其后,1978年,厦门大学高等教育科学研究室在众多教育同人支持下成立,它也是我国首个以高等教育学为主要研究对象的学术研究机构。1978—1988年期间,全国各地高校在研究室的带领下纷纷开展高等教育项目研究,并促进了一大批高校高等教育研究机构的成立,使得高等教育研究工作往前迈进了一大步。

潘懋元先生几十年如一日的坚持终于获得了回报。1983年《高等教育学》全书完稿,次年正式出版发行。至此,我国第一部高等教育学专著诞生。该书集理论与实践于一身,构建了清晰的高等教育发展轮廓,明确了学科的概念、理论、范式、研究问题等。

同年,高等教育学正式被国务院学术委员会列为二级学科,标志着高等教育学学科建设正式合理化、合法化。从此,高等教育学正式成为一门独立学科存在于教育系统中。

这一时期，高等教育领域涌现出了大批专业学者，发展势如破竹，使得高等教育研究朝着多样化、团队化、全面化发展，理论与实践的结合也更为紧密，学科专业性逐渐凸显，成果影响力也在不断增加，初具研究规模。

（三）繁荣阶段：高等教育学学科的发展

1992年，"全国高等教育学科建设研讨会"在厦门大学顺利地召开，使得我国高等教育学的研究正式进入"百家争鸣、百花齐放"发展时代。1993年10月，高等教育学学科建设第二次年会"建设有中国特色社会主义高等教育理论体系"在华东师范大学成功举办。两年后，汕头大学召开以"在新形势下需要重新认识的基本理论问题"为主题的第三次年会。三次年会的召开紧紧地围绕着社会发展的需求，明确高等教育学学科建设服务社会的方针，规范高等教育学的学科建设，并进一步分析研讨了学科概念逻辑体系、学科性质、学科构建等方方面面的内容，使得高等教育学的前进道路更加宽阔与光明。天津于1997年举办了主题为"高等教育理论研究如何更好地为高等教育发展与改革实践服务"的第四次年会，这次年会突出教育行动与教育理论的集合，为高等教育学未来的学科发展指明了方向。四次年会的顺利召开，意味着我国的高等教育学学科研究正式步入到科学发展的繁荣时代。

在这个时期，高等教育学作为一门新兴的学科逐渐从萌芽走向成熟。伴随着全国各个高校高等教育研究机构的发展与完善，各大高校基于自己的研究问题也纷纷开设与高等教育学相关的学位试验点，从而使得我国高等教育专业人员数量不断上涨。从此，我国高等教育研究在质和量上都达到了一个新的高度。

二、高等教育学学科建设中的问题

（一）学科建设无序

近年来，由于缺乏全面的规划与统筹安排，高等教育学科的建设处于无序状态，并且也没有系统性和持续性，以至于认为体系重要，就去构建体系；认为研究对象没搞清楚，就去探讨研究对象①。高等教育学科建设的无序性显现得淋漓尽致，缺少全面规划和统筹安排，从而导致对高等教育全局性难以把握，造成效率低下，徒然耗费人力物力，而终究不得所终。而从事高等教育学科建设的学者却是越来越少，其原因可能是着手于学科理论体系建设会被认为是无视高等教育现实问题的象征，尤其是在如今，高等教育现实问题不断出现，矛盾接连不止的社会环境下，提倡学科理论体系建设被认为是不合时宜的表现。相当一部分学者转而专门研究高等教育的现实问题，放弃对学科理论体系的建设，试问，缺少了理论体系的指导，如何能将现实问题更好地解决呢？

（二）认识层面狭窄

高等教育是社会中的一个子系统，与社会政治、经济、文化等息息相关，相互联系、相互渗透、相互依存，单纯地从高等教育出发来研究高等教育，只能是偏之一隅，最多只能看清冰山一角，而无法弄清高等教育的本质、特点、规律、矛盾等，无法把握其全局性。高等教育作为一种专门的教育，与社会的各个方面应该紧密地联系在一起，高等教育的研究也应该从多学科的角度出发，如哲学、心理学、社会学等，这样才能形成一个包罗万象的、系统化、理论化的学科。尤其是在现今，为了实现中国梦的宏伟目标，社会政治经济等领域各方面矛盾突出，高等教育问题不断的情况下，必须脱离自身的狭小困境跳出来。要建设高等教育学科体系，不仅要从宏观上把握好高等教育发展的规律，用其理论体系来指导高等教育的实践工作，而且要在实践中不断总结和探索高等教育发展的规律。

（三）与实际脱节

高等教育的学科体系建设是为了研究、揭示高等教育规律，指导高等教育实践，但是有些理论体系单单从高等教育完美的学科出发，全然不顾高等教育的现实问题，只顾闭门造车，丝毫不管高等教育的改革进程。不顾社会主义现代化建设的步伐，脱离了社会实践，脱离了实践调查的考

---

① 梁仕新，李均. 当前高等教育学科建设的主要问题及建议 [J]. 中国地质大学学报（社会科学版），2005，5（11）：65-68.

证,以至于研究出来的成果非常空泛,毫无现实指导意义,这样的研究成果也就很难服务于高等教育学科建设及其学科发展。

三、高等教育学的学科内蕴

高等教育学的科学内涵"主要是回答了什么是高等教育的问题,即高等教育的基本特征、主要内涵、活动范畴和基本规律问题。……是人们观察高等教育这个极其复杂的社会文化现象的根本出发点。"[①] 为了把握住高等教育改革、发展的全局,必须清楚高等教育的科学内涵。

(一)高等教育是中等教育基础之上的专门教育

首先,高等教育是建立在中等教育基础之上的一种专门教育,只有在经历过中等教育后的教育才能称为高等教育。此处的专门教育不同于专业教育,专门教育的含义要略微广泛一些,一方面专门教育包括通识教育,即学习一般的人文、社会、自然学科,各方面的学科都有广泛涉及,不针对单一的专业性学科,旨在提高大学生的全体素质,追求全面发展的高素质人才,是进行专业教育的基础;另一方面专门教育包括专业教育,即单一的某一学科的具体性知识,主要学习高等技术、技能的科学,坚持教学与实践的结合,旨在培养高级专业性人才,具有很强的针对性,学生毕业后有很强的社会适应性。需要指出的是,高等教育的通识教育与专业教育是紧密联系在一起的,相辅相成、互相渗透,通识教育是专业教育的基础,脱离了通识教育,专业教育就失去了支撑与依靠,专业教育是通识教育的具体与深化,专业教育是对某一方向的深入性探索,具有很强的针对性,是通识教育某一点的深化。

其次,高等教育的实施对象主要是 18~22 岁的适龄青年。高等教育是社会中的一个子系统,高等教育是在中等教育的基础之上的,主要对象是适龄青年,因而高等教育的课程设置要符合这个年龄阶段学生的身心发展特点和规律,有针对性地开展教育活动,从而培养出各方面都符合社会

---

① 王冀生.高等教育的科学内涵和学科建设[J].高等教育研究,2001,22(5):62.

需求的人才。

在中国梦的宏伟目标之下,对高等教育提出了更高的要求。在培养目标上更突出了创造性、创新性的特点,日新月异的科学技术发展,给高等教育带来了巨大的挑战,科学技术代表着一个国家、一个民族的综合国力,而高等教育是科学技术的主要来源,高等教育承担着培养高级人才、社会服务、科学研究、文化传承和创新的重担,科学技术使得人们的生活发生了天翻地覆的变化。在教学内容上要更加贴合社会实践,与社会生活紧密地联系在一起,高等教育要更好地发挥社会服务的功能,培养综合性、高素质人才,学习相关的理论体系,并用到指导社会实践的过程之中,做到学以致用。

(二)高等教育的内蕴

"高等教育有着较为丰富的内涵,包括普通高等教育、高等职业技术教育、成人高等教育和继续教育四种基本类型,学历教育和非学历教育两个基本体系。"[①] 我国高等教育体系中的重心是普通高等教育,其发展水平是我国高等教育的主要标志。普通高等教育肩负着国家和民族教育发展的重任,在社会主义现代化建设中发挥着中流砥柱的作用。普通高等教育有两个基本的特征:第一是一般的科学文化教育体系,包括文理科教育;第二是专业性教育体系,都以学科为基础,强调较广泛的社会适应性。

高等职业技术教育是另一种类型的高等教育形式,其主要任务是培养具有高级专业知识的人才,旨在学习专业知识,形成熟练的专业技能和技术。也包含了两个基本的特征:一是高级,不同于基础教育阶段的一般知识,强调的是高级性,是以一定的科学文化知识为基础的;二是职业,强调的是职业技术的实用性和针对性,目的是为了满足将来职业和工作的需要,一切以职业和工作为其出发点和归宿。

在现今改革的浪潮之中,问题不断涌现,社会经济增长逐渐放缓、社会失业人口较多,同时又有用工荒等状况,必须高度重视发展职业技术教

---

① 贾建红.建立科学与人文相融合的高等职业技术教育人才培养模式[J].职业教育研究,2006(9):31.

育等其他高等教育形式，以普通高等教育为主导，其他多种高等教育形式并存，大力培养高级职业技术人才，满足相关企事业单位的用人需求，解决社会失业人口较多的问题，做到相辅相成、紧密联系，不可只顾发展普通高等教育，而忽视其他高等教育形式，使之相互补充，提高全体国民的综合素质，推进高等教育的普通化进程，为社会主义现代化建设服务。

（三）高等教育的基本特征和规律

众所周知，教育的本质是一种培养人的活动，高等教育也不例外，其最基本的活动是培养社会需求的人才。其教育功能是促进人的发展和社会的发展，然而，人的个性发展与社会需求不可避免地成为高等教育活动的矛盾，长此以往，从根本上为高等教育构造了两条基本规律：一是高级专门人才的培养必须与人的身体、心理特征协调发展的规律；二是高等教育与社会需求、环境等必须协调发展的规律。

第一，高等教育与学生的身心发展规律必须相协调。高等教育是培养高级专门人才的活动，它的实施对象主要是18~22岁的适龄青年，因此，必须充分认识学生的身心发展规律，立足于学生的身心发展规律，不可操之过急，忽视其身心发展特点，也不可缓缓而行，造成教育活动效率的低下。在足够了解并认识学生的身体和心理发展规律的条件下，把握好高等教育与学生身心发展规律不一致的矛盾，有序、高效地推进高等教育活动。

第二，高等教育要与社会需求和环境相协调发展。高等教育不仅可以促进个体的个性发展，也能促进社会发展。高等教育活动是要培养社会需要的高素质专门人才，旨在为社会服务，但是强调高等教育的社会需要并不是要否定高等教育促进个人的发展，个体的个性发展与社会发展是可以并处的，也是应该并处的，二者应当协同一致，相辅相成，不存在完全对立的关系。中国梦的提出，对每个人乃至对整个社会都提出了更高的要求，我们面临着巨大的挑战，然而，挑战与机遇并存，高等教育在这个环境下，更应该发挥其应有的作用，在促进个体综合素质、创新性得以提升的同时，促进个体的社会化发展，满足社会各方面的需求，当然并不是说仅仅满足于当下的情况，建立有效的高等教育体系应着眼于未来，不仅在数量上满足社会的需要,还要在质量上、规模上达到要求。

四、加强高等教育学学科建设的对策

(一)借鉴、吸收国外的文明成果

改革开放为中国打开了一扇大门,从此,我国与世界各国的交流往来络绎不绝,在经济上、文化上往来不断。全球化背景下,在建设我国高等教育学科体系的过程中,应该积极地面对并利用全球化的趋势,走出一条我国高等教育学科的自主创新之路。"如何处理好国际化与民族化之间的关系,是中国高等教育始终都很关注而至今没有很好解决的重要问题。"[①] 虽然现今的国际规则仍然在一些经济发达国家的掌握之中,但是随着世界多极化,发展中国家在全球化的浪潮之中,不应当无所作为。第一,应当积极借鉴、吸收国外优秀的文明成果,而不是依附、全盘照抄,整个搬过来,全然不考虑其适当性。第二,应立足于我国的基本国情,把国外的优秀文明成果借以消化、吸收,在我国的土壤中培育,直至完善。第三,重视我国的历史文化传统,增强民族自信。只有在充分认识我国的优秀历史文化成果之后,才能不被国外的某些势力所蛊惑。正如杜祖贻教授所言,"亦步亦趋,终为奴仆;借鉴超越,方成主家"[②],只顾跟随国外的步伐,只会导致沦为外国的附庸和属从,失去民族意识,甚至导致整个民族、国家的消亡。从我国基本国情出发,借鉴并吸收符合我国高等教育的发展道路和模式。全球化时代下,我们除了要向西方国家学习,也要向一些发展中国家学习,将其先进的文明成果一并吸收,实现我们的中国梦。

(二)建立庞大的研究体系

高等教育是一项复杂的文化活动,其领域非常博大,涉及面很广,一

---

① 雷洪德,陈志忠.高等教育国际化与民族化的协同共进[J].高等教育研究,2015,36(7):18.

② 陈兴德,潘懋元."依附发展"与"借鉴—超越"——高等教育两种发展道路的比较研究[J].高等教育研究,2009,30(7):16.

方面要以哲学、心理学、社会学等综合学科为基础,建立一个庞大的高等教育研究体系,另一方面也要坚持高等教育自身的独立性,其不仅是一门独立的学科,又是一个广泛的研究领域,不能顾此失彼,否则会导致首尾不能兼顾。以多学科研究为中介,在广泛开展问题研究的基础上,以哲学、心理学、社会学等作为武器,在深刻揭示高等教育活动诸多矛盾的运动规律的基础上,以学科门类进行系统概括和整理,逐步建立高等教育学科体系的基本框架。在高等教育学科建设中,多学科研究具有特殊重要的地位,但高等教育学科建设是以建立自己独立的、科学的理论体系为最终目标,从问题研究过渡到最终目标的中介和桥梁是多学科建设,如果没有长期积累和扎实的问题研究作为基础,多学科研究就不能很好地开展;外在条件是建立庞大的高等教育研究体系,而高等教育的内在需求则是高等教育的独立性,二者相辅相成,缺一不可。同样,如果没有长期积累和扎实的多学科研究做基础,高等教育也很难建立起自己独立的、科学的理论体系。

（三）理论与实践相结合

在高等教育学科建设中,要正确处理好理论体系建设与理论应用的辩证关系。"立足高等教育实践,把实践作为学科建设的起点"[①]。一方面,理论体系建设是处理和解决好现实问题的前提准备和基础,缺乏理论基础的指导,面临现实问题只能是盲人摸象,不得其要旨。另一方面,应用于高等教育的实践活动中,揭示高等教育规律,解决高等教育方面的有关问题是高等教育理论体系建设的最终目的。我们既要反对只倾向于理论体系建设而忽视理论应用,又要反对只倾向于理论应用而忽视理论体系建设,而应当把二者有机结合起来,在理论研究的指导下开展问题研究,在问题研究的同时开展理论研究。

---

① 方泽强.走出一条独特、有卓越影响力的学科建设道路——潘懋元高等教育学科建设思想述评[J].山东高等教育,2015(8):87.

高校大学生创业教育及其体系构建[*]

周 晶[**]

创业教育，20世纪80年代末联合国教科文组织的"面向21世纪教育国际研讨会"上将其概括为学生的"第三本护照"，着重强调创业能力问题，认为这种人应具有事业心、创造性、冒险精神、创业能力、独立工作能力以及技术、社交和管理技能等[①]。1998年10月，在联合国教科文总部世界高等教育会议上，发表了《21世纪的高等教育：展望与行动世界宣言》。该宣言指出："为了方便毕业生就业，高等教育应主要关心培养创业技能与主动精神，毕业生不再仅仅是求职者，首先将成为工作岗位的创造者。"至此，创业教育思想趋向成熟，并逐渐受到国际社会的广泛关注。

随着我国目前就业形势的严峻，党的十七大报告指出："就业是民生之本。要坚持实施积极的就业政策，加强政府引导，完善市场就业机制，扩大就业规模，改善就业机构。完善支持自主创业、自谋职业政策，加强就业观念教育，使更多劳动者成为创业者。"[②] 然而，我国高等教育在强调创新教育、就业教育的同时，却忽视了对大学生的创业教育，还没有形成比较成熟和系统的创业教育模式。高校毕业生中自主创业人数比例远远低于发达国家（"我国高校毕业生中每年自主创业的人数不到毕业生总数的

---

* 本文发表于《青海师范大学学报（哲学社会科学版）》2011年11月第33卷第6期。
** 周晶，男，汉族，青海乐都人，青海师范大学副教授。
① 刘建佳.大学生创业教育探析[J].中国科教创新导刊，2007（20）：27-28.
② 胡锦涛.高举中国特色社会主义伟大旗帜 为夺取全面建设小康社会新胜利而奋斗——在中国共产党第十七次全国代表大会上的报告[Z].北京：人民出版社，2007：38.

1%，而发达国家一般占到20% ~ 30%"①）。这显然不利于解决当前高校毕业生就业矛盾，更不利于我国经济社会又好又快地发展。因此对高校创业教育及其体系构建进行深入研究显得尤为必要。

一、创业教育的概念

联合国教科文组织对创业教育是这样定义的："创业教育，从广义上来说是指培养具有开创性的个人，它对于拿薪水的人同样重要，因为用人机构或个人除了要求受雇者在事业上有所成就外，正在越来越重视受雇者的首创、冒险精神，创业和独立能力以及技术、社交、管理技能。"

我国学者对"创业教育"有诸多不同诠释，但比较普遍的观点为创业教育是一种现代教育理念，通过对学生进行创业特质（意识、品格、知识、能力）的培养，使学生的综合素质和开拓型的个性得到培养和强化的教育，目的是使学生具有更强的社会工作适应性和独立生存与发展的素养。

二、实施学生创业教育现实必要性分析

（一）适应国际形势变化趋势的需要

1.满足知识经济的需要。知识经济以现代高科技技术为主导，其实质是创新。知识经济的兴起，使知识上升到社会经济发展的基础地位。知识成了最重要的资源，"智能资本"成了最重要的资本，在知识基础上形成的科技实力成了最重要的竞争力。国家的富强、民族的兴旺、企业的发达和个人的发展，无不依赖于对知识的掌握和创造性的开拓与应用，而知识的生产、学习、创新，则成为人类最重要的活动，知识已成了时代发展的主流。知识的丰富与扩展，同时意味着产业、行业的增加，这就迫切需要掌握高新技术、富有创新精神的年轻大学生来担负起创业重任，只有这样才能提供更多的就业机会。因此，高校应把培养具有创业能力的人才作为

---

① 张俊，颜吾芟.论大学生创业教育[J].北京交通大学学报（社会科学版），2008，7（1）：96.

教育发展的重要目标，努力培养大量的创业型人才去促进产业的发展。

2.经济全球化的需要。从"中国离不开世界，世界也离不开中国"的著名论断，到中国加入世界贸易组织，我们可以深刻感受到必然面临更加激烈的国际竞争。经济全球化是指贸易、投资等活动的全球化，即生产要素在全球范围内的最佳配置。从根源上说是生产力和国际分工的高度发展，要求国际各实体间平等参与竞争。但当前我国企业的竞争能力和综合实力与发达国家相比还存在较大差距，部分企业还遗留不少计划经济时期的烙印，如经营机制不灵活、技术创新能力薄弱等。面临如此严峻的挑战——若本国企业不进入相关领域行业，国外企业照样会进入，行业空间会随着我国经济政策的放开而变得开放和狭窄。因此，我国的经济社会发展迫切需要一批具有创新精神和开拓能力的创业型人才。全面推进大学生创业素质教育也就成为我国高教改革的题中之义和当务之急。

（二）适应国内形势变化的需要

1.产业格局深刻变化的要求。任何国家经济社会发展到一定阶段，必然出现这样一种趋势，即第一产业和第二产业的就业人口比例会逐步缩小，第三产业的就业人口比例将逐步提高。当前加快发展第三产业的重要意义，主要是：（1）有利于建立和完善社会主义市场经济体制。（2）有利于加快经济发展，提高国民经济素质和综合国力。（3）有利于提高人民生活水平，实现小康。（4）有利于扩大就业，缓解我国就业压力。第一产业和第二产业需要拥有高度敬业精神的创业者将其继续发展壮大，使其作用充分发挥。第三产业则需要高创业动机和素质的创业者将其开发。因此，经济产业结构的调整也呼吁创业教育的开展。

2.适应当前就业形势的客观要求。我国目前正存在着巨大的就业压力和矛盾。近年来，高校招生规模不断扩大，每年都源源不断地向社会输送大批的劳动力。但是政府机关减员增效，难以再大量接收大学毕业生；国企改革、结构调整、产业优化升级，难以继续提供充分有效的就业机会。在此大环境下，大学生毕业就有可能面临失业。据统计，2002年底全国高校毕业生就业率为80%，2003年就业率降为75%，2004年为73%，2005

年为72.6%。2006年413万大学毕业生在毕业离校时尚未就业的有120万，即有30%的大学毕业生毕业时没就业。2007年，全国普通高校毕业生人数达495万，加上上一年的120多万未就业毕业生，600多万高校毕业生面临就业。同时，从下表可知，供大于求的格局不会改变，未来几年内就业形势依然严峻。

表1　2005—2010年高校毕业生人数及增长率

年份	2005	2006	2007	2008	2009	2010
毕业生人数（万）	338	397	464	532	592	652
毕业生增长率（%）	20.71	17.46	18.39	13.19	11.29	10.14

数据来源：2005—2008年毕业生人数根据教育部公布的历年招生人数推算；2009、2010年毕业生人数为根据国民经济增加趋势和前几年毕业生人数增长情况估算数值。

表2　预计2005—2010年每年对高校毕业生需求的人数

年份	2005	2006	2007	2008	2009	2010
需求大学毕业生人数（万）	514	536	590	574	580	589

数据来源：《中国就业战略报告2004——变革中的就业环境与中国大学生就业》，曾湘泉等，中国人民大学出版社，第119页。

在如此严峻的情况下，通过创业来解决大学生就业无疑是一种可行而且有效的办法。

（三）高校的历史责任和学生个体发展的必然要求

1. 创业教育是高校的历史责任。《中华人民共和国高等教育法》明确规定了高等教育的基本方针和任务："高等教育必须贯彻国家的教育方针，为社会主义现代化建设服务，与生产劳动相结合，使受教育者成为德、智、体等方面全面发展的社会主义事业的建设者和接班人""高等教育的任务是培养具有创新精神和实践能力的高级专门人才"。因此高等教育的目标是培养社会主义新人，具体地说，就是"具有创新精神和实践能力的高级专门人才"，使他们能够创业，能够适应社会主义建设的需要，在现代化建设中建功立业。开展创业教育可以帮助青年提高实践能力，创业在本质上是一种实践，开展创业教育的基本内容，就是要使学生从理论到理论的循环中摆脱出来，逐步完成从理论到实践的过渡，这必然会导致大学生更多地接触社会，更多地参加科学实践和社会实践活动，从而培养出合格的满足社会需要的大学生。

2. 开展创业教育是学生个体发展的需要。当代大学生多样化需求趋势明显。高等教育缴费上学使学生成为教育的消费者，并开始考虑投入与回报的关系，对学校的管理、教学、服务等也提出了更高的要求。高等教育的大众化使大学生的优越感逐渐淡化，取而代之的是激烈竞争和优胜劣汰的现实。自主择业让大学生感受到生存与发展的压力，就业成为他们第一位的人生烦恼。学生对学习实用知识技术、创业理念的需求迫切，成才愿望强烈。社会环境复杂化、社会竞争日趋激烈、就业压力增大等因素给大学生带来了不同程度的心理压力，大学生心理问题日渐突出。大学生多样的需求对高等教育在为大学生的成长成才、就业创业服务方面提出了新的要求。调查显示，青年更加务实、更加关注自身价值的实现。在被调查的青年中，45.9%的青年最看重美满幸福的家庭，40.7%的青年最看重个人事业的成功，30.5%的青年最看重能够做自己想做的事情。

三、中国创业教育发展现状及存在的问题

从2002年初教育部高教司在清华大学等9所高校进行创业教育试点，高教司举办"创业教育骨干教师培训班"，标志着中国大学生创业教育的正式开始。但是，由于起步晚等原因在我国取得成绩的同时，也存在一些问题。

（一）部分高校工作者对创业教育的认识不够深入

当前我国许多高校将创业教育简单地定位为"企业家速成教育"，认为创业就是开办企业，这实际上是功利主义的价值取向，同真正意义上的大学生创业教育相背离。部分高校片面培养学生的理论知识，却忽视培养学生学会分析问题、解决问题的能力，难以将知识转化为现实价值，最终实现知识的最大效用。另外，相当一部分高校甚至无相关创业教育课程，创业教育思想尚未引起应有的重视，无法满足现实社会的需要。

（二）创业教育的系统课程体系还未建立

创业教育是涉及经济学、管理学、社会学、心理学等的综合性学科的教育，在我国创业教育学的部分领域甚至还没有起步，学科建设中创业课程比较零碎①，有的学校也许只开设了一些创业相关的专题讲座。创业教育在许多高校只是开设一些创业课程，如《创业学》《创业教育》等选修课，创业教育与学生专业学科教育脱节严重。另一方面，教材建设亟待加强，有的高校的创业教育课程只是简单地将管理学的部分课程进行移植。很多现有的专业教材也是停留在翻译引入阶段，而结合国情开发适合中国高校学生教材的工作还有待加强。

（三）高校创业教育师资力量薄弱

教师是学校开展创业教育能否取得显著成效的一个关键因素，目前许多高校的就业指导课大部分由就业部门的工作人员、各院系主抓学生工作的领导和学校辅导员兼任，教师没有经过系统培训，其对创业教育理论研究不够深入，缺乏工作经历和实践经验，很难使学生从创业课程中真正体验创业过程。因而，创业教育在高校开展得不够理想，理论不能充分指导实践，教师多是自学成才，素质亟待提高，数量上有待增加。②

（四）创业实践形式缺乏多样化、层次化

长期以来，应试教育是我国主要教育模式，在这样的教育模式下培养出来的大学生往往存在着理论知识水平高而实践动手能力低和创新意识薄弱等问题。同时，在创业的选择上自由度不够，难以在学业和创业两者之间达到平衡。加之当代大学生多为20世纪八九十年代出生，来自独生子女家庭，父母和家庭对子女过分地关怀、呵护造成了他们独立性较差，眼高手低。有创业的满腔热情，可又无法面对创业过程的艰辛。面对社会家庭普遍的期望，认为创业是不务正业，给学生多样化选择造成心理障碍。

---

① 朱媛玲.高等学校创业教育人才培养模式研究［J］.长春大学学报，2007，17（5）：65-67.
② 连城.从当前就业形势看大学生创业教育的必要性［J］.职业时空（下半月版），2007，（10）：30.

四、创业教育体系的构建

（一）树立创业教育理念，转变就业教育观

创业教育是相对就业教育而言的一种教育思想和教育模式，它的目标就是要培养具有创新精神和创新素质的人才。高校要树立以创业教育为核心的观念，要以学生为本，造就"人岗匹配"的合格人才，强化创新思维教育。包括通识教育观和个性化教育观，要转变那些妨碍学生创业精神和创业能力发展的教育观念。现代社会突飞猛进，科学技术日新月异，知识经济迎面而来，高校要适应时代的发展，就必须培养和造就大批创业型人才，要将创业教育思想渗透到大学教育的各方面中去，贯穿于教书育人、管理育人、服务育人中去。

学生要转变就业观念，摒弃传统落后思想，要做"理想远大、信念坚定的新一代，品德高尚、意志顽强的新一代，视野开阔、知识丰富的新一代，开拓进取、艰苦创业的新一代。"

（二）有针对性地加强师资队伍建设

创业教育是一门实践性很强的课程，不仅要提供学生创业必备的理论知识，更重要的是要有一支有实际创业经验的师资队伍。可以说，教师是学校开展创业教育能否取得显著成效的一个关键因素。教师成功的案例可以从思想上激发学生创新创业的欲望，失败的案例也可以提供学生可借鉴的经验。一方面，高校可以邀请创业企业家担任客座教授，从而提高创业教育吸引力和说服力。另一方面，要加强专职创业教育师资的培训，提高理论水平，并给予一定的创业实践机会。

高校教师也要积极通过各种途径学习有关创业教育课程的教学方法，参加相关技能培训，如参加创业组织、协会的活动和企业家交流创业经验的活动等，获取创业教育新信息，提高自身素质。

（三）改革课程设置，构建创业教育的教学模式

高校创业教育课程应在科学文化基础课程的基础上突出创业教育，课程内容应该涉及管理学、心理学、创业指导、市场营销、财务管理、经济

法等内容。增加课程的弹性,加大选修课的比例,给学生更多的自主选课空间。使创业教育课程与普通基础课程既相互独立又相互渗透,让课程间形成有机结合。增强教学内容的启发性和可操作性,体现出成功创业者的创业方法、过程和规律,并充分体现出其创业精神,这样的教学效果更加直观、生动、有启发性。

要结合我国各地区、各高校实际,组建有关专家队伍,深入开展创业教育的理论研究和注重对创业教育实践的总结,形成全方位、多层次、较为成熟的理论体系,来指导创业实践。

(四)大力加强校园创业文化建设

文化是人类社会历史实践过程中所创造的物质财富与精神财富的总和,而创业文化是指开创事业价值观念、精神意识、相关体制、制度和一系列实践行动的总和。高校实施创业教育,必须重视创业文化的培育,提高大学生对创业文化重要性的认识,改变那种固步自封的陈旧观念,营造有利于创业的舆论氛围。激发学生的创业热情,形成"创业为荣、主动创业"的精神状态,鼓励学生在创业中去实现人生的价值。

创业文化的创建以创业实践活动为载体,学校应积极组织以"挑战杯"课外科技作品竞赛和创业设计大赛为品牌、亮点的各项创新创业类竞赛。用喜闻乐见的方式培养学生创新创业意识,提高创新创业技能,为以后建功立业打下良好的基础。

(五)营造创业教育的良好社会环境

学校要积极争取政府等支持系统,联系政府、社会企业等组织积极设立"大学生创业基地""大学生创业孵化基地"等[1],为学生创业者提供创业培训、小额贷款、跟踪反馈等"一条龙"服务,为大学生创业在申请、登记、审批等方面提供"绿色通道"服务,加大对创业典型的扶持力度,树立典型的辐射带动作用,积极争取制度政策,并加以认真落实,做到扶上马,送一程。如:给予资金方面支持,对创业者提供相应的法律保

---

[1] 孙玉贤.对高校大学生创业教育的理性思考[J].社科纵横,2007,22(11):155-156.

障等。有些地区已经在工商注册、资金、税收等方面为大学生提供优惠政策，收效良好。

另外，学校要通过社会舆论工具，如报刊等新闻媒体，大力宣传创业教育成功典型，使学生敢于创业、乐于创业，充分激发青年学生的创业热情。

创业教育在我国还是一个新事物，经过近年来的探索，已经成为高等教育改革发展的重要内容。但是，与西方发达国家比较成熟的创新创业教育实践相比，还处在初级阶段。高校需要树立创业教育理念，转变就业教育观；有针对性地加强师资队伍建设；改革课程设置，构建创业教育的教学模式；大力加强校园创业文化建设；营造创业教育的良好社会环境。结合各校实际构建具有特色的创新创业教育体系，培养出更多创新创业型人才。

第二章
政策法规

公共政策是国家通过对资源的战略性运用，以协调经济社会活动及相互关系的一系列政策的总称。其中，教育政策作为一项关系到国计民生的公共政策，作为对社会利益的权威性分配，集中反映了社会利益，从而决定了公共政策必须反映大多数人的利益才能使其具有合法性。

从本篇所选文章来看，财政不足是西部高等教育的发展瓶颈之一，如何合理划分高校社会捐赠财政配比，补充和优化财政政策是西部高等教育振兴的重要路径。此外，民族高等教育政策，少数民族双语教育政策和民族高等教育公平研究均是极具"西部色彩"和"地方色彩"的研究，体现了西部高等教育研究的丰富样态，成为我国民族地区教育政策研究的重要范畴。

西部高等教育振兴视角下高校社会捐赠财政配比政策研究*

洪成文　牛欣欣**

西部高等教育长期以来受地理位置、办学经费、人才、平台资源等因素的限制，发展水平与东部地区存在较大差距，尚有诸多薄弱环节和突出问题。振兴西部高等教育，既是提高西部高等教育整体水平、奠定建设高等教育强国基础的迫切需要，也是推进区域高等教育协调发展、促进西部地区经济社会繁荣稳定的现实要求。新时期我国实行以追求世界一流水平为目标的高校"双一流"建设战略，优先关注高等教育发展的效率，兼顾公平①。在"双一流"建设背景下，西部高等教育发展更显尴尬。一方面，西部高校在高层次人才上面临引进困难和流失严重的双重困境，由"双一流"建设引发的新一轮高校人才争夺战中最受伤的是西部高校；另一方面，西部地区入选"双一流"建设高校数量相对较少，绝大多数西部高校无缘"双一流"建设经费，很多高校欠债未还又将背负新债，经费不足问题突出。在中央财政支持范围和力度有限的情况下，西部高校如何突破自身发展经费短缺的困境，成为促进西部高校发展、实现西部高等教育振兴

---

*　本文发表于《重庆高教研究》2018年7月第6卷第4期。
**　洪成文，北京师范大学高等教育研究院教授，博士生导师，主要从事大学筹融资研究；牛欣欣，北京师范大学高等教育研究院博士生，临沂大学教育学院讲师，主要从事大学筹融资研究。
①　刘海峰."双一流"建设应注重效率兼顾公平［EB/OL］.（2017-09-21）［2018-04-16］. http：//www.moe.gov.cn/jyb_xwfb/moe_2082/zl_2017n/2017_zl46/201709/t20170921_314929.html.

所面临的紧要问题。本文从西部高等教育振兴的视角，探索如何利用高校社会捐赠财政配比政策这一政策工具，带动西部高校拓宽办学经费来源，增强西部高校发展的自主性。

一、西部高等教育振兴的意义与挑战

振兴西部高等教育，有利于提高我国高等教育整体水平，奠定实现我国高等教育强国目标的基础。西部12个省级行政区共有660所普通高校，占全国高校总数的25.4%，在校生数占全国高校在校生规模的24.9%（见表1）。西部高等教育是我国高等教育的底座之一，承担着高等教育大众化和为区域经济社会发展提供人才支持和智力支撑的重任，西部高等教育的发展水平直接影响我国高等教育的整体水平。在"双一流"建设带动少数高校快速发展成为高等教育系统塔尖的同时，若其他绝大多数普通高校发展严重滞后，必将造成塔基不稳。如此一来，塔尖再高，若塔基不稳也后患无穷，会影响整个高等教育的健康发展，危及我国建设高等教育强国的基础。

表1 我国西部高校规模、在校生规模统计表

地区	普通高校数（所）	本科高校数（所）	专科高校数（所）	在校生总数（人）	本科在校生数（人）	专科在校生数（人）
四川	109	51	58	1446559	820977	625582
云南	72	31	41	656594	401259	255335
贵州	64	14	50	573932	301642	272290
西藏	6	3	3	35034	23912	11122
重庆	65	25	40	732475	445398	287077
陕西	93	42	51	1076254	677259	398995
甘肃	49	22	27	457204	291662	165542
青海	12	4	8	61860	36146	25714
新疆	46	18	28	319875	168975	150900

续表

地区	普通高校数（所）	本科高校数（所）	专科高校数（所）	在校生总数（人）	本科在校生数（人）	专科在校生数（人）
宁夏	18	8	10	117149	76218	40931
内蒙古	53	17	36	436699	246455	190244
广西	73	22	51	810282	422949	387333
合计	660	257	403	6723917	3912852	2811065
全国占比（%）	25.4	20.8	29.7	24.9	24.3	30

数据来源：国家统计局《中国统计年鉴2017》，http://www.stats.gov.cn/tjsj/ndsj/2017/indexch.htm

振兴西部高等教育，有利于推进区域协调发展，实现教育公平正义。"公平、正义是现代社会具有支撑意义的核心价值观念和行为准则"[①]，公平是正义的基础和核心。教育公平是社会公平在教育领域的延伸，是实现教育正义的重要途径，是社会和谐的基本前提[②]。长期以来，西部高等教育发展相对落后，造成我国区域高等教育发展不协调问题突出。仅以"双一流"建设高校的地域分布为例，在教育部公布的137所入选"双一流"建设的高校中，西部地区只有28所高校入选，其中一流大学建设高校9所；在没有一流大学建设高校的10个省中，西部地区占了6个；一流学科建设高校19所，西部有2个省区没有一流学科建设高校；在除原"211工程"之外新增入选的25所高校中，西部地区仅占3所（如图1）。这一分布直观显示出我国优质高等教育资源布局不平衡，不仅西部与东部相比在高等教育发展与投入上呈现出显著的区域差异，西部地区之间也存在显著的省域差异。高等教育发展水平的区域差异，造成个体在入学机会、教育过程和教育结果上的不公平，违背了社会公平、正义的发展目标。

---

① 李兴洲.公平正义：教育扶贫的价值追求［J］.教育研究，2017（3）：32.
② 张洪高，辛丽春.教育的正义性［M］.济南：山东人民出版社，2016：55.

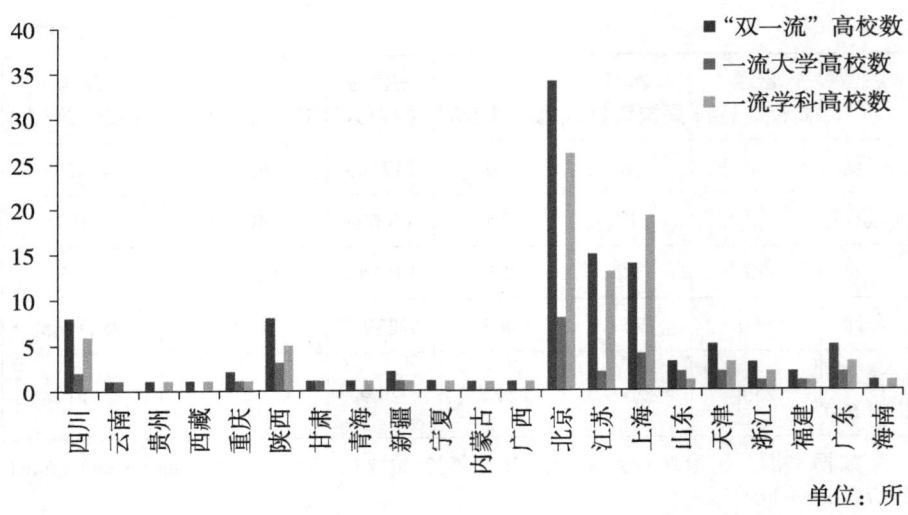

图 1 东西部地区"双一流"高校数统计图

振兴西部高等教育,有利于促进西部经济社会稳定发展。高等教育对经济发展具有长期、间接的正向驱动作用。随着我国创新驱动发展战略的实施,高等教育在服务国家创新体系的过程中逐渐发挥引领作用。西部地区不乏老少边穷地区,面临经济增长方式转变和产业升级的迫切需求,在经济增长方式由要素驱动向效率、创新驱动转变的压力下,西部高校的人才培养、科技创新越来越成为区域发展的重要支撑力量。此外,区域高等教育发展不协调、教育不公平,也会对经济发展产生影响。西部高等教育发展与我国区域经济协调发展的程度之间存在长期显著的协整关系,从长远来看,促进西部高等教育发展是提升区域协调发展水平的一条可行路径[①]。就教育公平与经济增长的关系而言,尽管从短期来看教育公平与经济增长具有反向作用,但从长期来看,教育公平对经济增长具有显著的积极贡献作用[②]。因此,只有振兴西部高等教育,实现区域高等教育协调发展,促进教育公平,才能突破西部地区高等教育弱与经济发展弱的不良循环,

---

① 张文耀.高等教育发展推动区域经济协调发展路径研究——以我国西部地区高等教育发展为例[J].西北大学学报(哲学社会科学版),2012,42(06):101-106.

② 许长青,周丽萍.教育公平与经济增长的关系研究——基于中国 1978—2014 年数据的经验分析[J].经济问题探索,2017(10):28-40.

实现西部地区经济社会稳定发展和长治久安。

经费不足是西部高等教育振兴面临的最大挑战之一。受地方经济发展水平相对滞后等因素的影响，西部高校普遍面临资金短缺的难题。为了促进区域高等教育协调发展，教育部、国家发改委、财政部于2013年联合印发《中西部高等教育振兴计划（2012—2020年）》，先后实施了"中西部高校基础能力建设工程""中西部高校综合实力提升工程"等国家中西部高校扶持项目，但中央财政毕竟投入有限，资助范围也有限。在入选"中西部高校基础能力建设工程"的100所高校中，西部高校有45所，约占当时西部本科高校数的21.2%；在入选"中西部高校综合实力提升工程"的14所高校中，西部高校有9所，约占本科高校总数的4.2%。可见，绝大多数高校不在中央财政扶持的范围内，即使获得专项经费资助，仅仅依赖政府财政拨款来突破西部高校发展普遍面临的财政困境，也绝非长久之计。西部高校积极拓宽财政经费来源，开辟自主筹资道路势在必行。

二、西部高校教育经费收入现状

在我国当前教育经费收入统计口径下，教育经费包括如下5个来源渠道：国家财政性教育经费、事业收入、民办学校中举办者投入、社会捐赠经费、其他教育经费。就我国高校教育经费收入的总体状况而言，教育经费多元化尚处于初步形成阶段。高校教育经费对国家财政拨款以及以学杂费为主的事业收入的依赖性较强，国家财政性教育经费和事业收入在高校教育经费来源中占绝大部分比例。社会捐赠在高校教育经费总额中占比不到1%，与发达国家公立高校社会捐赠在教育经费收入中占比超过10%的水平相距甚远。西部高校更是如此。

（一）西部高校教育经费收入结构状况

教育经费收入结构是指不同来源渠道的教育经费在教育经费总收入中所占的比例，它能体现不同来源的经费在教育经费总收入中的重要程度，是教育经费来源多元化的重要表征。

西部高校教育经费收入结构与东部高校、全国高校平均水平的对比如

图2。当前西部高校教育经费收入结构具有典型的来源渠道单一、结构性矛盾突出的特征。

第一，西部高校教育经费收入主要依赖国家财政性教育经费和以学杂费为主的事业收入，其中国家财政性教育经费占比62.2%，事业收入占比33.1%，两项收入合计占西部普通高校总收入的95.3%，超出东部高校平均水平2.2个百分点。

第二，西部高校国家财政性教育经费所占比例低于东部高校，而事业收入所占比例高于东部高校，这反映了政府财政拨款的区域差异，也反映出事业收入已成为西部高校办学经费的重要来源。

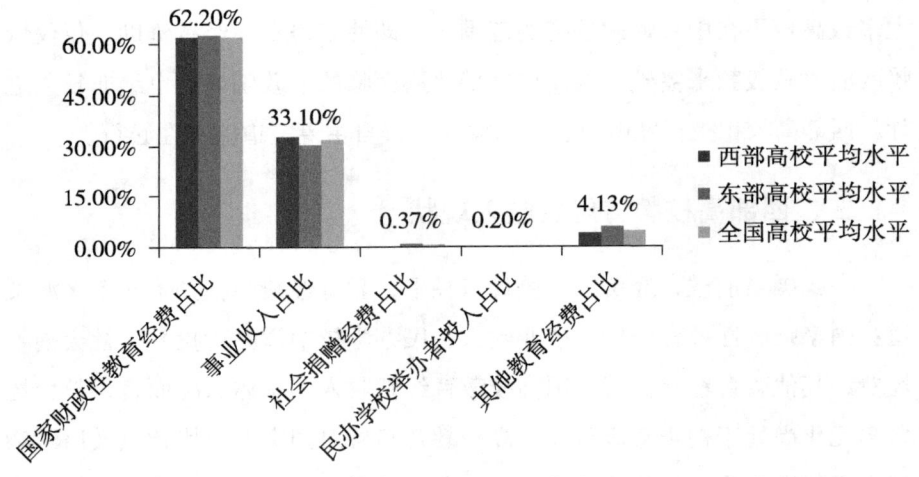

图2 西部高校与东部、全国高校教育经费收入结构对比示意图
数据来源：根据《中国教育经费统计年鉴2016》的统计数据整理

第三，西部高校自筹经费能力差，在社会捐赠绝对水平和相对水平上都较低。虽然我国普通高校社会捐赠收入在高校教育经费收入中占比普遍较低，但西部高校与东部高校相比仍然存在明显差距，西部高校捐赠收入仅占教育经费总收入的0.37%，低于东部高校0.82%的平均水平，也低于全国高校0.51%的平均水平。西部地区高校社会捐赠收入及其在教育经费收入中的占比情况见表2。由表2数据可知，西部除少数地区外，大多数

地区高校社会捐赠水平很低，同时表现出地域差异。2018 中国大学社会捐赠排行[①]显示，排名前 100 位的高校中有西部高校 18 所，其中四川 4 所，陕西、重庆各 3 所，云南、广西、新疆各 2 所，贵州、内蒙古各 1 所，共获得社会捐赠 64.01 亿元，而名列排行榜前两位的清华大学、北京大学分别获得社会捐赠 95.48 亿元、76.65 亿元。由此可见，我国高校社会捐赠收入分布很不平衡，二八现象或马太效应明显，社会捐赠水平的地域和校际差异很大，少数发达地区、重点高校所获社会捐赠较多，西部高校在吸引社会捐赠上还有很大的发展空间。

表 2　我国西部普通高校社会捐赠收入及其在教育经费总收入中所占比例[②]

地区	社会捐赠经费（千元）	教育经费总收入（千元）	社会捐赠在教育经费总收入中所占比例（%）
内蒙古	7053	13784952	0.05
广西	43455	18936364	0.23
重庆	57225	23246916	0.25
四川	242245	39806028	0.61
贵州	43826	13095091	0.33
云南	33088	15443236	0.21
西藏	92	1881821	0.00
陕西	109788	39977139	0.27
甘肃	17549	14284976	0.12
宁夏	3585	4210440	0.09
新疆	169096	10691925	1.58

数据来源：根据《中国教育经费统计年鉴 2016》的数据整理。

---

①　2018 中国大学社会捐赠排行榜由艾瑞深中国校友会网发布，统计的是各高校接收的单笔超过 100 万元以上的社会捐赠，时间截至 2017 年 12 月。
②　由于《中国教育经费统计年鉴 2016》中青海省社会捐赠经费的数据缺失，因此未将青海省列入表内；西藏地区捐赠经费占比过小，近似为零。

(二)西部高校拓宽教育经费来源的可行途径

西部高校财政来源渠道可以粗略地划分为来自政府的生均拨款、来自家长的学费和包括社会捐赠收入在内的其他收入三部分。从政府生均拨款水平来看,存在较大的地域差异。2016年全国教育经费执行情况统计数据显示,北京市普通高校生均公共财政预算教育事业费为55687.68元,约是全国普通高校生均经费(18747.65元)的3倍,是西部地区普通高校生均经费最高省份西藏(33384.17元)的1.7倍,是西部地区普通高校最低省份四川(12236.78元)的4.6倍。近5年来,西部、东部和全国普通高校生均经费平均水平及其变化趋势如图3所示。西部高校生均经费水平自2015年开始略高于全国平均水平,但与东部地区相比仍存在显著差距。虽然政府财政投入在不断增加,但西部地区受地方财力有限、需要投资改善的社会领域较多等因素的限制,依靠增加政府财政投入来改善西部高校财政状况很难实现。

在国际上,高校开拓资金来源的主要渠道有提高学费、学校开展经营性活动以及吸引社会捐赠资金。根据我国《高等学校收费管理暂行办法》,高校学费标准遵循属地管理原则,学费标准审批权限在省级人民政府。高校学费标准的制定主要考虑高校办学成本、生均教育培养成本,同时还要考虑各地财政拨款水平、物价水平、消费价格总体水平、就业情况等因素。学费标准的调整需要由省级教育、物价、财政部门提出方案,通过价格主管部门审批后,最终由省级人民政府批准后执行。因此,学费定价权不在教育部门,更不在高校,加之提高学费通常会带来较大的社会影响,学费调整相当困难。高校通过开展经营性活动进行创收也具有较大的局限性,一方面是因为大多数西部高校不具备进行经营性活动的基础和能力,另一方面过多的经营性活动也会对学校常规的教学和科研活动产生不良影响。由此可见,西部高校在生均拨款难以增加、学费标准不易改变、绝大多数高校无缘"双一流"建设经费的情况下,只有社会筹资部分可以自主改变。因此,大力发展社会筹资是西部高校增加办学经费、突破财政困境的可行途径。社会筹资是一个过程,通过政府对高校捐赠提供财政配比政策，可以刺激社会筹资事业的发展，让西部高校在这一颇具发展空间的领域做出更多努力，取得更佳成绩。

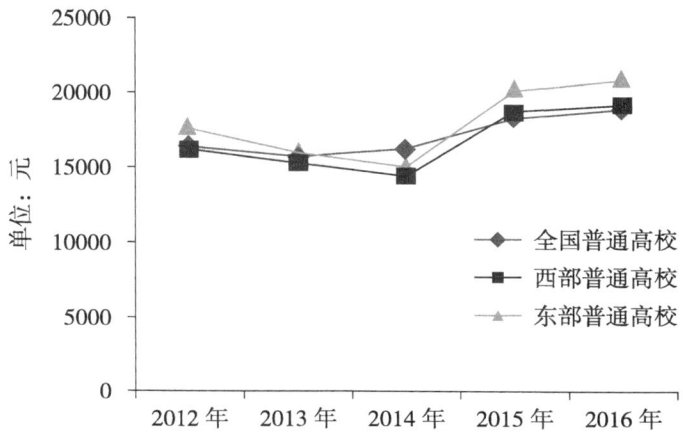

图3　近5年不同区域普通高校生均经费水平及变化趋势
数据来源：根据2016年全国教育经费执行情况统计数据整理

三、作为政策工具的高校社会捐赠财政配比政策

我国高校社会捐赠整体水平较低，西部高校更是如此。这不仅反映出社会各界对高校捐赠重视不够，高校筹资意识、筹资能力和专业化水平不强，也体现出政府支持和政策引导的不足。美国、英国、新加坡及我国港澳台地区等早已实施捐赠资金财政配比政策，实施效果表明这是刺激大学筹资的一种行之有效的方法。

（一）财政配比政策的本质

财政配比政策源于"配比基金"（matching fund）理念，由政府设立"资金池"，制定章程，按照一定配比比例向受捐高校提供补助基金[①]。财政配比政策本质上是一种追加型奖励。各级政府通过向获得社会捐赠的高

---

① Select government matching fund programs: an examination of characteristics and effectiveness 2004［EB/OL］.［2018-04-16］.http://www.suttontrust.com/up-content/uploads/2004/12/CASEMatchFunding.pdf.

校提供一定比例的配比资金作为奖励,一方面鼓励高校积极开展社会筹资,另一方面鼓励社会捐赠在高等教育领域的投入,推进社会资源分配模式的改变。

财政配比政策背后的假定是,如果政府与高校合作进行社会筹资,则能在更大程度上分享社会的善款。根据中国社会科学院发布的《2016年度中国慈善捐助报告》的统计数据,2016年度我国接受国内外款物捐赠共计1392.94亿元,捐赠领域包括教育、医疗健康、扶贫与发展、减灾与救灾、文化体育艺术以及生态环境等诸多领域,其中教育领域获赠约424亿元,占比30.44%,所占份额最大,绝大部分流向了高等教育领域。高等教育领域与社会其他领域在争取善款上是一个动态的过程,越主动,投入的筹资成本越多,则争取的资金就越多,效果就越好。因此,若高校在财政配比政策激励下做出更多筹资努力,就能在慈善善款在社会各领域内分割的竞争中占据更多优势,提高高等教育在慈善善款中所占的比例。

(二)财政配比政策的政策工具价值

"政策工具"是指"决策者或实践者在潜在意义上可能采用或实际采用来实现一个以上目标的任何东西"[①]。采用不同特征的政策工具、应用政策工具的环境不同等,会产生不同的政策过程和效果。应用政策工具关注的焦点在于实现政策产出或政策效果。政策工具包括管制类、激励类和信息传递类3种类型[②],在常用于慈善捐赠的政策工具组合[③]中,制定法律条文、监督与检查等属于管制类政策工具,拨款与补助、奖励奖赏和赠予等属于激励类政策工具,信息与技术支持等属于信息传递类政策工具。基于上述对政策工具的理解,高校社会捐赠财政配比政策兼具激励类和管制类政策工具的性质。作为激励类政策工具,它通过为高校提供捐赠配比资金

---

① 黄晓瑞,吴显华.慈善捐赠的一个政策工具:税收激励[J].武汉大学学报(哲学社会科学版),2015,68(4):28.

② 彼得斯,Peters,冯尼斯潘,等.公共政策工具:对公共管理工具的评价[M].顾建光,译.北京:中国人民大学出版社,2006:17–18.

③ 黄晓瑞,吴振华,胡玥.慈善捐赠、税收激励与政策工具契合研究[J].河南社会科学,2016,24(5):60–64.

对高校募捐筹资行为以及捐赠者的捐赠行为施加影响；作为管制类政策工具，它具备一定的强制性特征，对财政配比行为予以规范化和保障。

因此，财政配比政策的意义首先在于其激励作用，能够增强高校积极进行社会筹资的动力，推动高校社会筹资工作的开展。其次，财政配比政策能够向高校和社会释放政府鼓励高校筹资、倡导社会捐赠高等教育的信号，能够发挥政策的示范和导向功能，引领更多地区出台同类政策。再次，财政配比政策能够发挥调节作用。政府财政配比可以通过设置不同配比领域和配比比例，发挥其作为调节器的作用，通过对捐赠资金的定向引导，实现对特定地区、特定层次、特定类型高校的激励，从而抑制高校社会捐赠收入分配中马太效应的扩大。最后，这一政策项目所带来的直接经济价值在于能够给高校带来更多的钱，解决高校进一步发展资金短缺的问题。

（三）财政配比政策的作用机理

高校社会捐赠属于慈善捐赠，是社会慈善捐赠流向高等教育领域的部分。慈善捐赠行为的动机既有基于"经济人"假设的功利型，又有基于利他倾向的道德型，还有诸如温暖理论所言的非纯利他性动机的互惠型，大多数慈善捐赠兼具利他主义动机和利己主义动机。虽然高校社会捐赠本质上是一种自愿性的行为，但仍然存在自愿和动员两种不同模式①。在高校社会捐赠的潜在主体中，有一部分主体经过动员也愿意进行捐赠。由此，完整的高校社会捐赠活动是一个由高校募捐、捐赠者捐赠、高校对善款有效管理和合理使用等多个环节构成的体系，提高高校社会捐赠的水平，既要充分激励捐赠主体，又要激发捐赠客体对筹资的积极性。

当前在国际上被普遍用来鼓励社会资金捐赠教育的税收减免政策，其目标群体指向捐赠主体，通过减免企业或个人所得税的方式满足其获得经济收益的利己主义动机，从而鼓励更多的社会组织或个人参与慈善捐赠。财政配比政策具有双向激励作用，其目标群体同时指向高校这一捐赠客体以及社会组织或个人等捐赠主体，通过财政投入的追加型奖励，一方面激

---

① 冯涛，程宝燕.美国民间资金捐赠教育的政府匹配政策评价及启示［J］.高教探索，2016（11）：39–45.

励高校投入更多的筹资成本尤其是筹资努力，另一方面扩大了捐赠者捐赠资金的使用效益，提升了捐赠者所获得的心理收益，从而也激励了捐赠者的积极性。基于美国的政策实践经验，政府财政配比政策能带来更多的捐赠数额，在吸引更多社会捐赠资金的同时，也可以减少税收激励政策中的欺诈现象。

四、西部高校社会捐赠财政配比政策的提出与实施

我国财政部、教育部于2009年10月12日印发的《中央级普通高校捐赠收入财政配比资金管理暂行办法》（财教〔2009〕275号）明确提出由中央财政设立配比资金，对中央级普通高校接受的捐赠收入进行奖励补助，并于2011年8月25日下发《财政部、教育部关于加强中央高校捐赠收入财政配比资金管理工作的通知》（财教〔2011〕383号），就捐赠配比政策及配比资金管理的具体事项再次予以确认。随后，浙江省、深圳市、北京市、湖北省和山东省先后出台了本省（市）高校捐赠收入财政配比或补助相关政策。截至目前，中国大陆仅有浙江、湖北、山东、北京4个省级行政区以及深圳市出台了高校社会捐赠财政配比政策（见表3），而西部地区均未出台相关政策。

表3 我国已出台高校社会捐赠财政配比政策具体实施方案

政府	出台时间	学校类型	配比条件	配比比例（捐赠：配比）
中央政府	2009-10-12 2011-08-25	中央级普通高校（不含独立学院、继续教育学院）	通过基金会接受；单笔捐赠额度超过10万元（含）	分档超额累退比例配比 0~5000万元（含）：1:1； 5000万元以上部分：1:0.5
浙江省	2012-09-19	浙江省属普通高校（不含独立学院、继续教育学院、成人教育机构）	通过基金会接受	2014年之前：1:1； 2015年之后（含）再做调整
深圳市	2016-03-02	在深圳市办学的所有全日制普通高校	通过基金会接受；单笔捐赠额超过100万（含）	配比年度总额不超过5亿元； 100万~5000万（含）：1:1； 5000万以上部分：1:0.5

续表

政府	出台时间	学校类型	配比条件	配比比例（捐赠：配比）
北京市	2016-10-12	北京市属普通高等学校	通过基金会接受	1∶1
湖北省	2017-02-28	湖北省属公办本科高校（不含独立学院、继续教育和成人教育机构）	通过基金会或高校直接接受；单笔捐赠额超过5万元（含）	2018年前（含）：1∶1.5；2018年后再做调整
山东省	2017-11-01	山东省属公办普通本科高校	通过基金会接受；单笔捐赠额超过10万元（含）	动态调整

中央及部分省市出台的高校社会捐赠财政配比政策也显示出了政策的示范和辐射效应。在各级政府出台财政配比政策的带动下，北京大学、浙江大学、天津大学、大连理工大学、武汉大学、武汉理工大学等高校也结合本校实际情况，制定学校捐赠资金配比办法或学校捐赠配比资金奖励办法，在学校层面通过对捐赠资金进行配比或设立捐赠配比奖励专项经费等方式，积极鼓励院系或个人参与社会筹资，强化其作为受捐者对募捐的主动性。

从当前我国高校社会捐赠财政配比政策的出台情况可见，这一政策惠及的只是少数高校：一类是中央级普通高校，另一类是所在地区出台了相关政策的省属或市属部分高校。西部地区由于尚无此类政策，只有少数几所中央所属院校能享受这一政策红利，绝大多数西部高校则与此项政策无缘。因此，西部各省份亟须出台高校社会捐赠财政配比政策，以强化西部高校自主筹资的意愿与动力，激励西部高校尝试利用一切可能的机会来获取自身发展所需要的资源。借鉴国外高校社会捐赠财政配比政策，立足我国当前配比政策的实施状况，结合西部地区实际，本文对高校社会捐赠财政配比政策提出以下建议。

（一）完善中央财政配比办法，适度向西部高校倾斜

当前中央财政配比办法在惠及对象上主要有三个限制：一是在高校身

份上要求是中央所属高校;二是在捐赠资金接收渠道上要求通过基金会接受;三是在资金额度上要求单笔捐赠资金超过10万元(含)。这种对配比条件统一的门槛设置,忽视了我国高校社会捐赠收入之间较大的地域差异和校际差异。在当前我国高校社会捐赠已呈现出强者愈强、弱者愈弱的马太效应的现实下,这种配比方式显示出在配比政策激励上"扶强"而非"济弱"的性质,影响了政策的普及性和公平性。对少数办学质量好、社会声誉好、筹资意识和能力强、基金会运作成熟的高校而言,配比政策是"锦上添花"。相比之下,配比政策对更多筹资意愿低、筹资能力弱、尚未成立基金会或基金会运作不规范的高校而言则是"雪中送炭"。这类高校更需要配比政策的引导和扶持来建立健全相关专业化机构,推动高校筹资事业的开展。

因此,在西部高校社会捐赠收入水平普遍低于全国高校平均水平、与东部高校相比差距较大的情况下,中央财政配比政策应该向西部高校适度倾斜,从而更好地发挥激励作用,强化政策促进社会公平的功能。第一,在配比高校身份限制上做出调整,适当扩大配比范围;第二,在配比比例上,适当提高对西部高校所获社会捐赠资金的配比比例;第三,在捐赠资金配比额度限制上,适当降低或取消单笔捐赠资金超过10万元的限制。就多数西部高校的筹资能力和水平而言,小额捐赠更现实也更具激励价值,将更多的小额捐赠纳入配比范围有助于强化民众的捐赠意愿,形成良好的社会捐赠氛围。

(二)西部地区积极出台高校社会捐赠财政配比政策

为激励西部高校积极开展社会筹资,强化筹集资金的能力,建议西部各地区逐步出台高校社会捐赠财政配比政策[1],在政策的惠及和引导下,带动更多高校开展社会筹资,优化高校财政结构。出台匹配政策的关键在于政府的匹配能力,在能力有限的情况下,可以控制匹配总额或调整匹配比例。

---

[1] 张海生,蔡宗模,吴朝平,等.西部高等教育振兴:问题与对策——"首届西部高教论坛"会议综述[J].重庆高教研究,2018,6(3):35-43.

1. 分步出台财政配比政策。建议西部12省区市在2019、2020、2021年分批出台高校社会捐赠财政配比政策，重庆等经济发展水平较高的地区优先出台，甘肃等经济发展水平相对落后的地区逐步跟上，争取到2021年中共建党100周年之际，西部12省区市全部出台高校社会捐赠财政配比政策①。

2. 财政配比政策采用弹性配比方案。高校社会捐赠财政配比政策中具体配比方案的设置，不仅直接反映政策目标，也关系到能否实现理想的政策效果②。配比方案主要涉及两个问题：一是配比的条件，哪些学校、哪些捐赠收入是可以配比的，哪些是不可以配比的；二是配比比例，以多大比例对确认捐赠收入进行配比。

第一，西部各省区市出台的高校社会捐赠财政配比政策，在配比条件上应尽量减少限制，鼓励尽可能多的地方高校参与社会筹资，将小额捐赠、实物捐赠、学校直接接受的捐赠都纳入配比范围，最大限度地发挥配比政策的激励作用，带动更多筹资经验相对较少甚至完全没有筹资经验的高校参与筹资。

第二，在配比比例设置上，鼓励配比比例多样化，在时间维度上分阶段动态调整配比比例，同一时期内依据学校筹资能力和水平的差异，设置不同的配比比例。一方面，考虑到地方财政水平的差异，配比比例因地制宜。在地方政府财政水平相对较好的地区，配比比例较高；在地方政府财政水平相对较差的地区，配比比例相对较低，可以先按照1∶0.5甚至更低的比例开始配比，并随着地方政府财政状况和地方高校社会捐赠规模的变化，以3~5年为一个阶段，分阶段对配比比例进行动态调整，以此缓解地方财政压力。另一方面，为提高配比政策的激励效率，还可以借鉴英国的经验，按照高校筹资经验的多少将高校划分为基本无经验、有少量

---

① 洪成文，牛欣欣.提高"双一流"建设目标实现度：政策"补丁"的研究视角［J］.北京教育（高教），2018（1）：16-19.

② 梁显平，洪成文.英国高等教育财政配比捐赠政策的产生、实施效果及启示［J］.比较教育研究，2017（4）：69-75.

经验且有发展计划和有丰富经验3种类型，分别设置不同配比比例及配比资金上限，对筹资经验越丰富的高校设置越低的配比比例和越高的配比金额上限，对筹资经验越少的高校设置越高的配比比例和越低的配比金额上限，形成对不同类型高校的分类引导。

3. 相关配套政策或措施的完善。第一，明确高校筹资相关的伦理标准。高校在受益于社会捐赠资金的同时，也面临筹资过程中资金来源是否合法、捐赠方公众形象或价值取向是否与高校价值或精神相一致、捐赠资金处理及监管方式是否恰当、对捐赠方的回馈方式是否合理等诸多伦理问题，承担着筹资的伦理责任。高校在筹资过程中需要处理与不同利益相关者之间的关系，面临利益、价值之间的权衡与抉择，只有明确高校筹资的伦理准则，才能有效规范高校筹资行为，在坚守大学精神的基础上，尽量减少筹资带来的伦理冲突风险和学校管理危机，让更多高校敢于积极开展筹资活动。虽然当前中央政府和各省区市出台的财政配比政策文件中都涉及在捐赠资金准入方面的伦理准则，明确要求捐赠收入必须来源合法，有利于高校长远发展且不附带任何政治目的及其他意识形态倾向，但对筹资相关伦理准则的要求仍不够全面、具体，有必要制定专门的高校筹资伦理规范予以补充。

第二，提高高校筹资的专业化水平。突破高校筹资瓶颈的关键是提高专业化水平。一方面，要推进高校筹资机构的专业化建设。由于中央及部分省区市出台的财政配比政策中明确要求只对通过在民政部门登记设立的基金会接收的捐赠资金进行配比，我国成立教育基金会的高校数量有了显著增加，但很多基金会运作并不规范，同时仍有很多高校尚未成立基金会。因此，要建立健全高校教育基金会，设立专门的筹资部门，制定筹资计划，对高校社会捐赠工作进行统一筹划、实施和运营。同时，要加强政府相关部门和监管机构对高校教育基金会运作的监督，尤其是财务监管，优化基金会捐赠资金运作管理的效益。另一方面，要提高筹资人员的专业化水平，形成专业化筹资队伍。在人员数量上，要逐渐增加专职筹资人员的数量；在人员素质上，既要吸纳有财会、法律等专业背景的专业人士从事捐赠管理,还要让现有人员通过参与专业化培训或外出学习交流等方式提高专业化水平。

第三,出台针对少数特殊高校的资源扶贫政策。基于高校社会捐赠发展不平衡、校际差异大的问题,对处于西部革命老区等特别困难的高校,以及做出较大筹资努力但筹资效果甚微的高校,可以出台关于此类高校开展社会筹资的相关扶持政策作为附加的补偿政策,通过为其提供资金或其他资源上的扶持,体现政策的"扶弱"性,推进高校筹资事业发展的公平。

基于西部高校普遍存在的筹资意识不强、筹资能力有限、筹资水平较低等现状,在鼓励和引导西部高校积极参与社会筹资的初级阶段,财政配比政策将发挥重要的政策工具价值。西部各省区市一旦出台高校社会捐赠财政配比政策,可以预计将获得显著的政策效益。在财政配比政策的激励下,西部高校社会捐赠额度将会快速增长,政策实施3~5年之后,配比政策带来的西部高校社会捐赠收入增加的收益将更加明显,能在很大程度上缓解西部高校的财政压力。高校社会捐赠财政配比政策虽然可以增强高校筹资动力,提高高校社会募捐的能力,增加学校的收入,但是我们也必须看到,这一政策的实施效果有两个前提:第一,配比政策的影响具有滞后性,影响在未来而不在当前,因此要克服有了配比政策就有了一切的认识误区;第二,实施配比政策激发社会筹资动力,不能放松主渠道的主导作用,生均拨款标准和学费标准的适度提高,不可以因为有了配比政策而有所懈怠。

文化的多元性与少数民族双语教学*

李延福　拉　本　项青朝加**

一、双语教育——民族教育的一个关节点

现代民族教育的发展呈现出多元化、跨文化的趋势。不同民族文化现象的差异就反映了文化的多元性；在某个民族文化背景中生活成长的学生到另一个民族的文化背景中，就产生跨文化的问题。在人类不断向现代化迈进的过程中，文化的发展实际上就是各文化的相互接触、相互碰撞和相互交融；多民族国家的文化，并不是各种文化简单地加在一起的结果，而是不同的民族文化相互渗透、相互影响，因此民族教育就成为民族传统教育与现代跨文化教育双向交融的活动。

从正确处理现代化与传统文化的关系，实现民族教育的现代化和现代教育的民族化的需求看，民族教育承担双重任务：一方面要使民族儿童青年能顺利进入现代化主流社会，另一方面还要力求保持和发展各少数民族的文化传统。欲实现前者，就要学习主体民族的语言和文化；实现后者，就要学习本民族的语言和文化。那么，实现民族教育的双重任务的结合点选在何处？民族教育中的双语教学就是这样一个结合点，这是由语言、文化和教育的关系所决定的。语言不仅是交际的工具，还具有下列四个特性：第一，语言是构成民族的一个最基本、最明显的特征，成为群体认同的一

---

* 本文发表于《青海民族研究（社会科学版）》2002年7月第13卷第3期。
** 李延福，青海师范大学教授；拉本，青海师范大学民族部讲师；项青朝加，青海师范大学民族部。

个标志，语言的学习必然与这种语言相联系的文化价值系统紧密相关；第二，语言是文化的载体，一个民族的思想、观念、意识、道德都要通过本民族的语言来形成；第三，语言是思维的工具，思维必须在语言材料的基础上进行；第四，语言是文化的媒介，一个人在掌握了某种语言的同时也就意味着具有了学习与这种语言相联系的文化的基本条件。此外，每个社会特有的变化过程会迫使民族群体和他们的文化不断地努力适应，因此现代民族要发展，就必须是多元开放的民族，封闭是没有出路的。由上所述，在多民族国家中少数民族为了适应社会的变化，实现现代化就要学习主体民族的语言和文化，学习世界上其他民族的语言和先进的文化，同时为了保持本民族的文化传统，少数民族应重视自己的民族语言的学习，因此就产生了民族教育中的双语或三语问题。

我国有56个民族，汉族占全国总人口的91%之多，经千百年的发展，汉语已成为中国各民族最大的共同"族际语"，因此每个少数民族都在学习和运用本民族语言的基础上学习和运用汉语文，达到民族传统文化教育与现代化跨文化教育的协调发展，只有这样才能完成完整意义上的民族教育。民族教育发展的实践也表明，少数民族的双语教学解决的好坏成为推动或制约民族教育发展的重要因素。因此可以得出结论：双语教育是民族教育中的一个关节点。

二、当彩小学的藏汉双语教学试验

我国少数民族人口虽少，但居住地域十分广阔，总体看有聚居和杂居两种居住方式。聚居区通用民族语，杂居区通用汉语。长期以来藏汉双语教学的研究重点在聚居区，取得了显著成绩，但对杂居区的藏汉双语教学研究有所忽视，发展相对滞后。1994—1998年我们在青海省平安县当彩小学的双语教学试验给我们在汉语言环境下开展双语教学以新的启示。

（一）试验的基本情况和效果

当彩小学位于青海省平安县石灰窑乡红崖村，该村有46户，藏族占全村人口68.3%。该村所在的平安县是一个以汉、回、藏、蒙古、土为主体的多民族地区,其中汉族人口占 76.8%,藏族仅占 4.54%。这种汉族占绝大多数的民族杂居的居住分布特点和多民族文化的交融,使得红崖村这个藏族小块居住区,在新中国诞生以前就开始通用汉语了,村民在交往中的语言选择,操汉语者占 95%,操藏汉双语者占 5%,这种通用汉语的语言环境,使得当彩小学的藏文教学不同于通用藏语地区的藏文教学。新中国成立后,党和政府很重视这个学校的藏文教学,先后派过两个民族学院本科生来校教授藏文,但由于沿用传统教学法,成效不大,没有坚持下来,学校的藏文教学实际上处于停顿状态。1994 年在青海省教委的支持下,在平安县当彩小学进行了藏汉双语教学试验;试验点根据汉语环境中藏文拼音教学的特点,采用以《藏文简易拼音规则》为基础,简易拼读法和传统拼读法相结合,藏文拼音和汉语拼音相联系,使用藏汉双语进行教学的新藏文拼音教学法。选择一年级做试验班,经半年的试验教学,从不会听说一句藏话到能初步藏语会话,从不懂一个藏文字母到掌握 500 个以上藏文单词,不仅能听懂教师用藏话说的课堂用语,还能答藏文命题的试卷。之后与藏青川甘滇五省区协作教材六年制小学《藏语文》课本的学习衔接起来。1998 年根据中国加拿大大学合作项目《当代中国少数民族双语、多语教学的理论和实践》的要求,按照该课题组编制的汉语测试量表和我们编制的同模藏语测试量表又对试验班学生(此时已为四年级了)进行汉语和藏语的水平测试:汉语平均成绩为 68.9 分,按显著性水平检验,汉藏语成绩差异不显著。为了评价的客观性,同时还进行了对比测试,对比班学生选为古郭尔小学,位于平安县偏僻的通用藏语的郭尔村,且一直坚持藏文教学,但采用传统拼读法学习藏文拼音;藏语水平测试平均成绩为 69.5 分,而当彩为 66.9 分,显著性水平检验表明,以简易拼音规则为基础的藏文拼音新教学法在通用汉语的环境下是成功的,专家鉴定认为该教学法"探索了一条在基本失去民族语言的藏族小块聚居区学习藏文拼音的新路子;在恢复母语研究方面有新的突破。"

(二)当彩小学藏汉双语教学试验的启示

1. 语言是一个民族传统文化的重要载体,失去母语的群体渴望学习和掌握母语的愿望是共同的民族心理特征的表现，红崖村村民有让子女学习藏语的强烈愿望，而强烈的学习动机是教学成功的前提和条件。

2."民汉兼通"是我国双语教育的必由之路，但不同的语言环境应有不同的双语教学模式，还要研究适应于不同语言环境的双语教学方法（包括失去母语群体的双语教学方法），只有这样，聚居区和杂居区的双语教学才能取得良好的成效。

3.随着经济一体化的发展，各民族交往的频繁，生活在异文化中的人越来越多；而随着各种文化人的混居，会逐渐产生语言的融合现象，导致出现失去母语的群体。随着社会经济的发展，这个群体还会有继续扩大的可能，因此我们要重视这部分群体学习母语的愿望，并进行这部分群体的双语教学的试验研究。当彩小学双语教学试验还有这样一个值得重视的效果：这项成果不仅能提高母语的水平，而且能提高汉语和其他学科的水平。试验前当彩小学在石灰窑学区14所小学的"学区平行年级测查"中处于中间水平，而试验后上升到前5名。我们将当彩小学双语教学成功原因的分析与"法语浸入式"教学模式成功的原因进行了对比，虽然有不同的特点，但基本结论是一致的。

三、青海师大民族班的藏汉双语教学实践

民族高等教育有三种情况：一是专为少数民族设置的民族院校；二是设在部分普通高等学校的民族班；三是少数民族学生进入全国各地的普通高等院校学习。前两种情况更具有鲜明的民族教育的特色，也有一定条件开展双语教学。由于长期以来我国的双语教育的研究重点放在基础教育，因而民族高等教育的双语教学研究则相对滞后。这里结合青海师大民族班的双语教学实践，初步探讨一下藏族高等教育的双语教学。

（一）普通高校民族班开展双语教学的必要性

观念决定行动，首先解决认识问题。论条件，普通高校民族班开展双语教学难度是很大的，但由于以下两点，开展双语教学势在必行：

1.从语言和文化的关系看，语言不仅是交际的手段，还是文化的媒介；

双语教学不仅涉及两种语言，也是两种不同文化的学习，双文化应成为民族教育的重要内容；若把民族语文教育仅限于基础教育，使之不延伸达到大学的阶段，不仅使民族语文的使用范围受到限制，而且会导致"精通民族语文的不懂专业，懂专业的不通民族语文"的状况出现，既不利于继承和发扬民族优秀文化传统，也不利于将主体民族先进的科学文化知识充分应用于本民族的科学文化教育中，最终影响实现共同繁荣的目的。

2. 从完善双语教学的体系看，高等教育代表着一个民族的教育发展层次，如果民族高等教育只有极少数专业是民族语授课的，就会出现学民族语文的只有走少数语言文学专业这一独木桥的状况，从而殃及民族基础教育双语教学的完善和发展。民族高等教育开展了双语教学，就使基础教育和高等教育的双语教学衔接起来，显然有利于完备的双语教学体系的构建。

因此，普通高校民族班要因地制宜地创造条件开展双语教学。青海师大是一所位于多民族聚居的边远省份的地方院校，鉴于青海省少数民族人口占全省人口的42.10%，其中藏族约占少数民族人口的一半，且多数居住在占全省总面积的90%的牧区六州的特殊省情，青海师大民族班进行了多年的藏汉双语教学探索，初步形成了汉语言环境中，多文化交融的多专业、多层次的藏汉双语教学模式。

（二）四大难点的解决

普通高校民族班开展双语教学要解决"教师、教材、体制、合格生源"四大难点。青海师大民族班经多年的探索，初步解决了这四个难点：

1. 高层次双语师资的培养。这是实施双语教学的关键，但这类人才一般是引进不来的，只能走自己培养为主的道路。经多年培养，民族部教师由初办时的1人发展到现在的52人，其中副教授13人，讲师31人，分别占教师总数的25%和60%；从学历看，研究生和留学回国人员占到教师总数的19%，形成了一支集教学、科研、教材编译于一身的少数民族中青年教师队伍。不仅完成了繁重的教学任务，还承担了许多国家和省级的科研项目，其中有民族部双语教师为主承担的国家高科技863计划项目《汉藏科技机器翻译系统》已通过鉴定，填补了此领域的空白，处于世界先进水平。

2. 民族文字教材的建设，这是开展双语教学的一个基础工程。教材建设主要有两个问题：一是教材的编译，二是教材的出版；前者靠双语师资完成，后者多渠道筹措资金，主要靠政府资助。经几年的努力，青海师大民族部教师编写编译了21种民族文字教材，有17种教材出版，成为全国理科藏文教材编写、编译的重点单位。

3. 双语课程体系和教学管理体制的构建，这是双语教学能顺利进行的制度保证。由于培养目标和任务不同，高等教育的双语教学有自己的特点，就拿藏族教育来说，基础教育的语言环境是藏语，而高等教育的语言环境是汉语；民族语文的学习是基础教育的重要内容，而高等教育使学生掌握各种专业知识和技能是它的中心任务，因此普通高校民族班的双语教学的模式应不同于基础教育的模式。这套课程体系和教学管理体制构建的基本思路是：开放式办学，充分利用普通高校特别是重点院校的师资力量强，实验仪器和图书资料等教学条件好，教学管理比较正规，培养标准比较严格的优势；既要和普通高校课程体系和管理体制相适应，又要突出民族特色，部分课程要用民族语授课；发挥民族部和普通系两方面的积极性来培养民族学生，做到质量、特色、效益三统一。具体说有以下几条：

（1）根据民族学生的藏语文基础有不同层次的实际，以公共必修课的形式为本科一、二年级的民族学生开设基础藏文、中级藏文、专业藏文三个层次的藏文教学班。

（2）针对多专业的现实，为理科三、四年级民族学生开设科技藏文课，为文科三、四年级民族学生开设专业藏文提高课。

（3）以必修课的形式，部分理科专业的部分专业基础课用藏语授课；为毕业民族学生开设具有双语教学要求的教育实习。

（4）其余专业课和公修课则插班和普通生一起授课。

（5）为适应信息化的新形势，预科教学班增设了英语课；组建了"藏文信息处理和机器翻译"省级重点实验室和民族部计算机实验室，民族学生可以在这里学习藏文信息处理技术和多媒体教学技术。

（6）教学管理体制上，预科单独编班，由民族部直接管理；本科插班，实行以普通系为主的系部双重管理，用汉语授课的和普通生一起学习，用藏语授课的则分小班单独授课，这部分课由民族部负责。

这套课程体系的设置显出双语教学不仅是双语文的学习，更是采用两种教学用语的双文化的教学，与之相适应的教学管理体制调动了普通系和民族部两方面举办民族教育的积极性。

合格生源的问题。由于历史和现实的种种原因，民族基础教育的质量较差，合格生源严重缺乏，而且此状况短期内还不能根本改变，另一方面民族地区对合格的各类专门人才的需求日益增长。民族高等教育就得面对这个现实，一方面要解决民族学生跨进高校"难"的问题。多年来师大民族部采取多种措施解决民族学生"进得来"的问题。民族学生在校生比例由初办时的4.4%上升到现在的20%；另一方面要把"低分进来"的民族学生合格培养出去，青海师大民族班多年的办班实践表明，只要采取一些有效措施，"低分进、合格出"还是可行的。

21世纪的竞争将是人才质量的竞争。高校在人才培养中要努力提高质量意识。实践证明充分利用普通高校的教学优势来培养民族学生，是教学质量得以提高的重要前提。

提高教育资源效益是民族教育发展中值得重视的问题，教育与社会经济发展紧密结合，走内涵式发展道路效益就高，师大民族班的这种教学模式就是内涵式发展，显示出专业门类多、建设速度快、投资效益好的优势。

四、几点认识

由上讨论可以得到以下几点认识：

第一，民族教育应是在一定的文化背景中进行，这种文化背景既有少数民族文化背景，也有以主体民族为主的多民族共同的文化背景，因此现代民族教育应是"民族传统教育与现代跨文化教育的双向交融活动"。

第二，语言是文化的载体和媒介，现代的民族应该向其他民族开放，又应保持自己的优秀文化传统，因此民族教育中的双语教学就成为正确处理"现代化与传统文化"关系的关节点，也成为完成民族教育双重任务的结合点。

第三，寻找适合本民族、本地区实际情况的双语教学模式，建立具有中国特色的双语教育体系是发展民族教育的一个有效举措。在建立民族教育体系中，应有两条腿走路的思路，走民族教育和普通教育相结合，民族院校和普通院校民族班发挥各自优势的道路；民族教育双语教学的研究和实践中，既重点抓基础教育的双语教学，也要同步进行民族高等教育双语教学的研究；在民族基础教育的双语教学研究中，既重点推进聚居区的双语教学，也要同步探索杂居区的双语教学，从而为促进民族教育的现代化和现代教育的民族化做出贡献。

对现阶段少数民族高等教育发展的几点思考[*]

郭玉琴[**]

今天,当我们置身于这个知识经济时代,不断得益于"知识就是力量"的时候,也时时刻刻承受着来自知识的沉重压力。当我们初出校门,满怀激情地走入生活时,却发现我们面对的是一个学识竞争如此激烈的社会,求职时学历短路的尴尬曾让人们不知所措,更有多少下岗职工于窘迫中慨叹文化之重要。面对生活的种种挑战,我们不得不感叹教育的力量,深刻体会到零岁教育、学前教育、基础教育、中等教育、高等教育以及家庭教育、学校教育、社会教育乃至继续教育和终生教育等在人的一生中是何等重要!"教育即生活",解读这句话,不外乎两个含义,一是指教育是实践性的,知识须从"做"中获得;一是指实际的生活本身就是智慧的来源。教育与生活紧密相连,便与每个人息息相关,而其中极为重要的一部分就是高等教育。诚然,由于种种原因,并不是每一个人都有机会接受高等教育,可高等教育在一个人的生命历程中所起到的作用却是不容忽视的。

教育服务于人,服务于社会,它是为社会培养各类高级专门人才,开发和创新科学技术,推动社会经济、政治和精神文明进步的重要力量。在

---

[*] 本文发表于:郭玉琴.对现阶段少数民族高等教育发展的几点思考[J].青海民族研究,2003(04):78-81.

[**] 郭玉琴,青海师范大学教育系硕士研究生,主要从事教育管理学和民族教育理论研究。

当今世界经济一体化的时代，首先应该实现国内经济一体化，缩小东西部差距，实现各民族人民同发展、齐腾飞的大好局面。我国少数民族人口超过一亿，占全国总人口比例不到10%，而少数民族聚居区的贫困人口却占全国贫困人口总数的40%，居住面积占全国国土面积的60%以上。要实现民族地区经济、政治、文化的腾飞和发展，要提高少数民族人口的整体素质，就得着眼于教育的发展，具体地讲，就是少数民族高等教育的发展。

前任总理朱镕基同志在跨世纪中央民族工作会议上谈到加快民族地区发展与教育问题时要求教育部门做好两方面的工作：(1)实施科教兴国战略，积极推进民族地区经济和社会协调发展；(2)继续培养少数民族各级各类高素质人才。不难看出，少数民族高等教育的发达与否关系着少数民族地区发展的前途命运。因而，审视少数民族高等教育的现状，研究解决存在的实际问题，透视未来发展的方向和趋势是很有必要的。

少数民族高等教育是指在我国对除汉族以外的55个少数民族所实施的高等教育，是建立在普通教育基础之上的以少数民族学生为对象的专业教育，作为培养、造就各非主体民族的优秀人才的中坚力量，通过长期坚持不懈的努力，少数民族高等教育取得了明显的进步，在传播现代文明，弘扬民族文化，促进各民族全面进步、平等与团结等方面，发挥了不可替代的作用，成为现代民族教育的一个重要组成部分。

中华人民共和国成立以来，我国少数民族高等教育事业发展迅速，成绩巨大，不仅明显地体现在办学规模上，而且还表现在办学类型的不断丰富上。例如，有专门为少数民族培养干部和专业人才的普通民族院校；有些非民族院校的高校中开办了民族班；还有些民族地区新办了主要为民族地区服务的各类院校。民族成人高等教育的发展也十分迅速，参加各民族院校开办的函授教育、各种成人培训、高等教育自学考试和广播电视大学等高等教育的少数民族学员越来越多。

除了规模扩大和类型多样化以外，我国民族高等教育的层次也在不断地提高和完善。截至目前，已形成了从预科、专科、本科到研究生和博士后等各层次的较完备的体系。尤其是研究生教育取得了显著进展，在读研究生的人数及研究生点都较大幅度地呈逐年增长态势。然而,西部大开发战略的逐步实施,社会主义市场经济体制的建立及经济增长方式的转变,尤其是入世之后西部地区面临的许多新问题都使兼具民族多样性、地域差异性、经济滞后性、居住国际性、历史文化复杂性的民族高教面临更加严峻的挑战。现代民族高等教育自身的复杂性、特殊性及其发展的艰难性也随之凸显,因此,探索发展民族高教的新思路已成为当务之急。

第一,教育观念问题。"经济上去了再发展教育""等基础教育发达了再发展高等教育"等想法在一些教育工作者中广泛存在,"经济要发展,教育要先行"的观念尚未形成,对于教育与经济的内在关系认识不够。实际上,自人类诞生之日起,教育与经济的关系便随着科学技术的进步与人类整体素质的不断提高而发生着越来越紧密的联系,到今天这个信息社会,更是知识经济的天下,教育与经济水乳交融,科学知识的创造、生产、应用成为经济社会的核心,知识信息成为产业。这种趋势迫使许多大学向着研究型或者教学、科研、生产一体化方向发展,教育不再滞后于社会经济的发展,不再是消费事业,而具有了产业性质。自然地,作为经济发展的重要内核——各级各类人才,特别是高科技、尖端型人才,就有赖于教育的培养,这一任务的顺利完成关系重大,正如铂金所说:以知识为基础的社会既依赖于知识的进步,也依赖于知识分子的再生产,依赖于"人力资本""文化资本"。而许多教育工作者并没有正确地、深刻地认识到这一点,教育观念亟待改变。另外,加速高教发展,对基础教育发展的意义重大,高教发达了,才能为基础教育输送合格的、优秀的后备力量,有了这一坚实后盾,基础教育的发展才更有后劲、更有力量。

第二,民族教育发展水平与全国高等教育的发展水平相差太大。少数民族地区具有大学文化程度的人口比率远远低于全国平均水平。由于地处偏远,自然条件极其恶劣,交通不发达,历史遗留问题多,经济发展极其落后,加上政府对教育的投资力度小,以至于办学条件差,教育事业发展落后。教育事业欠发达的结果就是不能为社会培养足够的建设人才,没有人才这一核心内容,何谈教育之成功、经济之腾飞!考察我国东部沿海经济之所以能够飞速发展,原因之一就是聚集了大批一流人才,人力资本成为促进经济发展的核心因素。因此,想方设法使高教摆脱当前发展的不利局面,跳出恶性循环的怪圈,争取与全国高等教育发展水平相平行应该成为我们努力的方向和目标。实际上,要想实现民族地区的经济大发展,更应该树立赶超的决心。

第三,办学模式在一定程度上脱离民族地区的实际需要,地方特色体现不够,民族特色不够突出。"服务目标不够明确不够主动",这主要表现在高校的专业设置方面。对民族教育的民族性研究不够,照搬一般高校的办学模式,从而使高校培养出的一批人才英雄无用武之地。另外,民族高等教育专业结构不合理,大都是文理科的基础专业,而实际中民族地区急需的专业技术人才却没有学校和专业培养。

第四,民族院校的办学理念有待改变,办学效益亟待提高。民族高校的专业设置以师范、农学和医学为主,这些学科的性质和特点决定了他们不能立即将教育投入转化成直观效益,服务能力较弱。此外,民族院校的科研成果多以论文为主,至多也只能停留在实验室阶段,科研工作者由于缺乏基础条件和经费而难以将之转化为产业。更重要的是办学者的观念问题,认为教育纯粹是投入性事业,不具有产业性质,从而一味地停留在"等、靠、要"的被动地位,不懂得向教育要效益,向教育要产值。考察某些西方国家的经济发展,我们却发现事实恰好相反。据挪威1900—1955年统计,固定资产投资每增加10%,生产量增加0.2%,普遍人力投资每增加1%,生产量增加0.76%,而对教育投资每增加1%,生产量就增加1.8%。另据美国经济学家丹尼逊研究表明,美国1929—1982年经济增长,有约20%是由教育引起的,30%由知识进步引起。由此可见教育之力量!面对这些数字,高校管理者应该具有这样的危机感:在经济转轨变形的过渡时期,昔日田园诗一般的悠闲生活已随风而逝,他们不得不为生存和发展殚精竭虑。

第五,师资队伍力量不足,素质不高,专业人才流失严重,缺乏中青年学术带头人。这是民族院校中普遍存在的较为严重的问题。民族毕业生本身数量较少，不足以充实高校师资，而汉族学生又缺乏"特别能吃苦，特别能忍耐，特别能战斗"的艰苦奋斗精神，不愿去民族地区工作，即使有少量的优秀毕业生一时兴起，最终也会因为难以克服恶劣的自然环境之挑战，或工作待遇太差，或看不到未来个人发展的前景而知难而退。国家原则上要求大学教师应具有硕士学历，而实际上民族院校的大多数教师都是本科学历，甚至有些还不是师范院校毕业，初出茅庐却最有活力最富创造力的年轻人不愿光顾，经验丰富、业务素质高的中青年教师纷纷跳槽，为寻求个人发展的最大空间而移情别恋。

第六，教育经费投入普遍不足，办学经费缺口较大的情况严重制约了民族院校的发展和教学质量的提高。客观地讲，教育要实现自身的可持续发展，步入良性循环的轨道，必须有充足的教育经费作保障。纵观我国公共教育经费占 GNP 的比例，自从 20 世纪 80 年代以来一直在 2% 上下徘徊，而同时代的发达国家大约占 5% 左右，即使是发展中国家也应在 4% 左右。投入严重不足，使我国的教育出现了低投入、大规模发展的畸形状态。地处经济发展状况良好地区的高校尚且如此，可想而知地处偏远，经济发展严重滞后地区的民族高校了。虽然国家对民族院校政策倾斜，予以扶持，无奈僧多粥少，实在是杯水车薪。

面对如此众多的问题，笔者认为应从以下几个方面寻求解决的方法。

第一，要充分认识到教育对社会发展的作用。特别是在今天，"十六大"提出全面实现小康社会的宏伟目标，撇开民族地区的发展，如何能叫做"全面"？民族地区多在西部，有的非常偏远，民族地区与发达地区的差别表面上看是西部地区经济发展滞后，根本原因却是教育落后所致。"教育是第一生产力"，不发展民族地区的教育，不培育民族地区发展所需要的人才，民族地区的经济发展就没有中坚、没有后劲，减小与发达地区的差距实在是难以实现的。为了尽快改变民族地区相对滞后的面貌，必须把发展民族地区的教育作为战略重点来抓，而且应该把民族高等教育作为民族地区发展的重中之重。民族高等教育要把为区域经济发展和社会进步服务作为自己的首要任务，要积极转变角色，使自己由社会的边缘机构变为社会发展的中心和重要支柱。只有这样，才能上下协调一致，从理论到实际发展教育，发挥教育之作用，振兴地区之经济，缩小民族地区与发达地区的差距，逐渐实现全国人民奔小康。

第二，要坚持低重心、高质量、重特色的发展战略。民族地区的发展需要高校"多门类、多层次、小批量"地培养人才，需要培养出适应民族地区经济建设的实用学科的高级人才，需要培养出能够为具有民族特色的地方文化事业添砖加瓦的优秀人才，这就需要民族高校加快专业结构调整和课程建设，要从民族地区政治、经济、文化、艺术等需要出发，开办有利民族地区发展和具有民族特色的专业。但民族高校不宜盲目追求发达地区综合大学的"大而全"，而应着重培养具有民族特色满足民族事业发展需要的人才，以便更好地为民族地区的发展服务。

第三，坚持高等教育资源优化统筹的战略。走扩大内涵，发展高等教育产业之路，提高办学效益，彻底改变"吃不饱，饿不死，长不大"的生存状况。各民族高校之间应加强联系，减少重复专业，实现办学资源共享，促进各民族高校广招生源，提高办学效益。各民族高校应充分享受办学自主权，充分发挥民族高校的优势，以积极的态度为自己的大学赢得一席之地。

第四，在经费投入上中央必须加大投资力度，对民族地区实行政策倾斜。要使西部大开发中对高等教育的专项经费实现资源最优化。政府应号召发达地区高校积极开展"一对一""手拉手"活动，对民族高校实行对口支持。当然，民族高校也必须一改过去的依赖思想，要想方设法利用学校的各种资源去扩大社会服务面，争取自筹资金，自力更生发展教育，摆脱靠吃扶贫款维持的局面，使教育投入逐渐走上良性循环的轨道。

最后，还要坚持以人为本的办学理念，重视师资队伍建设，努力提高教师的综合素质，提高教学质量。本着国家、学校和个人分别承担一部分的原则，努力为教师们多创造一些继续学习的机会，给他们提供最有利的工作、科研条件，为他们扫清一切工作生活上的不便，使他们没有后顾之忧，能够全身心地投入教学、科研工作，多出成果，多做贡献。另外，还有必要制定特殊政策，扩大市场需求，鼓励大学毕业生走向老少边穷地带，帮助、带动当地教育的发展。

民族高等教育的发展离不开教育工作者的观念更新，离不开与时俱进的先进思想，离不开与教育关系密切的方方面面。只要我们在"十六大"宏伟目标的指引下，抓住西部大开发的难得机遇，脚踏实地地做好各项工作，民族高等教育必将能够一步一个新台阶，更好地为民族地区社会发展而服务。

民族地区校园文化建设的意义管窥[*]

汪春燕[**]

中国目前正致力于完善社会主义市场经济体制,全面建设小康社会。经济建设需要源源不断的高素质人才群体的融入,高等教育义不容辞地承担着这一历史使命,成为经济和社会发展的战略制高点,为经济发展和社会全面进步提供着人才和智力支持。经济全球化背景下的中国高等教育发展面临诸多机遇和严峻的挑战,这也正是"2001年中国高等教育论坛"将主题确定为"经济全球化与高等教育"的原因。作为学校规划内容之一的校园文化建设,不仅应同学校教育发展规划、学科专业建设规划、师资队伍建设规划一样予以高度重视,而且要注入新的发展理念。

经济全球化背景下如何培育校园文化的现代内涵,发挥其隐性而特有的教育功能,对民族地区高等院校而言意义更加深远。

一、增强人才国际竞争力的通道

经济全球化背景下的国际竞争不仅是综合国力的竞争,而且是高素质人才在广阔的市场领域中的较量,未来人才在相当程度上取决于大学的塑造与培养。与传统的人才培养目标相比,现代大学的培养目标已发生了深刻变化,始终坚持面向现代化、面向世界、面向未来。这就预示着具有较强国际竞争力的人才不仅需考察其掌握知识的高深与多少,更重要的是要

---

* 本文发表于《民族教育研究》2005年第16卷第2期。
** 汪春燕,青海师范大学法商学院教授,硕士。

检测其综合能力的强与弱，诸如创新精神、应变能力、意志风范、完美品格、语言优势等。

经过多年的努力，中国已加入世界贸易组织（WTO），这是几代中国人的光荣与梦想。但我们不能不看到，英美等国在世界贸易组织提案中将教育产品作为可以在全球市场中自由交易的规定，强化了人才国际竞争力的分量。面对经济全球化进程的挑战和加入世界贸易组织后高等教育国际化的压力，倾向于市场经济化的办学模式已呈必然趋势。为此，民族地区高等院校必须适时进行调整和变革。只有以全新教育理念发展的高校，才能完成培养具有较强国际竞争力人才的任务。

优秀人才所具备的综合能力的培养并非高校单一的讲坛所能成就的，而是各种合力共同作用的结果，其中就包括校园文化的熏陶。优秀人才的品格、意志、能力、修养等，离不开天长日久置身其中的校园文化的浸润，从这一宏观层面而言，加强民族地区高校校园文化建设的意义非同小可，它是增强人才国际竞争力必不可少的通道。

二、传承民族文化的桥梁

经济全球化的一个重要特征便是信息网络的高速发展，这为文化传播和交流提供了前所未有的便捷方式，也促使世界各国人民更加重视本民族文化，以使民族文化不至于被外来文化冲刷得面目全非，其中包括少数民族优秀传统文化的保护和传承。文化是体现民族精神的根基，中华民族广博深厚、多元丰富的传统文化滋养了一代又一代的优秀儿女，成为民族的骄傲。然而，伴随经济全球化的演进，西方"强势文化"已对发展中国家的民族文化形成巨大冲击。在此情况下，如何有机地纳入世界经济发展的轨道而又不丢弃民族精神，是经济全球化提出的，也是社会各领域必须直面的新课题。

作为培养文化精英的大学，对一个国家民族精神的传承和弘扬发挥着重要的作用。象牙塔里对西方"强势文化"的冲击若采取单一阻止的方式是行不通的，那么，营造富有时代性、民族性、科学性、艺术性的校园文化环境，就成为保持民族精神、传承民族文化不可或缺的重要环节。合理的建筑布局、怡人的自然风景、清新的人文景观，都属于校园文化建设的范畴。

校园物质文化可通过建筑设施、自然景观等表现出来；而校园精神文化则凝结于人文环境中，渗透和附着在校园内的各种文化载体及其行为主体身上，时时处处透射着某种感召力、凝聚力和震撼力。此外，根据联合国教科文组织宣布的《人类口头和非物质遗产代表作条例》，大学还应积极承担保护、传承、研究和创新中国非物质遗产的文化使命，民族地区高等院校更应走在前列，将这一使命融入教学科研和校园文化建设中，使优秀的民族文化不被湮灭于不断发展膨胀的物流中。

三、展示民族地区高校特色的平台

民族地区的高等院校在办学宗旨、指导思想、办学总体目标上与全国高校是一致的，但由于西部教育支持能力不足，导致民族地区高等教育在数量、规模、结构、效益等诸方面均需加快改革速度，以创新谋求发展，以发展应对经济全球化背景及市场经济条件下大学之间的有序竞争。改革、创新的切入点要准确、到位，力求体现区域特色和民族特色。所谓大学特色，即"在长期办学过程中积淀形成的、本校特有的、优于其他学校的独特优秀风貌"。① 民族地区高校只有办出特色，才能扬长避短，发挥优势；只有办出特色，才能在竞争中立于不败之地，取得良好的社会效益和育人结果。

民族地区高校特色虽然体现在办学过程的各个环节和不同层面中，但不容置疑的是，校园文化是展示学校特色的平台：如特色专业辐射下的丰富而活跃的校园课外科技文化活动；蕴含青藏高原文化的校园学术沙龙；凸显区域优势并延伸至校外的社会实践；各种健康、积极的大学生非正式组织开展的校园活动；以保护口头和非物质遗产为宗旨的大学生民俗演艺、观摩交流等民族文化传承方式；以民族地区非强势语言、中华族际共

---

① 教育部高等教育司.普通高等学校本科教学工作水平评估方案［Z］.高等教育出版社，2004.

同语、英语为交际形式的校园"语言角"（language corner）；体现西部民族地区浓郁风情、传播现代信息及辅导教学的各类校园网站等等。国际化并不意味着"一律化"，关键是要在如何建设校园文化以展示民族地区高校特色的问题上花大气力，既要实现国际化，又不失去自身特色。

四、促进和谐社会发展的基地

这里的"基地"有两层含义：一是实现和谐社会的重要组成部分；二是培养促进和谐社会发展的人才场所。

由于经济全球化进程的加快，以及国内市场经济体制的不断发展、高校办学模式的转化、社会对人才需求的开放和实用、主流文化与西方文化的相互激荡等多种因素的交互作用，大学生群体出现多元化发展趋势，如若教化不当或引导不够，极易产生大学生的人格分裂。《中共中央关于加强党的执政能力建设的决定》指出："要适应我国社会的深刻变化，把和谐社会建设摆在重要位置。"大学是培养人才的摇篮，是造就文明的知识先驱。社会未来的教育家、科学家、政治家、文人学者、律师、工程技术人员等大都将从这里起步，他们是"构建社会主义和谐社会"的重要分子。大学担当的重要职责由此可见一斑。基于学业认知背景的差异，而导致了大学生鲜明的个性化。大学不应抑制个性，但如何培养、训练个体适应环境的能力却是非常重要的，校园文化环境即是一个极好的训练基地。"德润人心，文化天下"，通过丰富多彩的活动、意蕴深刻的文化传输、和谐健康的人际环境，可创造智慧的、美的校园文化生活，排除大学生的人格障碍，使校园文化的影响力渗透到大学生的综合素质中，实现灵性与人性的高度和谐统一。

总之，经济全球化背景下，要审时度势地应对挑战，坚持"主旋律"思想，重视民族地区校园文化建设，从良好的物质环境、积极的进取精神、健康的人格魅力、高雅的文化品位等多层面创设富有现代内涵的校园文化，为不断提高民族地区大学生的创新精神和实践能力提供更好的发展空间。

民族高等教育公平及特殊保护政策研究*

买雪燕**

民族高等教育是整个民族教育的最高层次，也是高等教育体系中不可分割的重要组成部分。民族高等教育的蓬勃发展，主要得益于民族高等教育政策的制定和落实，尤其是在新中国成立以后，随着民族政策和民族区域自治制度的实施，引领民族高等教育进入了新的发展时期。在培养少数民族人才、发展少数民族科学研究、促进少数民族地区社区文化建设和经济发展方面发挥了巨大的作用，是保卫边疆稳定，增强中华民族凝聚力的有力措施。教育公平是民族高等教育政策的根本目标和重心选择。教育公平是民族高等教育最基本的价值需求，在整个高等教育体系中，民族高等教育属于弱势群体，教育政策如何处理强势群体和弱势群体的关系，反映着教育政策对教育公平理念的理解和教育政策过程的价值倾向。① 以下我们将从民族高等教育政策的发展来回顾和检视教育公平的彰显。

一、民族高等教育政策的发展

改革开放以来，民族高等教育政策一直进行着各种调适和改进。大体经历了三个阶段的发展时期。

---

* 本文发表于《青海师范大学学报（哲学社会科学版）》2018年1月第40卷第1期。
** 买雪燕，青海师范大学教育学院副教授。
① 刘复兴．教育政策的价值分析［M］．北京：教育科学出版社，2006：167．

（一）逐步恢复阶段：1978—1991 年

这一时期是我国民族高等教育政策逐步恢复与发展时期。1978 年底，中共中央召开的十一届三中全会，重新确立了马克思主义的思想路线、政治路线和组织路线，对民族高等教育政策的制定指明了方向；1979 年，中共中央正式撤销《全国教育工作会议纪要》，正式恢复高考制度，以此促进整个民族教育事业的全面发展；1981 年 2 月，教育部和国家民委召开第三次全国民族教育会议，总结了 30 年民族教育的历史经验，研究了民族教育面临的形势和任务，提出了恢复和发展民族高等教育需要解决的若干问题；1984 年 5 月，六届全国人大二次会议审议通过的《中华人民共和国民族区域自治法》明确规定：民族自治地方可以根据国家的教育方针和法律规定，制定本地方的教育规划，以及各级各类学校的设置、学制、办学形式、教学内容、教学用语和招生办法。同时，教育部和国家民委颁发了《关于加强领导和进一步办好高等院校少数民族班的意见》，对民族班的招生、毕业生分配、教学和管理都作了明确规定，逐步使办学形式正规化和制度化。从 1984 年起，民族班招生逐步面向边疆农村、山区和牧区，实行定向招生，定向培养，定向分配；1986 年，国家教委颁文规定对边疆、山区、牧区、少数民族聚居地区的少数民族考生，可以根据当地的实际情况，适当降低分数，择优录取。民族班的招生，则可以在不低于各有关高等院校在读省（自治区）招生最低录取分数线 80 分以内录取；同年，在国家教委印发的《关于发布 1986 年普通高等学校招生规定的通知》中规定：民族自治区用本民族语文授课的高等学校或系（科）招生，由省、自治区另行命题，组织考试；1989 年 10 月，国家教委与国家民委通过内地与新疆高等学校支援协作规划会议，确定以新疆为重点，研究和部署了对新疆的 3 年支援协作规划，相关的 20 个部委和北京市的 55 所高等学校参加了这项支援规划。

（二）逐步完善阶段：1992—1997 年

这一阶段是我国民族高等教育政策得以完善和较快发展的时期，它不仅对已有的政策进一步充实和完善，使这些政策更具体化、系统化、科学化、规范化，而且根据政策环境的改变，废除和修订了一些原有政策。

1992年1月，中央召开的中央民族工作会议提出了90年代我国民族工作的五项任务：加快少数民族和民族地区的经济发展、社会事业发展，坚持与完善民族区域自治制度、进一步加强各民族的大团结、坚决维护祖国的统一。同年7月，国家民委印发《关于加强民族院校教材建设工作的意见》，决定成立"民族院校教材工作委员会"。该委员会以民族学院为基础，联合有关少数民族地区的兄弟院校，重点加强民族学科专业的教材建设。1993年2月，国家教委发布了《全国民族教育发展与改革指导纲要（试行）》，提出民族高等教育要把工作重点放在适度发展、优化结构、改善条件、提高质量上，并力争取得显著成效。高等学校在招生时，在一定时期内对少数民族考生仍继续实行同等条件下优先录取和适当降分录取相结合的办法，使普通高等学校在校生中少数民族学生占有适当的比例。同年7月，国家教委和财政部在《关于对高等学校生活特别困难学生进行资助的通知》中规定将现行专业奖学金中的民族专业奖学金的标准进一步提高。1995年，八届全国人大三次会议审议通过《中华人民共和国教育法》（以下简称《教育法》）。《教育法》的制定和颁布，标志着我国教育事业走上了全面依法治教的轨道。《教育法》明确规定了我国民族教育发展的方针政策、重大举措与基本原则。[①]1996年12月，《高等学校收费管理暂行办法》中规定，农林、师范、体育、航海、民族专业等享受国家专业奖学金的高校，学生免收学费。1997年，国家教委和国家民委印发《关于认真贯彻中央扶贫工作会议精神，进一步加强对口支援民族和贫困地区发展教育事业的通知》，进一步明确了对口支援民族贫困地区的任务，调整了对口支援协作关系。

（三）改革发展阶段：1998—2010年

1998年，《中华人民共和国高等教育法》颁布实施，明确规定："国家根据少数民族特点和需要，帮助和支持少数民族地区发展高等教育事业，为少数民族培养高级专门人才。"为发展少数民族高等教育提供了法律依

---

① 徐杰舜，罗树杰.民族理论和民族政策教程[M].北京：民族出版社，2005：260.

据。2000年4月6日,中共中央办公厅、国务院办公厅下发了《关于推动东西部地区学校对口支援工作的通知》,明确提出实施东部地区学校对口支援西部贫困地区学校工程和西部大中城市学校对口支援本省(自治区、直辖市)贫困地区学校工程。4月20日,教育部、国务院扶贫开发领导小组等部门印发了《关于东西部地区学校对口支援工作的指导意见》,具体规定了"两个工程"的实施范围,实施重点及工程建设目标。2001年6月,教育部下发了《关于实施"对口支援西部地区高等学校计划"的通知》,指出根据西部地区重点建设高校(简称受援高校)的学科特点和意愿,北京大学、清华大学等13所高校被指定为支援高校,"支援高校采取一对一的方式,实施对受援高校的支援和全方位合作",实施"对口支援计划""以人才培养工作为中心,以学科专业建设、师资队伍建设、学校管理制度与运行机制建设为重点,争取用五年的时间使受援高校的教学、科研和管理水平有较大提高,为受援高校的长远发展奠定坚实基础"。从1992年至2001年,内地省市对口支援民族地区的教育资金、教学设备及培训费总计达1.6亿元;救助民族地区失学儿童38000余名;培训中小学教师15000余人次,培训教育管理干部4898人次。

2002年,教育部和国家民委在北京召开第五次全国民族教育工作会议,明确提出:"要加快民族教育法制建设,力争'十五'期间颁布《中国少数民族教育条例》,加快民族教育依法治教进程。"在此基础上,积极开展调查和研究工作,为着手制定《少数民族教育法》做好准备,同时为制定《中国民族高等教育法》奠定了基础。2005年6月3日发布了《普通高等学校少数民族预科班、民族班管理办法》,并从2006年开始实施"少数民族高层次骨干人才"培养计划。此外,截至2007年,全国共有1万多所学校使用21个民族的29种文字开展"双语"教学,在校学生达600多万人;使用的民族语达60余种、民族文字20多种;有的地方正在开展民、汉、外"三语"教学实验。[①]2010年3月,教育部研究制定了《国家中长

---

① 滕星.族群、文化与教育[M].北京:民族出版社,2002:206.

期教育改革和发展规划纲要（2010—2020年）》，其中关于民族教育的部分指出，重视和支持民族教育事业，全面提高少数民族和民族地区教育发展水平，促进民族地区各级各类教育协调发展，大力推进双语教学，加强教育对口支援等。提出公共教育资源要向民族地区倾斜，充分利用内地优质教育资源，探索多种形式，吸引更多民族地区少数民族学生到内地接受教育；加大对民族教育的支持力度、民族地区各级政策按照事权划分增加投入等优惠政策；加大对民族地区师资培养培训力度，提高教师的政治素质和业务素质；支持民族地区发展现代远程教育，扩大优质教育资源覆盖面。还特别提出在各级各类学校广泛开展民族团结教育，推进党的民族理论和民族政策、国家法律法规进课堂、进教材、进头脑，引导广大师生牢固树立马克思主义民族观、宗教观，不断夯实各民族大团结的基础，增强中华民族凝聚力。

二、教育公平、民族高等教育公平与特殊保护政策的根本目标

教育公平的观念源远流长，追求教育公平是人类亘古不变的理想。从历史上看，柏拉图最早提出了教育公平的思想，亚里士多德则首先提出通过法律保证自由公民的教育权利。孔子的"有教无类"和科举考试制度同样体现了教育公平的理念。新中国成立之后，《中国人民政治协商会议共同纲领》确定了"民族的、科学的、大众的"新民主主义的教育方针，体现了新中国重视社会公平、教育公平的基本价值。因此，教育公平是一个历史范畴，在不同的国家和不同的历史时期有着不同的含义。它既是对社会现实的一种反映，也是对社会现实的超越，是社会现实与教育理想的统一，具有特定的历史意义。教育公平最直接的体现就是人人享受同等教育权利，在公共政策领域主要表现为人人平等地享有公共教育资源。高等教育作为一种公共产品，主要包括由政府所提供的入学机会、生均公共经费、课程资源、师资条件、信息技术支持等条件。这些资源是公共教育事业发展的重要社会条件，是公民或儿童教育权利实现所指向的实际内容。在此意义上，教育公平是现代教育制度与政策活动所应遵循的基本价值原

则,旨在倡导、维护和实现人人享受平等的公共教育资源。

政策的公开性与民众的参与意识,以及高等教育在提高个人社会地位方面的显著作用,使高等教育是否平等成为高等教育理论中的一个重要问题。"如果说在80年代之前,比较突出的教育不公是由于强调阶级斗争,实行名为阶级路线的歧视性政策,剥夺和侵害了许多非劳动人民家庭子女的教育权利;那么当今中国的教育不公,主要源于城乡之间和阶层之间的巨大差距。"① 民族高等教育也呈现出城乡和阶层之间的差异,而民族高等教育政策则是保障民族教育公平的必要措施。有学者认为,可以将这种政策分为两种类型:第一类为优惠性政策,第二类为特殊性政策。② 所谓优惠性政策又称为"补偿性政策",是充分考虑少数民族高等教育发展中的特殊自然、历史、社会等原因,并采取倾斜发展政策或优先发展政策。我国自20世纪50年代以来,一直对少数民族高等教育采取优惠发展政策。这种政策关注的是学校与社会、自然、宗教、经济等因素之间的关系,以及在民族教育发展中的外部制约因素。所谓特殊性政策是充分考虑民族高等教育发展中的特殊因素,特别是语言与文化方面的特殊性,就民族教育内在的教育目标、价值、内容、方法、评价等问题采取特殊政策。该政策关注的是学校教育内部诸要素之间的关系及其特殊性,尤其是双语教育政策及多元文化课程政策。③

基于以上政策的划分,我们在本文中将其统称为"特殊保护政策"。在政策制定过程中,除了以上提到的各种变量和考虑因素以外,还要从我国的实际出发,从当前民族高等教育的内在需求和外在环境出发,加强对少数民族学生的国家认同教育,使民族高等教育政策在承认并尊重差异的同时,"倡导并强化认同"。④ 以此保障少数民族群体接受高等教育的权利,维护各民族文化的传承和发展,为少数民族成员实现教育公平营造良好的

---

① 杨东平. 恢复教育的人文性、民主性和公正性 [EB/OL]. http://www.lwlib.com/html/jiaoyulei/gaodengjiaoyu/2009/1107/11708.html2009.11.7.
② 王鉴. 试论我国民族教育政策重心的转移问题 [J]. 民族教育研究, 2009, 20 (3): 18-25.
③ 王鉴. 地方性知识与多元文化教育之价值 [J]. 当代教育与文化, 2009, 1 (4): 1-5.
④ 陈巴特尔. 关于我国民族高等教育研究的思考 [J]. 江苏高教, 2004 (1): 13-15.

基础条件和外部环境。

三、法律平等、事实平等与特殊保护政策的重心

在民族平等的维护上，不但要坚持法律意义上的平等，还要努力创造条件以实现各民族在事实上的平等。这是我国实行区域自治、特殊保护政策，进而为少数民族成员实现高等教育平等权利营造良好的基础条件和外部环境的理论基础。

法律意义上的平等，可以从《中华人民共和国宪法》中获得一些认知。我国1954年宪法的相应表述为"法律上一律平等"，而在1982年宪法中改为"在法律面前一律平等"，法律面前人人平等的最初含义，是指适用法律平等。国家司法机关和行政机关在适用法律的时候，不得区分适用对象，必须根据法律和事实进行判断，平等地将法律规范适用于所有人。其实质要求为国家权力应当平等地对公民的合法权利予以保护，对公民的违法行为应平等地追究其法律责任，不得因人而异适用不同的标准。[①]然而，平等权的新理论认为，如果平等权不能有效地约束立法者，那么宪法的平等权便形同虚设。也就是说，平等允许一定的、合理的差别存在。因为形式平等的本意在于禁止不合理差别，而实质平等则需要承认合理的差别。而合理的差别既需要合理依据，又不能超越合理限度。从这个角度讲，这种形式平等具有起点意义上的教育机会平等的含义。

教育机会是最核心也是最重要的教育资源，它意味着一个人接受某种类型和阶段教育的可能性。教育机会均等包括入学机会均等、参与教育过程的机会均等、教育结果的机会均等以及教育结果对未来生活前景的影响均等。根据教育的阶段或层次，又可以将教育机会均等划分为学前教育机会均等、初等教育机会均等、中等教育机会均等和高等教育机会均等。从这方面说，教育公平不但是不同类型或阶段的教育机会在不同社会人群之

---

① 张晓明, 朱霞. 论平等的法治含义——以就业平等权为例[J]. 华南理工大学学报（社会科学版）, 2008, 10（1）: 41-45.

间的平等分配，也是采取切实可行的措施缩小业已存在的教育机会差距。然而，我国少数民族群体在整个教育群体中属于弱势，往往因自然地理环境、交通、教育、文化等基础资源方面的限制，以及社会成员在求学、就业、升迁等方面的困难和不平等对待，使他们处在社会的边缘。在高等教育活动中，社会成员在政治、经济、文化、社会关系等方面的弱势地位导致了在高等教育中的弱势地位，教育弱势群体的核心特征是"缺乏获得、支配教育资源的能力和潜力，在社会成员满足自身基于教育利益及其他利益的竞争中处于不利地位或弱势地位。"[1]正如我国民族政策与制度的主要设计者李维汉指出的，由于历史上遗留下来的各少数民族在政治、经济和文化上的落后状态，使其"在享受民族平等权利时，不能不在事实上受到很大的限制"，[2]因此，必须通过实施相应的优惠政策，帮助各少数民族在高等教育方面获得相应的受教育权，逐步改变落后状态，消除可行能力的不平等，进而达到事实上的平等。反映在教育政策上，就要把弱势补偿和"优先扶持"作为教育决策和实施获得必须遵循的一项基本的价值原则，还要在教育政策目标体系中将弱势补偿方面的相关指标具体化，使其具有操作性和规范性，并建立相应的政策执行、督导和评价标准。

四、群体平等、个体平等与特殊保护政策的合理限度

如前所述，为实现民族高等教育的公平而实行了一系列的政策和相关优惠措施，其根本目的在于通过保障群体性的民族高等教育平等，为少数民族成员实现享有高等教育权营造良好的外部环境和基础条件。然而，在实践中一些群体性的措施和行为需要与作为特定群体的个人相结合才能得以实施，这就对制度设计和实施过程中需要重视群体性政策的合理限度问题提出了挑战。也就是说，在政策制定过程中，不仅要言明个体从事特定行为或者获得特定利益的资格，还要明确规定取得此种资格所承担的相应责任以及不履行该责任必须承受的不利后果。否则就不利于民族高等教育

---

[1] 刘复兴.教育政策的价值分析[M].北京：教育科学出版社，2006：167.
[2] 李维汉.有关民族政策的若干问题[M]//李维汉选集.北京：人民出版社，1987：256.

公平，甚至成为质疑民族优惠政策的缘由。

不仅如此，在制定特殊保护政策时，还要妥善处理区域性和民族性的关系。由于我国长期形成的各民族"大杂居、小聚居"的分布格局，使得各民族聚集区主要以主体少数民族的利益保障为重点，其理论研究和制度实践的重心聚焦在区域自治制度对保障少数民族平等权利的功能和作用上，忽视了这一制度在协调和处理民族自治地方内部的民族关系、保障其他民族的权利等方面的意义，导致了一些具体政策背离了公平的基本精神。尤其是在人才匮乏的民族自治地区实施的少数民族高等教育招生优惠政策，应该针对少数民族的特殊性问题，深入分析民族特殊性的具体表现，将优惠政策建立在真正的民族特性之上，不能将其简化为外在的"身份"符号。这是少数民族高等教育招生优惠政策的正当性维护和更为复杂及难以处理的问题。一般认为，民族的特殊性主要表现在文化传统、语言文字和风俗习惯等方面，这是政府实施专门的学校教育制度和考试制度，以及按人口比例分配招生指标与降分录取相结合的优惠政策的根本缘由。但是，民族地区的文化传统和语言文字的差异并非普遍存在，在一些民族区域自治地方，少数民族与汉族没有语言文字的差异，文化传统也颇为相似，所接受的教育水平和质量也并无差异，但在高考录取和研究生入学考试中因为外在的"民族身份"享受到了优惠政策，这实际上忽视了优惠政策的"内在合理性检视"。[①] 因此，这种政策应该是区域性的，需要体现出区域性优惠政策和民族性优惠政策的区别。此外，对于边疆民族、较少民族在人口基数上的劣势，在高等教育招生人口比例分配上应予以更大的倾斜和照顾，甚至可以为他们制定更加特殊的政策，不仅保障教育公平的实现，更是为了保证文化生态的多样性和延续传承少数民族文化。惟其如此，才能实现特殊保护政策的合理限度。

---

① 田钒平.少数民族高等教育招生优惠政策价值辩证与制度完善[J].中国法学（海外版），2010：1.

中国少数民族双语教育研究现状与发展趋势*

武启云**

中国少数民族"双语教育"与"双语教学"是我国广大民族教育工作者经过长期实践探索出的一条发展我国民族教育的有效途径，在新中国民族教育体系中具有突出的作用。我国民族教育研究，大部分成果集中在"双语教育"与"双语教学"研究。随着民族教育事业的不断进步和发展，"双语教育"与"双语教学"已成为民族教育实践中最具有"民族特色"的部分，"双语教育"与"双语教学"研究也已成为构建中国特色民族教育理论研究的核心。对我国少数民族"双语教育"与"双语教学"研究情况进行总结分析，了解其研究的重点和热点，探讨其研究动态和发展趋势，无论对民族教育实践的进一步发展，还是对民族教育理论研究的深入，都具有非常重要的意义。

一、双语教育研究的现状

通过搜索 CNKI 中国期刊全文数据库，截至目前，发表的关于"少数民族双语教育"研究论文，有效篇目为 340 篇。由于"双语教育"与"双语教学"两个概念在学术界仍然比较模糊，存在混合应用的现象，又对"少数民族双语教学"为主题的论文进行了检索，得到相关论文 419 篇。

---

* 本文发表于《贵州民族大学学报（哲学社会科学版）》2016 年第 4 期。
** 武启云，教育学博士，教授，青海师范大学教育学院党总支书记兼教育主任。致力于少数民族教育理论和学校教育研究。

剔除重复部分，共获得研究有效文献673篇。笔者采用文献计量的方法，对上述文献进行了初步的计量统计，结果如下：

1.按其研究主题进行统计。该项统计的主要目的是，直观地了解双语教育研究的主要关注点和热点领域，为双语教育研究现状分析提供基本的数据资料。统计显示：以"历史发展与问题综述"为主题的共计223篇，占全部研究成果的33%；以"教学与课程问题研究"（含教材与教学模式）为主题的共计106篇，占全部研究成果的17%；以"政策与功能研究"为主题的共计93篇，占全部研究成果的14%；以"国外理论介绍与中西对比研究"为主题的共计81篇，占全部研究成果的12%；以"意义与价值研究"为主题的共计33篇，占全部研究成果的5%；以"师资队伍建设研究"为主题的共计14篇，占全部研究成果的2%；其他124篇，占全部研究成果的17%。（见表1）

表1 双语教育研究主题统计表

主题	篇数	所占比例
历史发展与问题综述	223	33%
教学与课程问题研究（含教材与教学模式）	106	17%
政策与功能研究	93	14%
国外理论介绍与中西对比研究	81	12%
意义与价值研究	33	5%
师资队伍建设研究	14	2%
其他	124	17%

2.按学科属性进行统计。该项统计以研究成果的学科属性为维度，主要目的是了解双语教育研究的学科队伍和主要关注领域，初步说明双语教育研究的学科力量。统计显示：中国语言文字方面的有238篇，占搜集文献总数的35%；民族教育理论方面的有171篇，占搜集文献总数的25%；民族教育管理方面的有45篇，占搜集文献总数的7%；民族高等教育方面的有60篇，占搜集文献总数的9%；民族中等教育方面的有43篇，占搜集

文献总数的 7%；民族初等教育方面的有 26 篇，占搜集文献总数的 4%；民族学前教育方面的有 31 篇，占搜集文献总数的 5%；其他有 57 篇，占搜集文献总数的 8%。（见表 2）

表 2　双语教育研究学科属性统计表

学科	篇数	所占比例
中国语言文字	238	35%
民族教育理论	171	25%
民族教育管理	45	7%
民族高等教育	60	9%
民族中等教育	43	7%
民族初等教育	26	4%
民族学前教育	31	5%
其他	57	8%

3.按年度进行统计。该项统计以研究成果发表的年份为维度，主要目的是直接观察不同年份对双语教育研究关注程度，进而说明学术界对双语教育研究本身关注度的变化情况。统计结果显示居前 5 名的是：2011 年，194 篇；2012 年，148 篇；2008 年，59 篇；2007 年，40 篇；2006 年，35 篇。（见表 3）

表 3　双语教育研究年度统计表

年度	数量	名次
2011	194	1
2012	148	2
2008	59	3
2007	40	4
2006	35	5

4.按研究单位进行统计。该项统计以研究成果产出的单位为维度，主要目的是了解双语教育研究力量的分布状态。统计结果显示居前 10 名的

是：新疆师范大学，79篇；新疆教育学院，51篇；西北师范大学，40篇；中央民族大学，36篇；石河子大学，25篇；伊犁师范学院，20篇；新疆大学，18篇；西南大学，16篇；青海师范大学，15篇；新疆财金学院，12篇。（见表4）

表4　双语教育研究单位统计表

产出单位	数量	名次
新疆师范大学	79	1
新疆教育学院	51	2
西北师范大学	40	3
中央民族大学	36	4
石河子大学	25	5
伊犁师范学院	20	6
新疆大学	18	7
西南大学	16	8
青海师范大学	15	9
新疆财金学院	12	10

二、双语教育研究存在的主要问题

第一，论文选题虽然不少集中在少数民族双语教育历史发展和出现的问题综述上，但对双语教育与双语教学这两个基本概念的界定仍比较模糊。从搜集到的论文来看，以"少数民族双语教育"为主题的文章，有相当篇幅在研究和探讨具体的双语教学问题，如教学法问题、教学模式问题、教材问题、教师问题等。而以"少数民族双语教学"为主体的论文，又有相当一部分在论述双语教育问题，如双语教育的意义、价值、社会作用、体制机制、法律法规、保障体系等。

第二，少数民族双语教育综合研究比例很大，但该类研究往往研究范围很广，一篇文章什么方面都谈到了，却什么也没说清楚，失去了中心主题。如关于历史发展与问题综述的文章，占了所有文章的33%，但大多数文章大同小异，都是罗列出了双语教育存在的普遍问题，然后给出一些宽泛的意见，没有针对性的研究，得不出有针对性的结论。

第三，搜集到的论文中尽管国外理论介绍的论文不多，但近十年来发展迅猛。然而仔细研究发现，介绍的多，而分析评论的少。我们的社会制度和经济发展水平与西方不同，导致了不同的教育体系和教学条件，他们的教育模式和经验对我们来说不一定适合，因此，简单照搬套用西方现成的模式对于我们来说绝不是一个有效的方法，中国的少数民族双语教育只能借鉴西方的理论和经验，摸索出适合自己的特色模式。

第四，少数民族双语教育研究较多的是跟语言学的交叉研究，跟其他学科的交叉研究相对较少，特别是心理学、宗教学、社会学、人类学、认知科学、数学、计算机科学等学科。从研究范式来看，在少数民族双语教育研究中从事理论研究与分析、实证研究的不多（16%），加上双语教育研究受国家语言文字政策、教育政策、经费等各方面的制约，这使得少数民族双语教育研究受到限制，而与之相连的双语教育也严重滞后。

第五，从研究单位来看，从事双语教育研究的单位和团体，几乎清一色都是高等院校。其他单位不到5%，更让人惊讶的是，作者单位为一线中小学的为零。作者单位的这种严重偏态分布着实令人诧异，这也反映出以中小学教师为代表的教学实践者在少数民族双语教育研究上的缺失。从研究单位的分布来看，新疆地区少数民族双语教育研究，从数量上远远领先于其他地区。

第六，从研究方法上看，我国少数民族双语教育研究文章表现出了多元的特点。从类型上看，既有理论研究，也有实证研究；既有质性研究，又有量化研究；既有常见的文献分析和调查，也有使用较少的田野考察和人类学研究范式。但是，偏重理性思辨的理论研究和文献研究占到了研究方法总量的65%以上，而偏重实证的行动研究、案例研究、实验等只占研究总量的25%稍多一点。我国的教育研究历来有追求宏大叙事的理论建构和体系完善的传统，重思辨演绎而轻量化实证，因此少数民族双语教育研究的研究方法也延续了这样的研究取向和风格。少数民族双语教育研究方法的多元化程度在其结构和质量的科学性上还需要进一步加强。

第七，从研究内容上看，双语教育的背景环境、目标、意义和必要性、起源及历史沿革、实施现状、存在的问题、经验及对策、教育模式和体制等方面的内容都是研究者关注的热点，这些都是与少数民族双语教学实践密切相关的内容，反映了我国少数民族双语教育研究对实践的充分关注。另外，对少数民族双语教育研究的研究文章，其文章数量也较多，这体现了我国少数民族双语教育研究在宏观层面的自我反思和理论提升。同时，双语教育与教师及双语教育发展趋势的研究文章在数量上也呈现上升趋势，这在某种程度上反映了教师在双语教育中的重要性及研究者对双语教育未来走向的关注和预测。民族关系与双语教育、双语教育相关的学科及专业建设、双语教育在不同教育阶段的衔接、民族中小学校双语教育、双语教育实验、双语教育教材等问题也进入了研究者的视野，但从数量上看，这些文章相对较少，这些研究内容今后可以在广度上进一步拓宽、在深度上进一步挖掘。

第八，我国有29个民族有与自己的语言相一致的文字。对保持少数民族语言的双语教育类型而言，有与自己的语言相一致的文字是双语教学开展的前提和基础，对少数民族双语教育所关注民族的统计可以了解我国少数民族双语教育在具体民族中的开展情况及面临的问题、相应的对策和发展趋势等。从对所研究民族情况的统计分析来看，研究较多的有藏族、彝族、维吾尔族、蒙古族、朝鲜族、壮族和锡伯族，这种数量上的优势一方面反映了这些少数民族双语教育受到的关注度，另一方面也从侧面体现了这些少数民族双语教育的发展和特色。尤其是四川凉山彝族，其研究呈现出明显的系统化，反映出凉山彝族双语教育的特色和对研究者的吸引力。

三、少数民族双语教育研究的基本趋势

（一）少数民族双语教育本质研究依然是研究的重要话题

少数民族双语教育本质研究主要围绕着"双语教育"与"双语教学"

的关系问题展开，包含着"双语教育"与"双语教学"的概念、作用、意义与价值、两者的区别与联系等。双语教育不仅是一个语言问题，而且涉及政治、经济、文化、民族、宗教等一系列比较复杂的社会现象。少数民族双语教育本质研究是双语教育研究大厦的基础，对这一问题的基本认识直接决定着研究者的理论体系。随着少数民族双语教育实践的发展和相关理论研究的不断丰富，对该问题的认识会不断深入和发展，该问题研究也必然是双语教育研究的永恒话题。

美国语言学者鲁伊斯总结了三种不同的语言观：作为一个问题语言的语言观、作为权力的语言观和作为资源的语言观。三种不同的"语言"观，直接影响国家对待少数民族的语言和文化、移民、人权、民族同化和民族多样性、文化整合与文化多样性的态度。因此，根据不同的认识论基础，双语教育的性质也有不同的内涵。就双语教育研究和发展的历史来看，存在着源于殖民统治而实施的双语教育；源于多元文化认同、民族和谐社会稳定而实施的双语教育；为国家稳定而实施的"同化"双语教育；为社会经济发展的需要而实施双语教育等多种价值取向的双语教育。随着社会思潮多元化趋势的加深，对双语教育本质的认识也会更加多元和丰富。

（二）双语教育研究的多学科视域

随着双语教育的不断发展与深化，学者们从不同的学科视角对双语教育进行研究，这主要表现在：

政治学方向的研究。教育作为人类社会的一种基本活动，它与社会政治有着千丝万缕的联系，研究也自然与政治学交织在一起。如少数民族双语教育与教育民主化研究；少数民族双语教育与教育机会均等研究；少数民族双语教育与多元文化教育；少数民族双语教育与社会和谐研究等，都是少数民族双语教育研究的热点。在中国，双语教育是中国"多元文化整合教育"的重要组成部分。在多元文化背景下实施少数民族双语教育，是坚持人类文化共同性与多样性相结合，维护"中华文化多元一体"格局的具体体现，同时，也是对马克思主义关于各民族语言平等和国家关于民族语言文字政策、法律、法规的具体落实。

教育学方向的研究。教育学方向的研究主要分为宏观和微观两个层面。宏观层面主要研究中外双语教育的政策、对双语教育的经费投入、双语教育的模式以及影响双语教育实施的因素。微观方面主要研究培养双语师资、设置双语课程、编订双语教材等。

心理学方向的研究。心理学的角度对双语教育的研究主要集中在有关教师与学生情感、年龄、母语和学习策略等方面。具体表现在师生对双语教育的态度、双语教师职业压力，双语学习的动机、兴趣及影响因素，学生学业成绩压力等方面。

文化人类学方向的研究。文化人类学关注双语教育实施的文化根源与方式，重点探讨文化传播、文化同化、文化顺应等对双语教育的推行所起的作用。社会变迁和民族文化生态环境问题；双语教育态度的形成根源，揭示双语教育态度对少数民族成员文化认同的影响等也是双语教育研究的热点。

语言学方向的研究。教育从来都是与语言紧密联系在一起的，世界发展到今天，语言的接触从来没有像今天这样频繁，因此双语也成了国际热点问题，也是各国教育中所面临的亟待解决的问题。少数民族语言的保存和传承问题；民族间的交流和语言的功能问题，国家的语言文字政策，不同的语言文化生态环境对少数民族双语教育的影响等都是双语教育研究需要做出回答的问题。

经济学方向的研究。民族地区少数民族教育与经济发展相互作用越加密切，双语教育在提高民族地区基础教育、社会扫盲、成人教育、职业教育等的水平方面的作用就会越加引起学术界的关注和重视。当前民族地区的民族教育与经济发展处于"由于以经济建设为中心，所以教育要优先发展"的低水平均衡。双语教育与经济发展的离差效应，学内容与民族地区经济发展实际适应问题，教育体系及专业结构与民族地区社会多层次多类型人才需要的满足问题也会引起越来越多研究者的注意。

（三）双语教育研究方法论的发展趋势

教育问题的研究除了其认识论基础外还要看其方法论和方法的使用，

研究方法直接影响到研究资料的收集、整理和分析，甚至影响研究者对所研究问题的结论和观点，因此研究方法的"工具性"价值对于一项研究来说至关重要。结合少数民族双语教育研究的自身特色，理性思辨方法论、实证主义的方法论、解释主义的方法论、批判主义方法论将是研究的主流方法论。

在双语教育的具体研究中，理性思辨范式的认识论基础是知识来源于理性思辨以及对过去经验的总结。在具体研究中主要以定性研究和思辨为主。实证主义的研究范式，以自然科学为基本标准模式，把社会现象和自然现象等同起来，采用定量的研究方法，强调在研究中对问题进行实证与经验相结合的考察，注重研究结果的真实性和可靠性。解释主义方法论主要是对研究对象进行全面的诠释性理解；强调研究过程中的自然性；并关注对微观问题的整体把握，质的研究是这类研究采用的主要方法。教育人种志、实地调查法开始在双语教育研究中出现。这类研究的特征是把研究者本人作为研究工具，采用主、客位研究法来分析双语教育的问题。学者们的研究受到政治、文化、性别、民族、社会阶层的影响，研究过程中有强烈的价值介入，体现出一种社会批判意识。不过批判主义方法论在双语教育研究中没有具体特别的研究方法，各类研究方法中都有体现，比如行动研究等。

总之，在双语教育研究中，研究方法已成为制约研究水平提高的重要因素。现有的研究主要运用思辨的研究方法和经验总结的研究方法，能科学而又严谨地单独或综合使用质的研究和量化研究的论文较少。在以后的研究中，如何科学地、有针对性地使用各类研究方法是今后要关注的重要问题。

论多元文化教育视野下的我国少数民族高等教育[*]

王富强[**]

我国是一个各民族和谐共处、文化多元一体的发展中国家,我国的少数民族高等教育是国家高等教育体系的重要组成部分,是我国多民族、多种文化共存背景下的教育选择模式。保护、继承、传播优秀民族文化,培养各民族,尤其是少数民族高等人才,为民族地区事业发展和民族团结进步服务是我国少数民族高等教育的具体目标。我国现阶段少数民族高等教育是指以少数民族为主要对象,以少数民族文化为主要内容特色,以促进少数民族及其地区的经济、文化和社会发展为主要目的的跨文化的高等专门教育。[①]

随着我国市场经济体制的确立和不断完善,少数民族高等教育也面临着一系列新的问题与挑战。在多元文化教育视野下,如何促进我国少数民族高等教育事业的改革与发展,更好地为国家和民族地区的现代化建设,为民族文化的保护、继承和创新提供人才服务,是我国少数民族高等教育研究中一个亟待探讨的问题。

---

[*] 本文发表于《民族论坛》2007年第2期。
[**] 王富强,青海师范大学教师教育学院民族教育学原理硕士研究生,周口师范学院科研处助理研究员。
[①] 王军.文化传承与教育选择[M].北京:民族出版社,2002.

一、多元文化教育的概念和目标

20世纪五六十年代,随着西方发达国家各少数民族意识的觉醒,多元文化作为一种社会思潮被人们所普遍关注。它以美国黑人在政治、经济、文化等领域争取平等发展的权利和机会为起始,后经参与群体的多样化,如各少数民族、女性主义者、文化不利者、低社会阶级者等弱势群体的支持,其内涵得到进一步发展和升华,并演变为一种文化理念、文化运动和文化改革过程。①

(一)多元文化教育的概念

由于不同民族、不同国家、不同地域人们文化背景存在着差异性,所以不同文化群体对多元文化教育概念的理解和解释也存在差异性。虽然同称为多元文化教育,但其内容所指有时却相去甚远。多元文化教育发展的初期,它仅仅指少数民族教育,发展到20世纪七八十年代,这一理论得到了少数民族以外其他弱势群体的参与支持,其内涵开始得到扩充。目前,美国华盛顿大学的多元文化教育理论学者詹姆斯·A.班克斯(James A. Banks)对多元文化教育概念的界定具有代表性。他认为,多元文化教育"一般是指在多民族国家当中,为保障持有多种多样民族文化背景者特别是少数民族和移民等的子女,能享有平等的教育机会,并使他们独有的民族文化及其特点受到应有的尊重而实施的教育。"②

在我国,多元文化教育中的"多元"并不是一种绝对的、泛化的"多元",而是一体化前提下的相对的、非泛化的"多元",是基于我国以往文化过于划一、集中情况下的"多元"。它强调中华民族的国家主流文化,但也注重发展少数民族文化和地方文化,倡导国家文化、民族文化和地方文化的和谐统一,主张各种文化的平等、尊重、合作和共同发展,是多元一体化的多元文化教育。

---

① 谢宁.全球社会的多元文化教育[J].国外社会科学,1995(5):22-25.
② Banks.An introduction to multicultural education[M].Boston:Allyn and Bacon,2002.

（二）多元文化教育的目标

目前，多元文化教育虽然没有一个统一认同的概念，但它们要达到的目标却基本相似。我国学者在综合各国经验的基础上，总结出多元文化教育的如下目标：第一，是培养学生的跨文化适应能力，帮助学生学会从其他文化的角度来观察自己民族的文化，并获得最大限度的自我理解。第二，给学生提供文化选择的权利和机会，使他们获得适应本民族文化、主流文化以及全球社会所必需的知识、技能和态度。第三，培养学生学习语言、进行阅读及思考、立论等技巧。多元文化教育表明，如果采取一种行之有效的方法进行教学，则可以提高教学质量，教师可运用与少数民族学生的生活经历、认同、愿望和斗争有直接联系的观点，把学生的学习内容、所研究的问题与他们的现实生活联系起来，这将更有助于培养学生的各种技能。第四，消除对亚文化和少数民族的歧视，以及由此而造成的心理上的压力。许多少数民族由于在人种、生理特征和文化特征上不同于主体民族，所以他们在学校和社会上经常受歧视，这种歧视常常迫使他们拒绝认同本民族文化。第五，多元文化教育的根本目标是进行旨在改变整个学校或教育环境的教育改革运动，以达到使来自不同人种、民族、社会集团的学生都能享有教育平等和学术均等的目的。[①]

二、我国少数民族高等教育的历史成就及存在的问题

（一）历史成就

经过半个多世纪的发展，我国少数民族高等教育已成为国家整个高等教育体系中十分重要的组成部分，在少数民族地区的经济建设和社会发展中，发挥了不可替代的历史作用。为了促进我国少数民族高等教育的发展，党和国家采取一系列行之有效的特殊政策，使少数民族高等教育迅速发展。其主要成就主要表现在以下几个方面：扩大少数民族高等教育的发展规模，为少数民族地区培养了大批的领导干部和各行各业

---

① 滕星，苏红.多元文化社会与多元一体教育[J].民族教育研究，1997（1）.

的专业人才，为少数民族地区的稳定和发展做出了巨大的贡献；形成了从预科生、专科生、本科生到研究生和博士后等各个层次的、较完整的少数民族教育体系，积累了丰富的办学经验；保护、传承和弘扬了各少数民族优秀文化，促进了各民族文化共同繁荣；创办了民族学院、高校少数民族预科班和民族班，实现了不同民族学生接受高等教育机会的平等。

（二）存在的问题

我国目前的少数民族高等教育的基本框架基本上是在20世纪50年代的社会背景下建立起来的，它较好地体现了当时党和国家的方针政策，反映了广大少数民族的心愿，有力地保障了各族人民受教育的权利，有效地促进了民族地区的经济、社会和文化的发展。但是，党的十一届三中全会以后，特别是20世纪90年代以来，我国长期实行的计划经济体制被市场经济体制所逐步取代，高等教育的无偿的公费制度被有偿的收费制度所取代，大学生毕业的国家分配制度被以"双向选择"为主的择业制度所取代。伴随着这些巨大的变化，少数民族高等教育在许多方面失去了国家的保护效应，于是，一些弱点和不足开始显露出来，一些过去行之有效的制度和措施，开始发生动摇甚至成为少数民族高等教育发展的一种阻碍。

1. 少数民族高等教育中传统的专业教育已不能满足新时期民族地区的经济、社会和少数民族文化发展的需要。首先，"重专业，轻素质"是少数民族高等教育突出的问题。其次，从少数民族高等教育自身看，影响其教育质量的还有一个重要因素，那就是专业设置。虽然少数民族高等教育的专业设置，同其他普通高等学校相比，有自己的特色和优势，但是，当前少数民族高等教育的专业设置已经远远落后于民族地区经济、社会和民族文化发展的需要。其中突出的问题是专业结构不合理。改革开放以后，随着社会的发展，少数民族高等教育开始对专业教育结构进行了调整。但是，由于多方面的原因，目前的少数民族高等教育中专业教育的结构还存在严重的缺陷。

2. 少数民族高等教育培养的专业人才流失严重。随着国家人事制度改革的不断深入，人才市场的不断放开，人才的合理流动成为我国人事制度改革的重点和发展趋势。客观地说，这一改革措施在给少数民族大学毕业生带来更多自主择业机会的同时，也给少数民族大学毕业生的就业带来了挑战。一方面，在竞争激烈的人才市场中，由于受历史上所形成的民族之间发展的不平衡、语言和文化的差异、经济和学习条件的落后等因素对少数民族大学生心理上的影响，使得少数民族大学毕业生总体上处于明显的劣势；另一方面，由于民族地区相对落后的经济、文化的影响，又无法为其创设良好的发展空间。面对着社会对高校毕业生的选拔，他们常常处于两难的境地。他们既向往中东部发达地区和大中城市优越的生活和工作环境而无力竞争，又不愿选择相对贫困、落后、闭塞的民族地区尤其是基层的工作岗位。其结果是造成少数民族大学毕业生严重流失，民族地区各项建设事业不能真正从少数民族高等教育的发展中受益，极大地挫伤了民族地方的政府和群众支持和发展少数民族高等教育的积极性。

3. 少数民族高等教育的招生并轨政策限制了少数民族贫困大学生接受高等教育的均等机会。高等教育变为有偿教育，实行缴费上学，是国家在高等教育领域的一项重大改革，少数民族高等教育也不例外。这种做法是与国际接轨的一个方面，其基本方向应予以充分的肯定。但是，任何一项政策的制定，必须充分考虑它的具体条件和合理性。许多少数民族大学生来自边远民族地区，当地的经济基础较差，家庭经济情况比较困难或非常困难。并轨给少数民族贫困大学生的家庭带来了沉重的经济负担，使得他们在按受高等教育和占有学习资源方面受到了种种限制，这也成了少数民族贫困大学生学力和竞争力降低的一个重要因素。尽管国务院在《关于深化改革，加快发展民族教育的决定》中指出："在同等条件下，高等学校少数民族贫困生优先享受国家资助政策，确保每一个大学生不因经济困难而停止学业。"同时，各级政府和学校也采取了一些奖励和救助措施，但现实中，少数民族贫困大学生仍然困难重重，有的学生及其家庭甚至是"借债无门"。目前对少数民族大学生实行的收费办法使他们成为特困生而难以完成学业,这直接限制了他们接受高等教育的均等机会。

三、促进我国少数民族高等教育发展的对策与建议

(一)加大对我国少数民族高等教育的经费投入

少数民族高等教育作为我国高等教育的特色部分,需要特殊制度和优惠政策。《全国民族教育发展与改革指导纲要(试行)》将民族教育经费投入体制概括为:"坚持国家扶持与自力更生相结合的原则,多渠道筹措民族教育经费,增加民族教育的投入。对民族教育,特别是困难较多的民族地区的教育,中央和地方政府都要给予必要的扶持。"在一段时期内少数民族高等教育仍需要坚持国家扶持和自力更生相结合的原则,国家通过设立"少数民族高等教育专项基金",用经济手段确保国家和民族地方为发展少数民族高等教育所进行的投入。在重点支持少数民族高等教育的学科建设,继续扶持优势特色学科,积极发展新兴学科和交叉学科的同时,还要支持课程设置、科学研究、师资培训等方面的发展。就少数民族地方自身而言,也需要从发展的角度广开财源,多渠道筹措资金,同时重新审视和确定发展战略,全方位促进少数民族高等教育快速发展。

(二)完善民族地区优秀人才管理制度,制定切实可行的措施,稳定人才队伍

首先,国家和民族地区要加快推进少数民族地区人事制度改革,要建立稳定的少数民族地区人才保障机制,建议设立"少数民族地区高级人才发展基金",不断改善少数民族地区人才的工作和生活条件。其次,针对少数民族地区优秀人才流失的现状,建议制定全国性的少数民族地区人才流失补偿制度,特别是建立跨省区少数民族地区优秀人才流失补偿法规,促使人才流入地对流出地有所补偿,流出地用补偿金再聘用其他优秀人才,使地方人才管理部门有法可依,依法索赔,以保护少数民族地区教育的发展。最后,全面实施民族地区高级人才准入制度,建立和健全人才配置制度与人才合理流动制度,改革和完善职称与职务评聘制度,建立有利于人才队伍健康发展、良性流动的科学管理机制。

（三）多途径解决少数民族学生入学机会不均等的现象

在我国高等教育实现大众化的进程中，提高少数民族大学生的入学率，有助于促进少数民族高等教育走向公平。哈佛大学哲学大师罗尔斯曾经提出，如果公平的起始状况（收入和财富分配）不同，处于不利地位者的利益就应该用"补偿利益"的办法来保证。所以建立少数民族大学生特殊财政资助制度是非常必要的。建议国家设立"少数民族大学生资助专项基金"，同时建立少数民族大学生专项贷款制度。这样既可以确保对少数民族贫困大学生收费倾斜或减免学费政策的顺利实施，又可以通过提高民族专业奖学金、少数民族大学生助学金额度来保证少数民族贫困学生升入大学的机会均等。

（四）创设我国少数民族高等教育良好的文化生态环境

少数民族高等教育的目的是促进少数民族及其地区的经济、文化和社会发展。由于历史的原因，我国民族地区的地理环境较差，从而在一定程度上造成民族地区经济、文化的落后，而相对落后的社会生态环境又直接影响了少数民族高等教育的发展。从长远来看，要真正提高少数民族高等教育的发展水平，除采用少数民族高等教育优先发展、增加对少数民族高等教育的经费投入外，积极帮助少数民族地区发展经济，提高少数民族基础教育质量，通过各种途径提高少数民族成员的总体文化水平，为少数民族高等教育创设一个良好的文化生态环境，是促进少数民族高等教育和谐发展的又一重要方面。

（五）培养少数民族大学生跨文化的适应能力

我国的民族文化具有多样性，这要求少数民族高等教育应该培养具备跨越文化边界、与不同文化背景的人进行交流、沟通与理解的能力及在多元文化场景中的适应能力的大学生。在少数民族教育中，要开阔学生的文化视野，使其在了解和欣赏本民族文化的历史渊源与文化精粹的同时，也能了解和尊重其他民族文化的精神实质；要重视培养学生的跨文化意识，使其不仅具有对本民族文化深刻理解基础上的民族自豪感和认同意识，而且具有对所有文化的尊重、宽容与接纳的意识；要注重对学生跨文化情感的熏陶，既不沉醉于本民族文化而盲目排外，也不羡慕其他民族文化而崇洋媚外，养成自尊、自爱、平等、开放、互尊的文化态度；还要注重培养学生掌握不同文化间的对话、交流、理解能力，提高在多元文化碰撞与冲突的局面下能够敏锐把握文化动向、调整自身观念与行为的全面的跨文化适应能力。

（六）培养少数民族大学生的科技创新能力

民族的希望在创新，创新的希望在青年。在知识经济时代，综合国力的竞争主要是人才的竞争。少数民族高等教育作为高等教育体系的重要组成部分，开展科技创新活动，不仅为少数民族大学生搭起了参与科技活动的舞台，有效地激发起少数民族大学生的创新意识、创造精神，而且有利于推进少数民族高等教育中创新教育的改革，明确创新教育的理念，探索科技创新人才的培养模式；也有利于营造创新教育环境，弥补少数民族高等教育专业结构不合理的现状；更有利于培养少数民族大学生为民族地区的经济、文化、教育等各项事业开展科技服务的能力，提高民族地区在少数民族高等教育上的受益率。

尽管当前我国少数民族高等教育发展中还有许多问题需要解决，但是它在实现多民族的和谐发展和促进国家稳定统一方面发挥了不可替代的作用。我们应该从多元文化教育的视野去理解和思考我国的少数民族高等教育，实事求是，以更宽容、更积极的态度推动我国少数民族高等教育的发展。

西北民族高等教育的现状与发展对策研究
——青海省民族高等教育现状及发展对策研究[*]

李长著　冯国桢　尚季芳[**]

青海是一个民族大省，截至2001年底，全省总人口523.1万人。其中汉族285.04万人，占54.5%，少数民族人口238.06万人，占45.5%。全省有6个自治州，7个自治县，民族自治地方占全省总面积的98%。[①] 民族问题解决的好坏关系到青海的发展和全国的稳定；同样，民族高等教育发展程度的高低，也是一个事关大局的问题，尤其在当今西部大开发的形势下，民族高等教育的发展是促进西部大开发背景下一个迫切需要关注的问题。

一、青海省民族高等教育的现状及其存在的问题

青海省的民族高等教育起步较早。1956年青海民族学院成立；1985年青海民族师范专科学校成立，2000年，该校和青海师范大学民族部合并。这两家单位成为青海省培养少数民族人才的重要基地。同时，在青海的其他一些院校，如青海大学、青海医学院等招收民族预科班，适当降低分数

---

[*] 本文发表于《青海师范大学民族师范学院学报》2005年11月第16卷第2期。

[**] 李长著，西北少数民族师资培训中心办公室副主任，高教管理副研究员；冯国桢，青海师范大学民族师范学院常务副院长、教授；尚季芳，西北师范大学历史文化学院教授、博士生导师，校史研究中心主任、西北抗战大学研究中心主任。

[①] 胡永科.中国西部概览：青海[M].北京：民族出版社，2000：7.

录取少数民族学生，也培养了一批人才。以上各学校为国家培养少数民族政治干部和各类专业技术人才4万余名。他们遍布青海省的各个地区以及国家有关部门和兄弟省区，他们为推行民族区域自治，加强民族团结，实现各民族的平等、进步和繁荣已经和正在做出贡献。

青海少数民族高等教育虽然取得了一定的成就，但从总体上看，仍存在着诸多问题。从理论上讲，青海的民族高等教育发展受总体上需求的约束，由于青海的工业化程度低，农业和畜牧业在国民生产总值中所占比重较大，尤其是畜牧业还处在传统的生产方式之中，而传统的生产方式对教育的需求不大。其次，由于群众普遍贫困，家庭用于教育的投资不多。再者，青海省的经济总量小，市场发育不全，就业结构单一，因而对人才的需求乏力，导致了就业率低。再加上青海气候严寒，人口稀疏，教育的投资成本高，但是需求却低，这样就出现了人人都认为教育重要，但是要真正行动起来却是响应者寥寥无几的局面。为了进一步说明青海民族高等教育的现状，下面将从事实的角度阐述。

（一）青海民族高等院校办学条件差，教育结构不合理，生源基础差

1.办学经费不足。经济是教育的支柱，是教育发展的物质基础，经济发展到什么水平，高等教育才能发展到什么水平，如果离开了一定的经济发展水平，高等教育的发展必然会受到限制。青海省作为西北的资源大省、经济穷省，近几年虽说对高等教育的投入逐年增加，然而，与地方经济发展的要求相比，与其他省区高等院校的发展相比仍有很大差距。

1999年，青海的国内生产总值为238.39亿元，只超过了西藏105.61亿元的水平，在全国居倒数第二，居西北五省最后。[①]地方经济的落后，限制了青海的高等教育，以西北五省的教学、科研仪器设备情况为例，如表1。

---

① 中国教育事业统计年鉴（2000）[Z].北京：人民教育出版社，2001：358.

表1 西北五省教学、科研仪器设备情况 ①

地区	教学、科研、仪器设备数		五万元以上的仪器设备数	
	台、件	金额（万元）	台、件	金额（万元）
陕西	199728	169840	1764	53622
甘肃	52130	36116	335	9956
青海	6646	3157	26	448
宁夏	11191	6493	52	1097
新疆	32458	18656	272	3984

从上表可以看出，青海省的教学、科研仪器设备很少，在西北五省中处于最后一位，五万元以上的仪器设备仅有26台件，宁夏是它的2倍，陕西是它的67倍，相差极其悬殊。不难想象，这种现状很难满足正常的教学和科研要求。

在笔者的实地调查中，这个问题依然比较明显。笔者针对教学设施不足的情况，对青海民族学院的教师做了调查。设计了如下几个问题，见表2：

表2 青海民族学院教师调查

问题	参加人数（人）	收回问卷数（份）	答案
1. 你们学校的图书，能满足您目前的教学、科研要求吗？	50	50	不能，旧书太多，新书太少。
2. 你们的实验室能满足您目前的需求吗？	50	50	不能，有些实验室计算机也没有。
3. 你们学校的现代化教学设施满足您的需要吗？	50	50	不能，现代化教学设施很少。

上表尽管不能窥其全貌，但也能说明学校的图书、实验室等基本的教学条件非常缺乏，这种情况存在的主要原因还是办学经费不足。

2. 专业结构不合理，理工科教育欠缺。青海的民族高等教育还存在一个比较突出的问题，即专业设置不合理。我们再以青海民族学院2004年的招生计划为例，2004年，该校本科文史类专业共15个，计划招收人数

---

① 中国教育事业统计年鉴（2000）[Z].北京：人民教育出版社，2001：358.

701人；本科理工类专业共12个，计划招收人数468人；专科文史类专业共7个，计划招收人数296人；专科理工类专业7个，计划招收人数276人；招收预科文史类200人，理工类150人。总之，该校2004年共招收文史类学生1197人，理工类894人。不难看出，该院文理招生人数的差距逐步缩小，但是仍然可以看出，无论是专业数量，还是招生人数，文史类专业在该校都占据一定的优势。这个现象在西北五省可能都不同程度地存在，甘肃的西北民族学院也有类似情况，但作为青海省培养少数民族人才的重要基地，为培养少数民族地区经济发展的实用人才，适当的专业结构调整，增加理工科专业技能人才的培养是十分必要的。①

教育结构直接决定了人才分布的状况。据青海省的统计，少数民族在校大中专学生中，分布在民族院校和各级师范系统的占77.4%，这些学生毕业后只适合于行政管理和文科教学工作；分布在医学、畜牧兽医学系统的占11.7%，分布在农科系统的占8.2%，而分布在工科系统的只占2.7%；少数民族学生中，由于受到语言及师资等因素的影响，理科知识普遍较差，直接影响到他们未来的专业选择。②

3. 生源基础差。对青海的民族高等教育来说，生源基础差也是影响其发展水平的重要原因。少数民族地区的民族基础教育情况差，诸如学生入学率低、办学条件差、师资力量薄弱等因素，使高校录取的新生和其他普通高等院校新生，尤其是与东部地区相比，存在着很大差距，这一基础性的差距使它不得不背上沉重的包袱。其次，为了使少数民族学生享受更多的教育机会，一些地区不顾实际，盲目扩招，完成数字上的民族教育，但其质量却令人担忧。笔者设计了一道问卷题目是："您的大学入学分数线是多少？"学生的答案是："224分，268分，235分，289分，268分，246分，243分"等，大部分的分数在300分以下，有些甚至在200分以下。当然他们大多是照顾入学的。那么，他们进入大学后，面临的困难是什么？笔者同样设计了这样一道问卷题目是："和汉族学生相比，您觉得您的优势和

---

① 笔者根据《青海民族学院2004年分地区分专业招生计划一览表》统计分析。
② 邹东涛. 中国西部大开发全书：第三册 [M]. 北京人民出版社，2000：302.

劣势在哪里？"对优势大多回答为能歌善舞，懂双语，刻苦；劣势是基础差，科学文化水平低，外语、计算机水平差，普通话差等等。当然，这些差距有些是生活环境造成，有些则是由于本地中小学教育的落后造成的。后面还将继续提到这个问题。差距的存在，使他们的学习很吃力，跟不上汉族学生，逐步产生一种自卑感。如有些学生说他们胆量小，害怕在公众场合说话，知识面窄，对有些问题一知半解，说出来引得大家哈哈大笑。在笔者采访中，一些教师也谈到了这个问题。他们说，青海的民族高等教育现在不是数量问题，而是质量问题，民族学生的招生与全国其他民族地区相比，数量大出其右。笔者也在青海招考网上看到这样一则消息，青海省2002年、2003年高考招生仅次于北京、上海，居全国第三位。可见，数量的确是上去了，但质量如何，值得商榷。以上面我们列举过的微弱的办学条件，大批学生要享受良好的教育恐怕有一定难度。笔者在这里无意对民族教育的照顾条件说短论长，只是觉得如果不顾一切，只以低分数取人，这种结果将适得其反。

（二）师资力量薄弱，教师流失严重，教学方法陈旧落后

1.师资力量薄弱。教师是一个学校发展的主要力量，师资学历、水平的高低直接影响教学以及学校的发展壮大。而在西北各高等民族院校，师资的普遍薄弱是严重制约学校发展的主要关节点。我们以西北五省高等民族院校的师资力量为例（见表3）。

表3　西北五省区高等民族院校职称基本情况 ①

单位：人

地区	学校数	教授	副教授	中级	初级	无职称
陕西	0	0	0	0	0	0
甘肃	1	46	145	209	137	27
青海	1	15	117	158	116	13
宁夏	1	22	86	107	218	18
新疆	0	0	0	0	0	0

① 教育部发展规划司.中国教育发展统计年鉴[Z].北京：人民教育出版社，2003：174-175.

从上表可以看出，青海民族学院现有专任教师419人，其中：教授15人，占4%；副教授117人，占28%；中级158人，占37%；初级及无职称129人，占31%。尽管这个结构与以前相比发生了很大的变化，但仍然不合理，尤其是教授的数量太少，而且各专业间的分布也不平衡，一些系和研究所无一名教授。

青海师范大学民族部的47名专任教师中，具有硕士学位者8人，占17%，比例也不是太高，该部的三名教授年龄都在50岁以上。师资力量的薄弱，我们还可以从教师承担的项目和发表论文的情况得到证明。1998年以来，青海民族学院共承担科研项目150项，其中国家级、省部级项目57项；1998—2002年，共发表学术论文939篇。为了说明问题，我们与西北民族大学做一对比，1999年该院共发表论文483篇。而青海民族学院5年共发表论文939篇，平均每年188篇，前者每年是后者的2倍多。两者相比，差距不言自明。笔者调查了青海师范大学民族部1998—2003年5年期间发表的论文，从收回的22份问卷中，回答为"无"者3人，发表5篇以上者5人，发表5篇或5篇以下者14人，可见大部分老师5年时间发了5篇论文，数量很少；从杂志的级别来看，大多为省级期刊，如《青海师范大学学报》《青海民族研究》《甘肃科技》和《西北民族大学学报》等，发表在国家级刊物上的仅有《中国藏学》和《西藏研究》等。总之，青海民族学院和青海师范大学作为青海培养少数民族师资的重要基地，其师资力量和研究成果都是比较薄弱的。

2. 师资流失严重。青海地理位置偏僻，信息闭塞，学术文化资源相对比较落后；同时，办学条件差，管理水平相对滞后，许多人才不能施展其才华，还有许多人为的因素使其不能安心工作。因此，近几年来，青海省出现了不合理的人才流动，师资流失严重。值得关注的是调离教师岗位的大多是教学效果好，有一定科研能力的业务骨干或是学位、学历较高，勤奋好学的中青年教师。而补充的大多是应届毕业生和来自基层学校或其他行业的人员。以青海师范大学为例，自1997年至2002年，调出人员中教师占83.5%，其中讲师以上职称的占调出教师总数的77.78%。而在同期补充的教师中，应届毕业生占增补教师的65.29%，其中留校生就占45.02%。调入人员中来自中学的占增补教师人数的52.48%，来自其他行业的占32.67%。在调入人员中本校毕业生占50.5%。这种"高出低进"的流动正是导致青海省高校师资队伍不合理状况的内在原因。青海民族学院的情况大体类似，近5年调进教师40人，而调出教师72人，在调出教师中，副教授8人，讲师38人，助教24人；而调进教师中，副教授2人，讲师11人，助教27人，仍然存在"高出低进"的现象。这种我种树，你乘凉的现象，使学校苦不堪言。因此，要留住现有人才，引进外来人才，必须给他们提供比较好的物质待遇，创造一个宽松的科研环境，做到以情用人，以利益留人。

3. 教学方法落后。青海地势高远，引进人才十分困难。因此，高校的教师只能以留校为主，这样不可避免出现了"近亲繁殖"现象。由此教学方式陈陈相因，鲜有新思想、新方法，许多教师的授课方式、方法陈旧落后，80%的学生认为教师的教学方法陈旧、落后。如笔者设计了这样一道问题："您觉得老师教学方式、方法先进吗？"对青海民族学院的50名学生进行了调查，学生的回答各种各样，但95%的回答为陈旧落后或其他一些相关词语，例如，回答为"一般；填鸭式；方法陈旧，跟不上时代；太落后；不先进；平淡、乏味等等不一而足。"而从老师这一方来看，情况也不容乐观。笔者对该院50名教师做了调查，设计了这样一个问题："您会制作课件吗，您用多媒体上过课吗？"80%的老师回答为不会或略知一二，甚至有些老师也发出了一些抱怨，连计算机都没有，哪里去制作课件，即便是老师有了，教室里也没有设备。笔者对青海师范大学民族部的调查结果也面临同样的问题。可见，改善办学条件，引进大批外来人才，同时提高现有老师的业务水平，是目前及今后青海民族高等教育的当务之急。

（三）民族基础教育办学条件差，入学率低，对高等学校的支持力度不够

1. 小学、中学入学率低。高等教育的发展，与中小学的教育有着极其密切的联系。如果适龄儿童入学率低，考大学人数少，就会使高校生源缺乏，影响发展。那么青海的学龄儿童入学率如何呢？以藏民聚居的玉树州

为例，截至1998年底，全州学龄儿童入学率只达到51.2%，全州各级各类学校142所，可在校生才24307人，平均每所学校171.1人。或再如果洛，到1999年为止，全州共有各类中小学73所，在校学生11015人，全州学龄儿童平均入学率达68%，其中，牧民子女入学率达58.4%。① 可见，作为藏族两大州的玉树和果洛，学龄儿童的入学率都是不高的。学龄儿童徘徊于校门之外，势必限制了中等教育和高等教育的发展。

对于考大学的人数，笔者无直接材料印证。但表4也可说明一些问题。

表4 全国和西北五省15岁及15岁以上文盲人口（2000年）②

单位：人

地区	15岁及15岁以上人口	文盲人口	文盲人口占15岁及以上人口比例		
			合计	男	女
全国	958084632	86992069	9.08	4.86	13.47
陕西	26544943	2606144	9.82	5.65	14.24
甘肃	18357151	3613287	19.68	12.04	27.81
青海	3527890	897632	25.44	15.69	35.87
宁夏	3829724	617661	15.72	9.47	22.25
新疆	13426449	1036841	7.72	5.74	9.87

从上表得知，青海省的15岁及15岁以上的文盲率在西北五省中，比例最大，同时也超出了全国平均水平16个百分点，尤其是女文盲人口更是居高不下，达到了35.87%，超出了全国平均水平22个百分点。而这些文盲人口大多集中在少数民族地区。按理15岁到20岁正是读高中或进入大学的时期，然而，青海有这么多人与大学无缘。问题还远不止此，15岁以上的文盲大都已结婚成家，他们的低层次致使他们对子女的教育也是轻视，甚至是漠视。父母亲文化水平低，一方面对子女缺乏教育能力，另一方面决定了本身的思想观念、生活态度、道德行为、精神面貌等很难达到

---

① 索端智.制约果洛牧区教育发展的主要因素及对策[J].青海民族学院学报（社会科学版），2000，26（3）：51-54.

② 教育部发展规划司.中国教育发展统计年鉴[Z].北京：人民教育出版社，2003：315-316.

更高的层次，直接影响子女良好个性的培养。

2.民族基础教育办学经费不足，教师素质低下，传统文化制约严重。如果再从办学经费、教师素质以及传统文化等方面来考量青海的民族基础教育，情况也是不容乐观。办学经费不足是西北各省的共相。2002年，在青海这种情况仍未有多大改变。以高中教育为例，2002年全省初中毕业生54277人，而各类中等学校、普通中学的招生数只有35478人，初中毕业生升学率为66.73%，也就是说，有相当一部分初中学生不能升入高一级中学学习，原因在于没有足够的学校供他们就读。在一些农牧区的学校里，由于缺乏资金，造成校舍严重不足，大量危房得不到及时改造，直接影响部分适龄儿童的入学和升学。目前青海省的教师学历合格率仍不容乐观，小学教师学历合格率为94.31%，初中教师学历合格率为81.57%，高中教师学历合格率为46.92%。全省中小学音乐、美术、英语、劳动技术等学科专任教师普遍缺乏，部分地区和学校专业教师不配套，课程无法开全。在青海少数民族地区，传统宗教文化在这里所起的作用还相当大。人民笃信宗教，迷信宗教教育，少数民族人民宁愿把小孩送去寺院念经，也不愿送入学校读书。不可否认，宗教有其合理因素，然而，随着现代科学技术的发展，宗教所传授的传统观念和知识大部分与现代文明格格不入。宗教要求教民谙熟经文、遵循教义，其目的在于教导人们恪守传统、维护传统以保持文化的稳定性，因而具有一种自我封闭性，对外来文化持排斥态度。这就很难吸收其他文化的精华和接受包括现代教育体制在内的现代文化，往往使信教群众形成保守、封闭、缺乏创新精神、安于现状的民族心理。[①]因此，只有发展民族地方经济，提高民族人口素质，才是转变少数民族观念，克服宗教教育的最好手段。

二、青海省民族高等教育的对策

青海的民族高等教育，存在着诸多问题，通过上面现状的分析，我们

---

① 杨军.甘肃民族基础教育发展中的制约因素分析[J].民族教育研究，1997（1）：62-67.

可以看出,诸如经济落后,缺乏对民族高等教育的支持力度,由此导致高等教育办学条件差,师资力量薄弱,流失严重,而基础教育也是如此,怎样改善这种情况,采取哪些对策呢?笔者参考众家之言,提出以下几点看法。

第一,从多元文化,肯定性行动计划的角度出发,加大少数民族教育的投入力度。多元文化教育追求的理想目标在于:促进文化多样性的特质与价值;促进人权观念和尊重个体之间的差异;促进每个人都有不同生活抉择的机会;促进全人类的社会公平与机会均等;促进不同族群权力分配的均等。① 肯定性行动计划主要内容有:(一)在招生上实行特别招生计划,增加少数民族学生的入学机会;(二)加大对少数民族学生的财政资助,提高少数民族学生完成学业的经济能力;(三)加强补习教育,提高少数民族学生的学习能力;(四)聘用少数民族教师,开设少数民族研究课程,改善少数民族学生的学习环境。②

很明显,多元文化教育和肯定性行动计划要求人们承认并尊重不同民族文化相对独立的存在价值,使各个民族,不管是落后,还是先进,都有存在下去的理由,并有接受教育的平等机会。从这个意义上来说,它为我们发展少数民族教育提供了借鉴。首先,它要求我们要用一种新的眼光、新的观念去看待少数民族,不光是看到他们的落后,更要看到并理解他们的这种落后,而且要尽可能发掘其民族文化中所包含的优秀特质。它还要求我们在进行民族教育时,重视他们的学习形态上的差异,并能在尊重这种差异的基础上,针对这种差异而因材施教。同时承认民族教育的复杂性、艰巨性、长期性,克服简单化的做法与单一化的倾向。

从上述理论中,我们可以看出,少数民族教育有其特殊性、复杂性。要发展少数民族教育,必须采取诸多措施,但最根本的是加大对少数民族教育的投入。

第二,开展民族特色教育。民族高等教育是以少数民族为主要对象

---

① 杨晓.多元文化教育——关于民族教育的新理论[J].民族教育研究,1999(1):18-21.
② 刘宝存.肯定性行动计划与美国少数民族高等教育的发展[J].中国教育研究,2002,13(2):51-56.

的教育，为少数民族地区培养人才作为其主要目的，因此，必须从实际出发，根据少数民族地区的具体特点，设置专业，做到因地制宜。

如在民族宗教文化资源方面，藏族聚居区传统文化内涵丰富，藏医、藏药、音乐、舞蹈、建筑、英雄史诗、民族风情等都有极其宝贵的成分。这个文化蕴含极其丰富的地区，为人文社会科学工作者提供了广阔的领域，也为民族高校的专业设置提供了环境，如民族文化、民族宗教、民族教育、民族历史等学科和领域，尤其是藏学领域，从事这方面的教学和科研，可以促进高原社会主义精神文明建设，并给物质文明以积极影响。民族高校不但应该承担起民族研究、民族文化遗产和成果的搜集、挖掘、整理、加工、开发、利用、研究的任务，成为弘扬、传播民族优秀文化的中心和枢纽，而且还应该承担协助党和政府处理民族问题的咨询任务。

在开展环境保护教育方面，21世纪的中国，树立以人为本，坚持全面、持续、和谐发展的科学发展观已逐步深入人心。青藏高原是世界上最高的高原，高原上的巨大山岭普遍发育着现代冰川。冰川的融水是长江、黄河、雅鲁藏布江、怒江、澜沧江、印度河等大河的主要源泉。所以，藏区环境资源对全国乃至世界来说皆举足轻重，其保护问题举世关注。近年来，喜马拉雅山雪线上升，长江、黄河冰川后退，长江泛滥、黄河断流，所有这些无不敲响了藏区环境危机的警钟。所有这些都决定了加强藏区环境教育较其他地区更具有迫切性和重要性。如何进行环境教育，涉及组织体制、教材等多方面工作，全国和全世界都处在探索之中，青海的民族高校也应该在这方面有所作为。例如，到过藏族聚居区的人们都知道，藏族聚居区总体环境保护是好的，被封为神山圣水的地方尤其好，这与当地传统的宗教文化有关系。我们可以把传统文化中有关环境教育的积极因素挖掘出来，再将其和当代环境理论联系起来，予以合情合理的诠释，这对牢固树立人们的环境意识大有好处。[1]

第三，改革教育结构。经过几十年的发展，青海的教育结构发生了很

---

[1] 吴明海. 西部大开发与藏区教育现代化若干问题思考[J]. 民族教育研究, 2001, 12(1): 5-10.

大变化，对地方经济的发展做出了很大贡献，这一点有目共睹。然而，随着经济结构的日趋多元化，经济体制的日益市场化，青海的教育结构也面临着一系列问题。

前面在现状中已经分析过青海的民族高等教育结构是文科偏高，理科偏低。因此，发展理科教育当是教育结构改革中的重中之重。在理科的专业设置上，尽量设置一些有地理优势、资源优势、经济优势的专业。如高原地理、高原生物、高原医学、高原畜牧、地质矿产等等。具体而言，发展少数民族高等教育应该注意以下几点：（一）扶持重点，加强基础，民族地区也需要发展少数理科基础学科。西北民族地区应以"少而精"的原则，重点建设自己的"理科基地"。（二）积极发展新兴的边缘交叉学科，根据当代科技高度分化、高度综合的发展趋势，积极发展新兴的边缘和交叉学科，对西北民族地区高等理科教育的改革与发展也是十分重要的。（三）根据西北民族地区经济发展需要，大力发展应用性理科专业。西北民族地区大多自然条件严酷、基础设施落后、信息闭塞，但自然资源却十分丰富，有极大的开发价值和发展潜力。由于人才缺乏，特别是应用性理科人才的缺少，使得丰富的自然资源不能得到很好开发，已开发的少数资源也没得到有效利用，即多数产品都是粗加工的一级产品，丰富的资源并未给民族地区带来效益和财富。因此，西北民族地区应依据本地区资源特点，发展相关的理科应用性专业，立足于自己培养应用性人才，用来发展民族地区经济。（四）建设以应用性为主要目标的理科课程体系。（五）研究少数民族学生的身心发展规律，因材施教，建立适合"双语教学"的现代化教学方法体系。①

---

① 王根顺，李静．西北民族地区高等理科教育改革初探［J］．高等理科教育，2001（4）：19–23．

第三章 发展改革

发展是教育永恒的主题。党的十九大报告围绕"优先发展教育事业"作出了新的全面部署,明确提出:"建设教育强国是中华民族伟大复兴的基础工程,必须把教育事业放在优先位置,深化教育改革,加快教育现代化,办好人民满意的教育。"《关于新时代推进西部大开发形成新格局的指导意见》也对西部教育提出了新的要求。发展和改革也是学者们关注的焦点,本篇所选文章既有来自最新的、宏观的新时代高等教育研究取向的引领,亦有以"四个转变"引领高等教育深化改革新方向的对策,也有微观的、本土化的以青海省学科建设与社会融合发展为中心展开的远程教育、发展水平测算的研究,体现了研究者们对政策连续性和适切性的积极关照。

新时代高等教育研究的取向及路径（笔谈）*

钟秉林** 洪成文 李立国 周海涛 李枭鹰

面向重大现实问题，深化高等教育科学研究

钟秉林

教育部颁布的《关于加强新时代教育科学研究工作的意见》强调指出，教育科学研究应"立足中国大地，面向基层一线，坚持问题导向，突出教育科研的实践性，以重大教育战略问题和教育教学实践问题为主攻方向，支撑引领教育改革发展"。简而言之，就是面向重大现实问题，深化教育科学研究。

教育科学研究工作者要直面教育改革发展所面临的机遇与挑战，拓展研究视野，跳出学校看学校，跳出教育看教育，全面审视教育改革发展的大环境和大背景。首先，从教育系统内部来看，高等学校内涵发展任重道远。高等教育迈入普及化阶段以后，公平与质量问题将更加凸显，公众对优质高等教育资源的选择性需求旺盛与优质高等教育资源供给不足且发展不均衡的矛盾仍将长期存在，高等教育的发展方式亟待从外延式发展向以提高质量和优化结构为核心的内涵式发展转变。高等学校办学主体地位不断强化，人才培养、学科建设、队伍建设、体制改革等内涵建设任务十分繁重。其次，从教育系统外部来看，当前我国经济发展方式和结构转型升

---

* 本文发表于《教育科学》2019 年 12 月第 35 卷第 6 期。
** 钟秉林，北京师范大学原校长，北京师范大学教育学部教授。

级,世界科学技术进步日新月异,导致社会职业和人力资源需求变化,要求高等学校调整人才培养规格、学科专业结构和课程体系,改革教学方式与学习方式,提高人才培养效果与经济社会发展需求的契合度。再次,从教育系统内部和外部关系来看,教育改革张力增加,系统性不断加强,不同层次、不同类型教育之间改革的关联度增加;同时,教育利益相关者增多,教育决策过程伴随着多元利益诉求的冲突与博弈,教育外部制度、政策、舆论环境的影响和制约作用增强,需要教育系统内外、教育的不同部门之间加强协调,注重综合平衡、统筹推进。最后,从国际视角来看,随着全球化、国际化发展进程的不断推进,高等教育发展呈现出融合与竞争并存的发展趋势。一方面,高等教育国际交流与合作增加,人力资源和教学资源流动加速,教学理念和教学模式在传播中融合;另一方面,国际竞争加剧,高等教育国际化遭遇文化认同的挑战。如何在全球命运共同体的治理框架下,积极推进中国优质教育资源的国际拓展,主动参与全球教育治理格局重构,成为新时代高等教育发展的新主题。

概而言之,教育主要矛盾转化和发展方式转变,学校从社会边缘步入社会中心,教育利益相关者诉求多元,教育内外部联系更加紧密,诸影响因素相互作用和制约,使得教育现象更加复杂,教育规律更加隐蔽,教育领域的重大理论和现实问题不断出现。在这样的背景下,深化高等教育科学研究,需要从以下几个方面努力探索。

一、关注和发现重大现实问题

面向重大现实问题,深化高等教育科学研究,要增强问题意识,发现新问题,研究真问题。

第一,教育理论、观念层面的问题。如何树立科学的教育发展观、合理的教育公平观,尤其是适应普及化阶段高等教育特点的人才观和质量观等,构建中国特色的高等教育理论体系,是当前高等教育研究的首要问题。第二,教育治理体系与治理能力现代化的问题。教育治理体系与治理能力的现代化是教育现代化的保障,教育治理就是要处理好学校与政府关系不顺畅、学校与社会关系不协调、学校内部治理结构不平衡的问题，完善现代大学制度。第三，教育资源配置问题。教育资源分布与分配的城乡差异、区域差异、校际差异的问题一直存在，包括教育财政投入、教师队伍建设、教学资源的分布等。第四，立德树人的落实机制。包括人才培养模式变革、考试招生制度改革、创新创业教育、思想政治教育工作和学生工作创新、高等教育质量保障体系建设等。第五，高等教育强国目标的实践路径。包括如何培养拔尖创新人才、促进学科建设与科学研究、"双一流"建设大学的建设与评价等。第六，民办高等教育发展问题。包括民办学校、教育产业、教育培训机构的发展等，民办学校集团化办学等发展新业态也值得研究者关注。教育科学研究要发现新问题，提取真问题，围绕中央关心、社会关注、人民关切的教育热点难点问题开展深入研究，推动重点领域和关键环节取得新突破。

二、理论与实践结合深化研究

面向重大现实问题，深化高等教育科学研究，要重视理论与实践结合，增强科研成果转化意识，全面提高教育决策服务能力。

第一，规范政策研究，提高资政服务水平。既要重视教育政策研究的规范性与科学性，又要将批判性与建设性相结合；要重视以实证研究为基础的政策研究，提出切实可行的政策建议；要科学解读有关政策和改革举措，搭建社会公众了解政府决策的桥梁。第二，重视微观应用研究，强化指导实践功能。高等教育研究要关注高校改革发展进程中的重要理论和实践问题，重视校本研究和院校研究，主动服务高校改革发展和管理实践。第三，加强比较研究，增强研究的针对性。既要在国际比较的视野中学习借鉴国外的先进理念和成功经验，又要保持理性的批判与反思，结合中国国情和高校实际，开展本土化实践研究。第四，探索"跨域""跨界""跨学科"研究。要突破教育不同层次、类型、领域的界限，实现"跨域"融合研究；要重视教育发展与经济社会、文化科技发展等各方面的综合考量，实现"跨界"系统研究；要注重不同学科理论基础和研究方法的交叉、渗透与融合，实现"跨学科"创新研究。第五，改善学风与文风。既要支持兴趣导向、自由探索、个体研究，更要鼓励问题导向、团队合作、协同攻关。要倡导严谨求实，保持个性风格，研究话语体系，引导高等教育研究工作者不断深化高等教育研究，服务政府教育决策，指导学校改革实践。

三、重视基本理论的指导作用

面向重大现实问题，深化高等教育科学研究，在坚持问题导向的同时，应高度重视教育基本理论的指导、支撑和解释作用。

缺少理论指导的问题研究与实践探索会成为无源之水、无本之木，教育学科也会沦为其他学科的"附庸"。教育（学）是一门学科，也是一个研究领域。作为学科，教育学需在概念体系、理论体系、知识体系和方法论体系方面不断完善；作为研究领域，教育研究需要更好地回应教育改革与发展的理论和实践诉求。学科发展和实践诉求构成了推动教育研究的双重动力，学科交叉融合将促进教育理论和教育观念的创新。在教育科学研究的理论指导方面，一直存在过分重视欧美国家教育理论和方法论的现象，而缺乏对中国传统文化以及教育理论的挖掘、继承与发扬。新时代的教育科学研究工作者，应聚焦立德树人根本任务，深化教育基本理论研究，弘扬中国优秀教育文化传统，扎根中国大学办大学、研究大学，探索中国特色社会主义教育道路、理论、制度发展的脉络，构建中国特色教育科学学科体系、学术体系、话语体系、教材体系，增强中国教育自信。

四、重视研究方法的科学运用

面向重大现实问题，深化高等教育科学研究，应重视研究方法的科学运用。

首先，丰富和完善教育研究的方法论体系。借鉴在经济学、社会学、心理学等学科成功应用的统计分析法、模型分析法、个案研究法等方法手段，创造性地运用于教育领域。其次，注重理论思辨与实证研究相结合，研究方法要为研究目标、研究问题和研究内容服务，通过运用合适的方法手段，揭示复杂和隐藏的教育规律，阐释杂乱纷繁的教育现象和问题，提高教育研究的科学性和实用性。再次，注意避免陷入"纯技术性"误区。一方面，要加强教育科学与自然科学的交叉融合，充分运用认知科学、脑科学、生命科学等学科领域的最新成果和研究方法，综合运用先进信息技术开展教育研究，拓展教育科研的广度和深度。另一方面，也应该意识到现代信息技术与教育教学的融合不仅仅是技术层面的问题，而是会对传统的教育观念、教师角色和师生关系、学习方式和教学策略、教学组织形态和教室布局等带来直接的冲击与挑战，但是并不会改变教育育人的本质和基本价值，应该提高教师的信息素养，加强教师的育人功能，回归教育本质，保持教育初心，警惕背离教育的基本价值。

总之，面向重大现实问题，深化高等教育科学研究，就是要聚焦于创新理论、科学资政、指导实践，并在此基础上形成学科及研究领域的特色优势。

高等教育研究如何呼应高教实践

洪成文

要不要呼应高等教育实践是不证自明的。如果不能呼应实践，那么高等教育理论研究还有存在的合法性吗？高等教育理论研究呼应高等教育实践既是服务社会的体现，也是丰富自身更好发展的手段。因为理论源自实践。没有实践就没有高等教育理论，实践不仅为理论提供了丰富的土壤和生长环境，也为理论得以检验提供了应用的"靶场"，更为重要的是，实践还为理论提供了生存的合法性。当下来看，高等教育研究的生存合法性，不是没有问题，而是有很多问题。这是需要高等教育研究界深入反思的迫切问题。本文首先阐述理论研究与实践之间的紧密关系，指出我国高等教育研究的"二八"偏向，并在此基础上试图从研究者与政策制定者的视角提出具体和有针对性的对策建议。

一、理论研究与高等教育实践关系的再梳理

高等教育专家刘献君说过:"一线的工作经验对于我的教育研究帮助很大。研究是为了解决问题,在实践中发现问题,再进行研究,得出理论、结论,研究与实践是互相推动的。由偶然到必然,再到自由,这是我的研究路径。"① 由此可见,理论只有与实践密切关联,才能找到高等教育学术研究的第一合法性。然而,高等教育研究的现实却是令人失望的:实践的需求,理论不闻不问;实践的需求,少有人问津;实践逐渐与理论疏远,对于高等教育而言,有没有理论研究,似乎没有多大的差异。有人说高等教育理论界与高等学校办学实践之间也存在着"二八现象",比如,80%的研究者都在做理论研究,而为实际服务的实践导向式研究不足20%。具体表现在以下四个方面,即研究对象、研究视野、研究方法和研究实践的聚焦上。第一,高等教育学者存在着自娱自乐的研究倾向。多数学者的研究主旨不是为了解决政策和实践问题,而是为了解决自己的升迁问题,从较低级别的职称到较高级别的职称发展,这是最重要的目标追求。至于能否走进高校,面对实践具体问题,提供具体的方案,却不是很关心。第二,高等教育学者的研究视野相对偏狭。所谓偏狭,指的是只看到了部分高校,特别是高水平大学和研究型大学:研究学术成长问题一定是研究一流大学学生的成长;研究教师队伍建设一定是研究一流大学的教师队伍建设;研究大学规划和发展不是研究中国的"双一流"建设,就是研究美国的"常青藤"盟校。研究的偏狭所带来的后果就是,我们的高等教育研究学者几乎将80%的精力用到了占比不到20%的高校中,而需要研究的高等职业教育的中国特色发展、应用技术大学的转型、地方普通高校的洼地、偏远地区高等教育资源不平等以及对世界同行讲好中国高等教育故事等问题,研究成果却严重不足。第三,高等教育学者的研究成果偏向于理论思辨和哲学思辨;哲学思辨也不是很容易产生成果,但是相比实证研究

---

① 陈志文.高等教育研究不可忽视的影响力.[EB/OL].(2018-12-20)[2019-11-23].https://www.ed.cn/e_html/2018/40/liuxj/.

来说，还是要容易得多，如同伯顿·克拉克在《创建创业型大学：组织上转型的途径》一书中提出的十大案例，涉及国别众多，蹲点调研需要很长时间，这类鸿篇巨制式的研究，要想速成是万万不可能的。[①] 另外，我国高校职能部门工作繁忙，也不很愿意接受研究者的访谈，且数据公布有诸多限制。理论工作者即便走进高校，也很难得到自己想得到的材料和数据。多方面造成了高等教育学者偏重思辨研究的偏向。第四，高等教育学者忙于本学校的研究事务。高等教育研究机构为本大学服务也是应该的，但是久而久之，我们的学者就成了会议报告的撰写机器，撰写报告固然也是研究，但是时间长了会损伤其理论水平的提高。忙于本校事务性报告，还会影响其学术交流和合作。同时，他们用于高等教育学术研究的时间和精力将大大减少，很多高等教育机构的研究同行也多有抱怨，认为他们与学校其他职能部门工作的区分也越来越小了。

我国高等教育研究的队伍可以说是世界第一，全国近六百家高等教育研究所（院、中心、室），拥有高等教育研究专业人员近万人，但是我们离高等教育研究强国还有很大的距离。"二八现象"的存在实际上是其中最重要的原因之一。如果要建设高等教育研究强国，那么至少我们得改变这个"二八现象"。即使不能发展到"倒二八"，也要发展到"五五"，或者"四六"。换言之，高等教育研究者应该更多关注实践问题，少一点自娱自乐式的研究；打开视野，而不只是关注"双一流"建设的高校；重视思辨研究，但不仅仅是思辨研究；忙于本学校的工作需求，但更要研究高等教育的全局问题和趋势。

二、理论研究呼应高等教育实践的八大策略

当然，作为学者，我们应该成为改变我国高等教育现状的主力军，我们做出积极改变的意愿和态度，虽然不能解决问题全部，但至少会有助于当前我国高等教育研究现状的改变。那么如何改变呢？我认为主要可以从

---

① 克拉克.创建创业型大学：组织上转型的途径[M].王承绪，译.北京：人民教育出版社，2003：3-4.

以下八个方面加强努力。

第一，要加快步伐，更多地走进大学发展或高校的学生、教师和管理者当中去，腿要更勤，嘴要更勤。不走进高校围墙里，怎么知道大学的研究需要，不了解需要，又怎么能服务他们；不了解他们的需要，服务好他们就会变成空话。高等教育研究界流传很广的重要研究成果几乎无一意外是对实践需求的及时解决或满足。1960年美国加州颁布的"总纲计划"，就是为了回应加州高等教育急速发展的现实需求而制定的政策，这个计划不仅让加州高等教育有序发展，也为建设美国高等教育最强大的州奠定了坚实的研究基础。①20世纪80年代初，我国全面启动建设四个现代化，但是人才缺乏是重要的瓶颈。李政道等科学家提出的"物理学人才赴美留学计划"便立即成了中央政策，推动了我国物理学人才的培养，也为我国建设科教强国奠定了良好的人才基础。②2007年，高等师范教育发展遇到了生源下滑的巨大挑战，未来的中国教师素质严重下滑的话题引起了顾明远等教授的关切，国务院采纳了他的研究成果，师范生免费教育政策由此而出台，中国教师培养才又返回到正确的轨道上。③这些研究成果并没有多少深奥的哲学思辨，但是因为离学校很近，离实践很近，研究成果很接地气，所以能深刻地影响着教育实践。尽管不能将是否接地气看作是高等教育研究成果评价的唯一指标，但是反过来说，如果成果一点地气都不接，也不能说它是好的高等教育研究成果。因此，要繁荣高等教育研究事业，就必须走进实践。如何走进实践？至少要在态度和方法上下功夫。一要学习黄炎培和陶行知等老一辈教育家，树立教育可以改变社会的自信。④我们也要学习费孝通那样不畏艰难地奔赴中国乡村第一线，从事自己的调查和研究。费孝通的早期经典社会学著作"都是以中国乡村社会为研究对

---

① 吴伟平.科兹：当代美国高等教育改革的设计师［J］.教育与职业，2013（31）：110-111.
② 洪成文，王菁.教育研究影响教育改革及决策的过程研究［J］.中国高等教育，2019（11）：16-18.
③ 洪成文，林成华.从知识动员视角谈师范生免费教育政策之逻辑形成——基于《温家宝谈教育》的研读［J］.中国高教研究，2014（1）：9-13.
④ 黄勇樽，李晓兰.乡村教育运动先驱者的教育精神——以黄炎培、陶行知、晏阳初、梁漱溟、卢作孚为典型代表［J］.教育与教学研究，2014（6）：5-9.

象，在充分的田野调查基础上形成的学术报告，而且其中提出的问题对于当时中国社会的现实状况而言都具有极强的针对性"，① 即便是在西北联大暂时留驻汉中的时候，很多学者"不仅做出了重要的科学技术贡献，而且形成了一支强有力的科研队伍，以高等教育滋育西北，推进了西北社会的现代化进程"。② 要从行动上走进实践，思想上要首先走进实践。走得多了，研究者的腿杆子就硬朗了；走得多了，尽管很累，但也感觉欣慰。

第二，要在选题上做好平衡。当下的高等教育研究者，主要的研究选题还是依据各种课题申报指南。但是过多地关注课题申报指南，无疑会把我们的研究与精力局限到政策和理论层面。③ 久而久之，学校需要的我们不感兴趣，我们的研究学校也不感兴趣，二者渐行渐远。当然，不全是研究者不感兴趣，而是研究者不能感兴趣。学校的横向课题再多，也不可能对其教授职称的晋升或者当前最为紧迫的"非升即走"问题产生促进效果。现实的尴尬让我们只能做好一个平衡，那就是在解决实践问题与申报纵向大课题、拿政府大项目之间维持平衡。维持这一平衡，对于个人是有利的，对于整个高等教育研究界也是可取的。

第三，要展开合作研究，促进高等教育研究的繁荣。要与实践者加强合作，让他们有机地加入研究队伍中。比如我们给地方高校提供规划和发展研究，首先要与案例学校沟通好，不仅仅要完成一个规划文本的制作，而且要带来案例学校规划能力的提高。也就是说，一次合作的成功不在于成功地做完了规划，而是带来了校内规划能力的提高。我们的服务不是永远持续的服务，而是尽量让我们完成合作项目，因为内部团队能力提高了，外部专家的这把拐杖就没有价值了。授之以鱼不如授之以渔。对于大学如何筹资，我们要坚持与校友会、基金会开展合作研究；对于大学如何规划，我们要与发展规划处、人事处以及学校分管领导一起合作探讨。合

---

① 景春雨.费孝通学术思想的当代意义[J].沈阳干部学刊，2019（5）：27-28.
② 张海波，杨兆山.辩证看待教育理论、教育问题与教育实践[N].中国社会科学报，2015-04-22（B04）.
③ 戴玉.推动政府决策从"信息化"到"大数据"——专访中国统计信息服务中心大数据研究实验室主任江青[J].南风窗，2015（19）：82-84.

作，不仅可以提高学校内部的能力建设，而且也能促进双方的共同提高。

第四，要做好研究分工，这也是呼应高等教育实践的关键。分工就是要根据高等院校的具体需求，突出不同高等教育研究机构甚至不同学者的研究特色而从事自己的研究。有研究学生就读经验的，也要有研究学生学业规划发展的；有研究高校教师队伍建设的，也要有研究高层次人才流动和引进的；有研究财政分配的，也要有研究社会资源拓展的；有做政策研究的，也要有做院校研究的。一旦有了分工，我们就可以做到术业有专攻，专业研究水平就会提高，服务社会实践的效果就会更好。分工让高等教育研究者可以避免对某一研究领域或研究课题的一窝蜂扎堆现象或重复性研究。当然，分工不是行政上的安排或强行推进，而是学者共同体的相对区分，区分也不排除有共同研究。学术研究应以自由探讨为前提，而这个自由才是学者分工的关键。

第五，要通过大数据和定量研究提供更多证据本位的研究。研究工具在过去是我们的弱项，随着年青一代学者的成长，研究的方法越来越多样化，特别是定量研究和实证研究。为了提高高等教育研究的实效性，要做更多以证据为本的研究，这样的研究结果更为直接，解释性更强，可以增加研究成果的直观性和可接受性。如果想要影响教育政策或相关决策，那么含有证据和大数据的建议被接纳的可能性就会大一些。在影响高等教育实践或某一所高校的发展方面，含有证据和大数据的政策建议，更有可能在学校决策层面形成统一意见，从而更有可能被高校决策所接受。对于高等教育研究队伍，即便倡导定量研究和基于大数据的研究，但是并不排除其他方法的运用，研究方法还是多元为好。

第六，研究评估上也要有适当调整。评估促发展是共识，什么样的评估就会导致什么样的研究偏好。目前高校中的学术评估存在着重理论而轻视实践的偏向。实践成果的编著不能算成果，或者说不能算是重要的成果。那么，到底什么样的成果才是重要的成果？另外，评估中唯国外刊物马首是瞻的现象也是存在的。只要是国际刊物上的发表就是高绩效、就是高水平，如此下去，一定会让那些走进高校踏踏实实做研究的学者心寒，甚至对实践有意回避。当然，一线的研究并非不能出大成果，但显然需要更多的投入和更长的周期。

第七，要为学者走进实践建立健全相关机制。在健全的机制下，高等教育研究者还是愿意做一线研究的。那么最需要建立的机制是什么？其一，要给横向课题以更高的待遇，不能将所有的横向课题都看作是低水平的，横向课题的评估不是考察其是否建构了理论，关键是要看其实际效果。其二，要让横向研究与决策咨询服务相关起来，如果一项资政建议得到了权威部门的认可和接受，就可以认定其具有与顶尖刊物相同的水平，那么横向课题至少可以作为中文社会科学引文索引（CSSCI）来源期刊的水平或者核心期刊的水平来认定。其三，要对具有广泛影响力的实践研究成果给予鼓励和奖励。其四，对于县级机关单位所委托的课题，要研制出相应的鼓励计划。县级政府离群众最近，对人民群众的实际情况最为了解，但是因为其级别问题，由县政府所出具的任何科研成果证明，在大学里都不受重视。这种一竿子全都打倒的做法值得商榷。其五，对于广泛流传也有良好社会效益的研究报告和学术短文，也应该根据实际情况给予肯定，优秀成果应该可以算作一定等级的研究成果。总之，科研成果的评估还应遵循精细化原则。如果我们的成果评估精细化了，理论研究工作者对实践的呼应也将大大加强。

第八，要倡导研究和服务的民族牌。何为民族牌，就是我国高等教育发展的特色或个性。与国外相比，高等教育研究的中国特色主要从研究对象、改革经验和思维方式三个方面来看。首先，我国高等教育有很多研究对象是世界独有的，比如党委领导下的校长负责制、政治辅导员制、高校之间的"大手拉小手"结对帮扶、民族学生高考特别政策、世界最大规模的学生住宿制、高等教育公平问题的解决等。其次，从改革经验来看，中国为全球提供了最为丰富的高等教育改革的第一手资料和最多的鲜活案例：既有研究型大学国家支持计划的成功，也有令人瞩目的中外合作办学事业；既有全世界最大规模的大学成功合并运动，也有鼓励不同类型学校齐头并进发展的经验。这些经验虽然很多，但是关于供其他发展中国家所借鉴的提炼工作还做得很不够。再次，从思维方式讲，我们中国人最讲究的是与时俱进，与时俱进的改革思维是大部分国家所不能比的，与此同时，我们所坚持的信念是从来不变的。这种变中有不变，不变且不断在变的思维是很少国家所有的，这与我们坚持实事求是的问题导向式的思维是有紧密关系的。这些特点都在呼唤着高等教育研究者来加以深入探讨。

筑牢高等教育研究的历史文化根基[*]

李立国[**]

教育部发布的《关于加强新时代教育科学研究工作的意见》指出，"弘扬中国优秀教育文化传统，探究中国特色社会主义教育道路、理论、制度发展的历史根脉、丰富内涵和精神实质"，这就要求我们在高等教育研究中，既要吸收借鉴西方发达国家的理论与经验，更要深刻认识和把握中国优秀教育理念，从而建立具有中国特色的高等教育理论体系，为"构建中国特色教育科学学科体系、学术体系、话语体系、教材体系，增强中国教育自信"做出贡献。

一、高等教育研究应重视我国优秀教育文化传统思想的传承与弘扬，筑牢高等教育研究的历史文化基石

中国教育思想在人类文明发展的历史长河中，不仅形成了自己的独特风格和特有概念体系、表达方式，而且形成了集中体现中华文明的教育精神和理念。例如，重视人格养成的人格观，家国情怀和爱国主义精神的伦理观，"以天下为己任"的责任观，知行合一与培养学生"身体力行"的知行观，内化育人与培养学生"主动精神"的学习观，教师榜样示范与道德责任的师德观，师生从游与春风化雨的教学观，师法家法与学术传承的师承观，这一切都凝聚着中华民族对教育教学的认知和人生的感悟，承载

---

* 中央高校基本科研业务费专项资金资助项目：现代大学组织转型与治理改革。
** 李立国，中国人民大学教育学院副院长，教授。

着中华民族对于教书育人的精神追求和行为准则，从而形成了中华民族教育思想的恢宏气象，奠定了最为深沉、最为持久的教育自信。

我们关于高等教育人才培养理论、模式与方式方法，高等学校师生关系，高等教育立德树人与人才培养方向等，都可以从古代教育思想中汲取智慧，丰富我们的高等教育研究。如古代教育之人格修养，一是要以仁义标准要求自己，处理好人我关系。孔子认为"仁者爱人"，"夫仁者，己欲立而立人，己欲达而达人"，"己所不欲，勿施于人"，由推己及人到与人为善，这对于今天我们处理好个人与集体，公民与国家、社会的关系，具有重要意义。二是要自强不息。"乐以天下，忧以天下"，"穷则独善其身，达则兼济天下"，孔子自称是"饭疏食饮水，曲肱而枕之，乐亦在其中矣。不义而富且贵，于我如浮云"。他赞美颜回"一箪食，一瓢饮，在陋巷，人不堪其忧，回也不改其乐"。颠沛流离、疏食淡饭的生活，虽足以使一个人不堪其忧，而仁人君子面对环境而不改其乐，达到"发愤忘食，乐以忘忧，不知老之将至"的精神境界。三是对待荣辱关系。孔子提出"杀身成仁"，孟子提出"舍生取义"。先贤们认为"士可杀不可辱"，宁愿抛头颅、洒热血，也不能失节，这种观点对形成中华民族的节操和气节发挥了重要作用。文天祥所赞的"孔曰成仁，孟曰取义，唯其义尽，所以仁至。读圣贤书，所学何事？而今而后，庶几无愧"，就是对"成仁"和"取义"关系的全面而深刻的解读。正因为有此信念，中华民族的单一个体才能临大节而不惧，"留取丹心照汗青"。四是社会责任感。儒家的培养目标不是培养只会读书的书生，而是培养"敢为天下先""以天下为己任"的大丈夫。认为"居天下之广居，立天下之正统，行天下之大道；得志，于民由之；不得志，独行其道。富贵不能淫，贫贱不能移，威武不能屈，此谓之大丈夫"。儒家这种精神保存在深怀社会责任感的士大夫与民众精华人物的精神境界中。每当社会面临政治危机与民族危亡，每当民众陷入苦难深渊，社会上总会出现一批又一批直言敢谏，舍身求仁的义士。这些都对于今天的高等教育人才培养理论与实践起着重要的启迪价值。

二、高等教育研究应总结近代以来我国高等教育在中西文化碰撞中的探索，特别是总结和认识在学习借鉴西方教育的同时，如何继承中国优秀教育文化传统来发展高等教育的历史经验

中国现代高等教育的形成与发展不是简单地移植、模仿西方大学，而是有意识地与中国教育思想和传统相结合，是中国教育文化传统与西方高等教育对话、抗争而形成的近代大学教育。清华大学的梅贻琦认为："今日中国之大学教育，溯其源流，实自西洋移植而来，顾制度为一事，而精神又为一事。就制度而言，中国教育史固不见有形式相似之组织，就精神而言，则文明人类之经验大致相同，而事有可通者。"诚如梅贻琦所讲的"制度为一事""精神又为一事"，大学的制度是学习西方的，但大学的精神却与中国古代教育传统有着不可分割的联系。梅贻琦的《大学一解》也是运用中国传统精神诠释现代大学内涵，提出大学人才培养按照"大学之道，在明明德，在亲民，在止于至善"的目标来进行。

如中国传统的爱国主义和家国情怀对近代大学的人才培养和办学宗旨产生了深刻影响。马寅初在北京大学成立29周年纪念会上提出北大之精神即"牺牲主义也"，"服务于国家社会，不顾一己之私利，勇敢直前，以达其至高之鹄的"，"欲使人民养成国家观念，牺牲个人而尽力于公，此北大之使命，并即吾人之使命也"。浙江大学校长竺可桢认为，"大学教育的目的，决不仅是造就多少专家如工程师、医生之类"，而主要是培养"公忠坚毅，能担当大任，主持风气，转移国运的领导人才"。[1]张伯苓在《四十年南开学校之回顾》一文中指出，南开是为实现教育救国之目的而设立的，其目的是"为培养救国建国人才，以雪国耻，以图自强"，提出了"允公允能"的培养目标。系统总结这些办学理念与实践，才能寻找中国高等教育发展的独特性在哪里，才能认识到中国高等教育是既学习借鉴西方，也是继承与弘扬了中国优秀教育传统的，也才能从理论高度总结出我国高等教育发展的历史脉络。

---

[1] 杨东平.浅议中国近现代大学的教育目标[J].高等教育研究，2000（6）：8.

三、高等教育研究要总结和分析新中国成立以来高等教育的教育理念与办学实践，系统研究新中国成立以来中国特色高等教育理论的发展

在中华人民共和国高等教育发展史上，涌现出了一批著名的大学校长和教育家。① 他们始终扎根于中国高等教育事业的伟大实践，他们善于总结办学治校的实践经验，探索高等教育的客观规律，逐步形成了符合时代发展要求的高等教育思想和理念。他们的教育思想丰富深刻，体现了高等教育的基本规律；他们的治校方略实际可行，蕴含着高等学校的办学规律。

很多大学校长和党委书记既是杰出的教育家，同时也是革命家、社会活动家或者某领域的著名专家学者。吴玉章、成仿吾、李达、彭康、江隆基、匡亚明、屈伯川、蒋南翔等都是早年投身革命，是坚定的革命者，并且在革命年代即开始从事教育工作。陈垣、马寅初、刘仙洲、陈望道、孟宪承、杨石先、王亚南、周培源、苏步青、贺绿汀等都是进步知识分子，积极参加进步的社会活动。他们丰富的人生经历、革命经历、社会经历，使他们具有清醒的政治头脑，对时代发展趋势具有科学准确的把握。他们立场坚定、视野开阔、眼界高远，在办学治校过程中坚定坚持党的教育方针，坚持社会主义办学方向，坚持教育为社会主义建设服务，坚持为人民服务。在中华人民共和国成立后的政治运动中，他们服从大局，注重高校办学规律，坚持学校以教学为主，尽最大可能地抵制错误做法，保护师生。他们是可称得上教育家的大学校长，一方面是教育思想家，能够审时度势、旗帜鲜明、不失时机地提出符合时代发展要求和学校发展实际的教育思想，虽然这些思想不一定都以理论的形态出现，但它们都是教育理论宝库和教育思想大厦中的丰硕成果，也是区别于教育家与普通校长的根据。另一方面他们是杰出的教育实践者，能够身体力行地把教育思想转换为具体的办学实践，深刻地改变了大学的发展并在中国高等教育事业发展中留下了宝贵的足迹。

---

① 中国高等教育学会.共和国老一辈教育家传略［M］.北京：高等教育出版社，2008.

老一辈教育家不仅有丰富的教育实践经验，而且在实践中认真地学习和实践马克思主义教育理论，深入地探索中国社会主义教育规律，用科学的理论指导办学实践，同时又将办学实践的经验上升为理论，并且善于将这些经验和理论总结和表达出来，形成了自己独特的教育思想。吴玉章是新中国新型高等教育的开拓者，是新中国第一所新型大学——中国人民大学的首任校长，他始终坚持教育为革命和社会主义建设服务，坚持面向工农办学，致力于将苏联经验与中国国情相结合，探索与国家建设、社会需要相结合的人才培养模式。陈垣在担任北京师范大学校长期间，注重研究高等师范教育发展的问题，认为高等师范院校是培养教育工作者和发展全国教育的重要环节，让青年学生树立起教师光荣的思想，自觉重视人民教育这一光荣事业。马寅初在担任北京大学校长期间，坚持民主办校的精神，提倡教师在教学上、学术上要有创造性，学生要勤于思考，学术研究要敢于坚持真理。李达在担任武汉大学校长期间，倡导学校在搞好教学之外，还要大力开展科学研究，不断提高学术地位，大学应该成为社会主义学术重镇。陈望道主政复旦大学期间，提出复旦要致力于培养高级建设人才，为此，他倡导"好学力行"，以求学校教育与社会实践相结合；倡导又红又专，培养德才兼备的人才；倡导人文精神，建设和谐美好的校园生活。孟宪承在担任华东师范大学校长期间，从中学教师既应具备专业知识，又要具备充分的教育技能这一被普遍认同的观点出发，对师范院校与综合性大学、担任中学教师的师范毕业生与综合大学毕业生彼此间的关系，提出了一系列辩证的看法。成仿吾在担任中国人民大学、山东大学、东北师范大学校长期间，提出革命战争期间，教育要服务于民族独立和人民解放事业，新中国的教育要积极服务于社会主义建设；他首倡教研室制度，积极促进教学、科研齐发展。彭康积极探索社会主义交大人才培养的新路子，提出交通大学的办学特色是"起点高、基础厚、要求严、重实践"。王亚南担任厦门大学校长后，充分认识到区位优势和传统优势，明确提出了"面向海洋、面向东南亚与华侨，为千百万华侨服务"的办学定位。周培源担任北大校长期间，重视基础理论，突出基础教学，搞好基础训练。苏步青担任复旦校长期间，呼吁扩大高校办学自主权，强调正确处理基础科学研究与应用科学研究的关系。江隆基在担任北京大学党委书记和兰州大学校长期间，提出综合大学要有自己的办学特色，总结出了高等学校工作的八条带规律性的经验。匡亚明主张打通"文史哲"，创办"大文科"，提出大学要有高度的政治空气、学术空气、社会主义团结与文明风气、文娱体育风气。屈伯川在担任大连理工大学校长期间，倡导面向经济建设，开展科学研究，信任知识分子，建设一流教师队伍。蒋南翔担任清华大学校长后，坚持社会主义办学方向，贯彻党的教育方针，培养又红又专、全面发展的人才。

总结、概括这些著名大学校长和教育家的教育思想与办学实践，不仅具有重要的历史价值和理论意义，而且有着重要的现实意义，对于系统认识和总结中国特色社会主义高等教育理论体系具有重要意义与价值。

四、高等教育研究既要学习借鉴发达国家的理论与实践，更要扎根中国历史和传统

高等教育研究要汲取中华民族优秀传统文化的力量与智慧，继承和弘扬中国优秀的教育文化传统并进行创造性转化和创新性发展，为建设中国特色高等教育理论体系筑牢历史文化根基。当代高等教育理论须建基于既有历史的基础之上，扎根于传统，放眼于全球。高等教育研究者要注重从中国教育文化传统中汲取解决当代高等教育发展的概念工具和思想智慧，对中国的优秀传统教育思想进行创造性转化和创新性发展。"创造性转化是汲取传统优秀教育理念，进行挖掘和阐释，赋予其时代价值，赋予其新的教育时代内涵和表现形式，激发其生命力。创造性转化是通过改造使中国传统教育的价值体系适应新的时代要求，赋予传统教育思想新的时代内涵和当代呈现方式，从而使中国传统教育思想获得新的生命力的一种自我生成和自我革新、自我发展的过程。"[1]

"创新性发展是按照现代高等教育的发展要求，对传统教育理念的内

---

[1] 李立国.从传统中汲取解决当代教育问题的理论智慧[N].光明日报，2018-09-29（6）.

涵加以拓展、完善，与现代高等教育要求相协调和适应，使之能够在现代高等教育中发挥作用。创新性发展是要实现传统教育思想的提升超越，以发展为价值追求，以创新为价值特征，以传统与现代的有机融合为价值目标，从而使传统教育思想富有鲜活的生命力，彰显'以文化人'的本真价值。"①

中国传统教育思想的创造性转化与创新性发展是以传统文化与教育思想为本体资源，使中国大学的本土化文明与世界文明相融合，使得扎根中国大地的大学精神、大学理念与发展模式走向世界，最终建立起具有世界意义的中国高等教育思想。

丰富完善中国特色社会主义高等教育理论体系

周海涛*

高等教育是教育体系的重要组成部分，面对当前改革发展的新形势、新任务、新要求，应进一步深化综合改革、直面发展难题、突破发展瓶颈、创新发展模式，尤其需要立足高等教育发展实际、强化高等教育科学研究、聚力丰富和完善中国特色社会主义高等教育理论体系，为中国高等教育改革发展提供持续强大的理论支撑。

一、支撑中国特色社会主义高等教育实践的成绩斐然

回溯历史，新中国成立尤其是改革开放以来，我国始终注重将高等教育科学研究与高等教育改革实践紧密结合，汇聚多方研究力量、关注重大现实问题、推进教育改革创新，研究力量持续壮大、研究内容稳步拓展、研究效能不断释放，高等教育科学研究取得了可喜的成绩，为我国高等教育持续健康发展注入了强大动力。

第一，聚集和培育相统一，研究力量持续壮大。在理论研究与实践探索中，始终将聚集和培育研究力量作为推进高等教育理论创新的内生动

---

① 李立国.从传统中汲取解决当代教育问题的理论智慧[N].光明日报，2018-09-29（6）.
* 周海涛，北京师范大学教育学部教授。

力。一方面，注重聚集多方研究力量，多角度研究高等教育理论与现实问题。政策制定者从决策分析角度，着眼高等教育发展重大现实与瓶颈问题展开政策研究，不断完善教育制度体系；理论研究者从逻辑分析的角度，统筹推进高等教育基本理论研究与现实问题学理探究，持续增强教育理论深度；管理实践者从经验提炼的角度，聚焦高等教育改革实践经验，深入推进教育理论创新。另一方面，重视培育后备研究人才，促进教育理论研究的连续性与创新性。在大力聚集已有研究力量的同时，以高等教育学研究生培养为抓手，在保持研究领域连续性的基础上，推进教育理论创新。

第二，理论研究与政策研究相融通，研究内容稳步拓展。随着高等教育理论研究与改革实践的深入发展，逐渐走出纯学理研究的"象牙塔"，理论研究、实践问题研究、政策制度研究紧密结合，研究内容不断丰富。在理论研究上，聚焦于高等教育学科基本问题、高等教育理论重大问题、高等教育实践学理分析、高等教育政策理论依据；在实践研究上，关注高等教育发展难点、痛点、堵点问题，剖析问题症结所在、探讨改革发展方略；在政策研究上，围绕政策制定逻辑、高等教育发展现实问题等，不断完善高等教育顶层设计。整体上，以理论研究引领高等教育政策制订与改革实践，以实践研究推进高等教育理论与制度创新，以制度研究促进高等教育理论与实践发展，夯实了我国高等教育改革发展的理论、实践、制度根基。

第三，问题导向与方法契合相同步，研究效能不断释放。随着研究发展趋向成熟，研究越来越能瞄准高等教育改革发展的核心与关键问题，同步推进研究问题的精准性与研究方法的科学性，研究效能不断释放。在提升研究问题精准性上，紧跟国家重大教育政策导向、高等教育发展突出问题、高等教育利益相关主体的诉求和呼声，注重分析政策问题、探讨改革举措、回应社会关切，助力化解实践难题。在提升研究方法科学性上，在实践中促进高等教育研究方法不断丰富拓展，在推进形成质性研究、量化研究、多学科研究等多种类型研究方法的基础上，更加强调研究方法与研究问题的适切性。同时，出台了《关于在教育系统大兴调查研究之风的意见》和《关于进一步加强科研诚信建设的若干意见》等政策文件，促进实证调研与科研诚信建设,对"真"问题开展"真"研究,释放研究效能。

二、统筹中国特色社会主义高等教育研究的基本关系

立足当下,我国高等教育改革发展依然面临着十分突出的问题,深入研究并解决中国特色社会主义高等教育改革实践的难题,总结实践经验、提炼实践规律、强化学理分析、建立系统学说,进一步推动构建理论与实践相结合、学术价值与应用价值兼具的中国特色高等教育理论体系,还需要统筹协调好以下几种关系。

一是统筹学理研究与咨政建言的关系。学理研究与咨政建言的关系,本质上反映着学术研究与智库研究的关系。智库研究不同于学术研究,但又根植于学术研究,二者相互促进、相辅相成。学术研究为智库研究提供理论依据与思维方法,智库研究则为学术研究成果走向实践提供出路、促进学术研究的创新和繁荣发展。学术研究是纵向的,以理论为依托,关注基本理论问题及对实践问题的学理分析,重在推动理论创新发展;智库研究是横向的,以问题为导向,聚焦政府、社会及行业广泛关注的突出问题,重在提供有坚实学理支撑的政策研究报告或咨政建议。一项好的学术研究或智库研究往往兼具学理性与实践性,只不过前者更加偏重学理性,后者的实践性更为明显。随着高等教育理论研究日益深入、高等教育实践问题日趋复杂,应实现学理研究与咨政建言的深度融合,在理论与实践的互动中提升高等教育研究质量。

二是统筹学科建设与人才培养的关系。学科建设与人才培养是高等教育改革发展中的两项重要内容,统一于高校改革发展全过程。一方面,二者从根本上反映着高校的两项基本任务。学科建设是高校建设的中心,高水平的学科建设表现为学科资源聚集、人才培养成效显著、科技创新成果丰硕、社会服务能力较强;人才培养是高校基本职能,高质量的人才培养表现为学生学习体验良好、能力发展较强、社会评价较高。另一方面,二者在发展中相互交叉、相互促进。学科建设重点在于专业建设、队伍建设、课程建设、教学改革等重点要素的建设,而这些教育要素又与人才培

养有着十分紧密的关系。以加强教育要素建设为抓手，能够有效提升学科建设与人才培养质量；实现学科建设和人才培养的深度融合，在实践探索中提炼高等教育改革发展经验。

三是统筹学派塑造与国际互鉴的关系。高等教育理论学派塑造和国际互鉴是"一体两翼"的关系，既需要扎根中国高等教育改革实践、保持中国特色高等教育理论定力、塑造中国特色教育理论学派，也需要密切关注国外高等教育实践状况、全面考察改革发展成功经验、立足中国文化借鉴国外高等教育理论。具体来说，在我国高等教育理论研究与改革实践中，既需立足中国特殊的国情、教情、校情、学情，深入研究中国高等教育改革发展历史经验、现实问题、发展模式、改革方略，在强化理论研究与学理分析的基础上，凝练中国特色高等教育发展理论，推动建立中国特色教育理论学派；又需保持中国特色高等教育道路自信、理论自信、制度自信、文化自信，以开放的心态广泛学习和借鉴国外成功经验，在学派塑造与国际互鉴中提升高等教育理论品位。

三、推进中国特色社会主义高等教育理论研究的系统化

展望未来，我国高等教育理论研究将直面高等教育学科建设基本理论与核心问题、高等教育改革发展重大理论与现实问题、高等教育政策制定完善难点与关键问题，应进一步加强顶层设计、凝练实践规律、深化理论研究、推进科学发展，从整体上筑牢中国特色高等教育强国建设理论基石，加快构建中国特色社会主义高等教育学科体系、学术体系、话语体系、思想体系。

首先，从顶层设计看，要坚持以习近平新时代中国特色社会主义思想为指导，加强高等教育理论研究的科学谋划和总体设计。从我国高等教育内部规律性与外部规定性相结合的战略高度出发，坚持高点站位和高标定位，提高理论的指导性与预见性，增强高等教育研究的理论自觉和理论自信。进一步凝聚多方力量、聚集多方资源、发挥多方效能，助力理顺高等教育外部关系、引导完善高等教育内部制度，大力优化高等教育发展环

境、提升高等教育内生发展能力，提炼总结中国特色社会主义高等教育的时代背景、核心理念、推进路径、发展动力和内在规律。致力于服务中国特色社会主义高等教育现代化从实践发展到理论建构、再到指导实践的螺旋式上升推进进程，推动有关研究注重现实关怀基础上的理论创新，为高等教育强国建设提供方案和思路。

其次，从重点议题看，要聚焦高等教育发展核心与热点问题，为高等教育科学发展提供坚实理论支撑。以扎实的核心问题分析支撑高等教育热点问题的解决，以深入的热点问题探索助推高等教育核心问题的深化。理论研究中，应该在持续深化高等教育核心和根本问题研究的同时，直面我国高等教育改革发展的时代任务，推进中国特色高等教育理论体系的创新发展。以人才培养为基本遵循，深入探索高校立德树人体系；以加强学科建设为重点，分析"双一流"建设内部逻辑与实践路径；以优化内部治理机制为核心，探索现代大学制度的建设举措；以加强课程建设为导向，研究"金课"建设的内涵要点与基本策略；以改善教学方法为目标，探讨"互联网+"与"人工智能"等现代教育技术的使用方式；以加强队伍建设为指向，全面深化教师队伍建设与教师发展模式研究等等。

最后，从研究范式看，推进研究范式丰富拓展与紧密融合，为高等教育理论创新夯实研究方法根基。马克思、恩格斯把实践、历史和辩证法引入哲学，注重哲学的实践原则、历史原则、辩证原则。这规定着马克思主义指导下的高等教育理论强调实践性、历史性和辩证性，实现中国特色社会主义高等教育研究思维方式的变革，从既成性思维方式转向生成性思维方式，主要包括高等教育的实践生成、历史生成、辩证性生成和自我生成。其核心和精髓，就是在中国特色社会主义高等教育现代化进程中特定的具体的时间、空间和条件中理解与把握具体的高等教育实践、具体的高等教育现实、具体的高等教育历史的内在联系，理解与把握各类高等教育现象的历史内在逻辑。当前在高等教育理论与实践日趋复杂的形势下，只有选用适当的研究范式才能全面把握研究问题，只有融合多种研究范式才能有效推进高等教育理论创新。

高等教育研究要为立德树人服务

李枭鹰*

高等教育研究为谁服务，是一个高等教育研究的终极关怀问题，也是一个高等教育研究的理想彼岸问题。马克思认为，哲学家们只是用不同方式解释世界，而问题在于改变世界。根据马克思的论断可以得出这样的结论：高等教育研究首先是为了解释或认识高等教育世界，继而为了改变或改造高等教育世界，再而为了促进社会的发展和人的发展，而社会的发展最终还是为了人的发展。站在历史的长河中看，是人创造了人的世界，而人类创造世界的最终目的是为了人自身。高等教育是人的伟大创造，人创造高等教育也是为了发展人自身。可以说，人是高等教育的原点和归宿、主体和客体、主题和核心、价值和尺度，没有人就没有高等教育的一切，也没有一切的高等教育；遮蔽了人，偏离了人，脱离了人，高等教育将失去最根本的合法性；高等教育必须紧紧围绕"培养什么人、怎样培养人、为谁培养人"而行动。

高等教育研究意在走进神秘的高等教育世界，探明高等教育世界的奥秘，为高等教育的改革与发展服务，为高层次专门人才的培养提供理性思维和行动依据。国无德不兴，人无德不立。才为德之资，德为才之帅。高等教育的根本目的是立德树人，正所谓"千教万教教人求真，千学万学学做真人"。高等教育要促进学生为学与为人齐头并进，成为"明大德、守公德、严私德"与"专业能力创新拔尖"兼备的高层次专门人才，而不是缺乏德性和人性的单向度的人以及抽掉了脊梁骨的人。高等教育研究应形成有解释力和指导力的学术成果，促进高等教育改革、发展、进步和繁荣，全面服务于立德树人或教书育人，系统服务人的自由全面发展。这是高等教育研究的终极关怀，也是高等教育研究的理想彼岸，更是高等教育研究的重要承诺。偏离了这种终极关怀和理想彼岸，背离了这种责任使命和重要承诺，高等教育研究终将成为"一棵不结果的树"甚或"一颗不

---

* 李枭鹰，大连理工大学高等教育研究院副院长，教授。

开花的树"。当今中国之高等教育研究存在构建理论体系与解决现实问题偏废的现象,高等教育学界已经意识到这个问题,但还需要警醒的是"无论是构建理论体系还是解决现实问题,高等教育研究不能眼里或心中没有人,不能偏离或脱离服务于立德树人的航向和坐标"。①

首先,加强高等教育人学研究。教育从人而来,向人而去,与人同转。"一切教育以人的成长和发展为自身的责任和使命,因而教育必须根基于对人的认识和发现。"②换言之,人是一切教育生发的逻辑前提,而"人是什么"是一切教育研究需要探明的第一问题。无论是立德还是树人,前提是认识人、理解人、发现人、尊重人和珍视人,否则,就无法真正做到眼中有人和心中有人,而眼中无人和心中无人的高等教育,必然是无根的高等教育、无智慧的高等教育、没有方向的高等教育和不能释放人的本质力量的高等教育。可以说,人是高等教育的"阿基米德支点",是高等教育的认识论起点和实践论终点,是高等教育研究生发的出发点和归宿。人为什么需要高等教育,人为什么可以接受高等教育,人怎样接受高等教育,要想回答这几个问题,都要从人说起。一直以来,高等教育研究有些怠慢对人的研究,在以高等教育学为主干的高等教育各分支学科群蓬勃发展的今天,高等教育人学似乎还未"被唤醒"。当下的高等教育研究需要全面汲取哲学、心理学、生理学、医学、脑科学、神经科学、社会学、政治学、管理学、伦理学等学科的人学思想,生成可以解释和指导高等教育行动的高等教育人学,全面服务于高等学校的立德树人。2019年5月19日,厦门大学邬大光教授在《高等教育研究与高等教育学科建设——兼论高等教育研究为谁服务》的学术报告中如此强调:高等教育研究必须提升服务能力,必须增强理论研究的科学性。而要达到这一目的,必须解决好以下四个问题:一是如何把成熟学科的理论运用到高等教育研究中来;二是如何把成熟的理论用到不成熟的实践中来;三是用成熟学科的方法提升高等教育研究的成熟性;四是不应该满足于没有实践基础或事实基础不足的理

---

① 李枭鹰.高等教育关系论[M].北京:中国社会科学出版社,2017:106.
② 同①53-54.

论，也不应该满足于不能清楚地说明理论框架的"理论"。总体而言，这种见地是对症的、独到的和深刻的。当然，高等教育研究不能只有借鉴，还必须立足于高等教育的特殊性来奠基自身的理论底座，立足于高等教育的复杂性来架构自身的四梁八柱，高等教育人学无疑是最重要的理论底座和四梁八柱之一。总之，高等教育研究不能因"人学空场"而失去了正确的航向，高等教育制度和政策不能因"人本缺失"而异化为人自由全面发展的羁绊，高等教育不欢迎一切形态的"伪人本化现象"或"人本化伪似现象"。

其次，加强高等学校德育研究。过去，我们对高等学校德育研究得不够，迄今呈现的研究主要聚焦于中小学校德育研究[1]，给人一种"德育是中小学校之责任"的错觉。事实上，德育不是一种阶段性教育，也不是一次性教育，而是贯穿于整个教育链条的教育，是典型的终身教育。与中小学学校一样，高等学校也承载着德育的责任和使命。高等学校不只是教人"成才"和教人"成事"，还包括教人"成人"。成人、成才和成事在系统关联中完成，每一个人都是在成事中成人和成才，同时又是在成人和成才中成事。高等教育研究非常有必要探究成人、成才和成事的规律，引领高等学校德育走出"知识即德性，无知即罪恶"的知识论窠臼，指导大学生在行动中或生活中陶铸自己的品行和德性，帮助大学生"学会自律"和增强"道德外烁力"。[2]

再次，加强高等学校资源优势转化为人才培养优势研究。立德树人是高等学校的根本任务，高等学校的学科优势、师资优势、科研优势、平台优势等必须转化为人才培养优势，否则，这种优势只能是一种摆设或装饰，隐含在其间的求真、求善、求美也只不过是一种形式或口号。当今中国高等学校正在如火如荼地推进"双一流"建设，不同学校在不同的学科领域取得了一批又一批高水平的研究成果，这种高水平的研究成果唯有转化为高水平的人才培养成果，才能释放和彰显其真正的意义与价值，否则，只能被当作高等学校炫富的一种资本或财产。令人遗憾的是，当前不

---

[1] 李科. 近十年我国德育研究概况分析——基于CNKI（2002-2011年）的统计[J]. 现代教育管理，2013（11）：96-100.

[2] 傅维利. 道德外烁的时代价值及教育策略[J]. 教育研究，2017（8）：32-42.

少高等学校的一流学科建设与一流人才培养犹如行驶在两条永不相交之轨道上的两辆列车，集中表征为一流学科建设取得的学科优势、科研优势、师资优势和平台优势等没有惠及人才培养或转化为人才培养优势。这在各高等学校一心抢占发展战略高地和谋求人才培养模式创新的今天，却不懂得在各种优质资源的价值实现、潜能发挥以及优势共享上积极作为，不能不说是一件憾事。走出这种困境需要多方努力，需要高等教育研究落实《教育部关于加强新时代教育科学研究工作的意见》提出的"增强科研成果转化意识，引导鼓励开展政策咨询类、舆论引导类、实践应用类研究，推动教育科研成果转化为教案、决策、制度和舆论"，解决理论困惑、制度设计、机制构建、组织保障、实现路径等问题，攻克"高等学校资源优势转化为人才培养优势"的堡垒。与此同时，有必要建立一种"以立德树人成效为核心的考核评价制度体系"①，作为高等教育研究的行动指南。

最后，加强高等教育"应然之是"研究。一切学科或研究皆有"求是"的责任和使命，只是不同学科或研究"所求之是"的彼岸不同而已。当代中国生态美学家袁鼎生教授认为，"科学，包括社会科学，是求本然之是，必然之是，是谓实然之是。人文学科，在循实然之是的基础上，再求理想之是，是谓应然之是。管理学科，其规则、规定、制度、条文，有着强制性与必须性，应以实然之是与应然之是为依据，形成须然之是。技术学科，在遵从上述诸是中，追求最佳的方案、方式、构造与效应，成精然之是。哲学汇聚提升其上之是，成通然之是、统然之是与超然之是"。高等教育学兼具自然科学、社会科学和人文科学的属性，不同类型或层次的高等教育研究聚焦于"不同之是"的探寻，这是高等教育研究需要恪守的健康法则。但是，鉴于高等教育的"属人性"和"为人性"，无论什么类型或层次的高等教育研究都不该忽视或缺失对"高等教育应然之是"的探寻，必须探明每一项研究背后潜藏的责任使命、行为准则和终极关怀，必须兑现服务于"教书育人"和"立德树人"的重要承诺。

---

① 林杰，洪晓楠.论一流学科建设与一流本科教育的耦合整生——基于学科、课程、专业一体化的视角[J]. 2019, 35（5）：61-66.

教育研究影响教育改革及决策的过程研究*

洪成文　王　菁**

教育改革需要三股力量：改革的思想，领导的魄力，执行的力度。三者缺一不可，唯有形成合力，方能实现改革的初衷。教育改革的思想来源复杂，或来自关键领导的思想和英明才智，或来自学者特别是教育研究者的建议。动员教育研究者的教育改革思想，搭建学者与教育决策者间的多元化沟通渠道，对于教育改革和好政策的出台有着重要意义。

一、知识动员与教育政策制定

知识动员最早由加拿大社会科学及人文研究委员会提出，主要以研究知识的活化为主，通过各种媒介在知识与实践之间建立起有效的联系，从而增加知识的价值，提高组织和系统的效率。自 2012 年起，加拿大知识动员论坛定期召开，在各国学者的研究下，知识动员在公共管理、科学研究、医疗卫生、商业开发等领域得到了进一步的推广和应用。近年来，知识动员进入教育领域，是教育政策研究的新兴流派，成为教育政策分析和研究的重要工具，其研究的重点是教育决策的知识来源。如果没有丰富的政策知识来源，改革的决策就有可能成为盲目的、视野不开阔的决策，改革风险因知识来源的不充分而加大；同理，如果没有很好的研究基础，或提供的知识来源质量不高，也会影响教育决策的方向或准确性。可以说，

---

*　本文发表于《中国高等教育》2019 年第 11 期。
**　王菁，北京师范大学研究生。

好的知识来源,是教育政策能否成功实施的一半。

知识动员理论为我国的教育政策研究提供了全新的视角。该理论涉及政策知识的研究需求从哪里来,怎么去做研究;研究的成果如何动员,动员有什么方法,哪些方法是有效的,哪些是比较有效的,哪些是基本无效的;遇到好的政策动议,如何让领导者和决策者理解;在领导者和决策者不理解、不接受、不准备采纳的情况下,还有没有办法让决策者回心转意;如果有办法,何种办法的成本小,效果好。总体上,可以将知识动员理论概括为:要有好的思想,就要有好的研究;有了好的研究、好的思想,还要找到合适的人、合适的决策者;当合适的人产生了合适的思想,再被合适的决策者接受的时候,知识动员的过程趋于结束。

二、教育改革与决策中的知识动员方法和途径

从知识动员的视角来提炼教育研究者对教育政策的贡献有五种途径,即高层咨询、政府重大委托、两会提案议案、专家智库和一线教育问题的重大发现。围绕这五点,本文进一步探讨教育研究者为重大教育改革所提供的思想价值,同时发现存在的问题,以便完善教育政策。

(一)高层咨询

所谓高层咨询,指的是高层领导约请教育专家座谈。座谈的目的不尽相同,有的是要推进某项政治改革在教育界的推进和落实,有的是要改善教育基本服务质量,有的是遇到来自国际方面的挑战。通过专家咨询,获得新的理念、思想,发现教育本质问题,找到解决教育问题的方案。

2006年6月至11月,时任国务院总理温家宝先后四次召开教育座谈会,分别关注基础教育、职业教育、高等教育和教育管理,听取来自教育改革一线的声音。在第二次座谈会上,北京师范大学顾明远教授建议恢复师范生免费的政策,大力提高教师的专业水平。随后,温家宝总理要求教育部研究政策方案,以最快的速度推进师范生教育免费政策。从建议到实地考察,温家宝总理始终关心着这项由学者提出来的意见。2007年9月,一个对未来基础教育具有强心剂式的救助性政策开始启动,六所部属师范

大学先行招收免费师范生。十多年来，这一政策不仅有效提升了师范生生源质量，而且在推动教育公平、让更多优秀青年赴偏远地区从教方面发挥了积极作用。

从知识动员的角度看，这一政策从动议，到沟通，到被接受，再到政策方案制定和落实，不仅流畅而且高效，中央领导在本政策的方案制定和推动落实上作用巨大。如果没有这一场咨询会，或者有了咨询会，但是没有专家学者提出这么好的建议，师范生免费教育政策早晚也会出台，但是不可能这么快，效果也不会这么早地显现出来。

（二）政府重大委托

政府重大委托主要是指决策部门为制定某一政策而开展的针对性研究项目。项目交给谁是一个很复杂的问题，在教育研究机构为数不多的时候，委托是目标明确的；当机构众多时，委托相对复杂。当前的教育部重大课题公关项目，通过更加规范的途径来下拨课题。教育政策从启动到决策，教育部往往通过重大委托科研项目的形式来做政策调研。政策调研的成果，经过反复酝酿和讨论，进入政策议程，提交政策方案，再上交全国人大或国务院法制局审议，最终形成政策方案，方案形成后即可安排财政资源，启动或推动政策落实。有时候，经过中央审议的政策，还需经过一定时间的政策试点和验证性小范围实验，待实验后再全面推开。比如高考改革，初步方案出台后，邀请上海、浙江两地先行，通过试点，以验证政策设想，发现问题（或预估政策风险），做出相应调整，再在全国逐步推行。这不仅是科学的政策过程，也是具有中国特色的决策模式。

北京师范大学作为中国师范教育的排头兵，在接受政府委托项目上具有优势，是接受教育部重大委托课题最多的单位之一。如"六五"期间，北京师范大学王善迈教授与北京大学等单位共同接受了教育经费到底应该占GDP多少的重点课题。王善迈教授通过国际比较，得出了在当时中国经济发展水平的条件下，教育经费应占3.87%的结论。后经过王善迈的整理，以报告形式提交全国人大。经反复讨论，这一建议被接纳，并将其写进了《中国教育改革和发展纲要》中，其中的数字比研究结果稍高一点，即今天众所周知的4%。通过委托项目，动员权威专家进行科学研究，进而在研究成果基础上，形成政策动议或议案，再通过立法程序形成国家意志。

（三）"两会"提案和议案

全国政协委员、人大代表们收集社会群众关心的问题，经过自己的思考提炼，最终以提案和议案的形式对教育改革产生较为直接的影响。北京师范大学每年都有数位专家参加"两会"，他们对教育有专深的研究，关于教育的提案和议案有较高水平，得到响应的范围也较为广泛。改革开放以来，一些重大教育改革政策都与这些专家学者的倡导有关。本文以学前教育立法的个案来加以阐述。以北京师范大学社会与教育发展研究院为代表的政策智库，在推进学前教育立法上做了大量的工作。以庞丽娟教授为代表的一批学者，通过系列论文、咨询报告和两会提案议案等方式，正在推动《学前教育法》的立法进程。目前，《学前教育法》已纳入全国人大常委会立法规划的一类立法项目，拟在十三届全国人大常委会任期内提请审议。

（四）专家智库

智库有两种，一种是正式的智库，这里的学者们有智库的名号，有智库的标签，做研究和咨询是他们的主要职责。还有一群学者，他们没有智库的标签，也不标榜自己是智库，但却做着与智库相同的事情。北京师范大学就有一批教授可以称得上是我国教育研究领域一流的智库专家。

众所周知，新中国第一部教育法规是1980年颁布的《中华人民共和国学位条例》。该条例出台前，教育部委托北京师范大学顾明远教授团队进行前期调研。当研究成果提交给决策部门的时候，得到了很高的赞赏，北京师范大学团队的科研成果被全部接受和利用。1980年2月，第五届全国人大第十三次会议通过了《中华人民共和国学位条例》，1981年5月，国务院批准了《中华人民共和国学位条例暂行实施办法》，从此，我国真正建立起了自己的学位体系。

通过这一案例可以发现，北京师范大学团队以极其认真的态度进行国际学位制度的比较研究，决策部门对北京师范大学团队是极其相信的。从知识动员的角度看，这是一次经典的知识动员案例，也是我国政府相信专家学者发挥专家智库作用的体现。

（五）一线教育问题的重大发现

教育政策与一线教育问题有千丝万缕的联系，换言之，教育政策就是教育问题的集中体现和有效解决。最先发现教育问题的通常是第一线的校长和老师，因此，教育研究者可以在教育问题和教育决策之间充当知识的桥梁，成为教育问题的分析者和政策倡议者。在这种情况下，一线教育工作者与研究者精诚合作，促进了政策议案的出现。学者与决策者之间距离相对较短，也是知识得以动员的良好条件。如此，决策者、研究者和一线教育工作者达成三位一体的合作，而合作的关键就是研究者和他们的政策敏感性。例如，顾明远教授大声疾呼叫停"三好生"评定乱象，让中小学优秀老师有机会参评正教授，倡导中小学老师在职攻读硕士学位，为他们专门设立教育硕士专业学位等，以自己的方式向政策制定者表达其教育诉求。尽管这些问题不能全部归为顾先生的思考，但他频繁行走在教育第一线，善于倾听中小学教师的心声，使其有机会为广大一线教育工作者代言。

三、提高教育研究者知识动员效率的启示

教育研究者应深入教育第一线，了解和掌握知识动员的过程及技术手段，培养教育大情怀，为中国教育改革提供高质量的知识和智慧，让学界的知识得到更充分的动员。

教育研究者必须经常深入教育第一线。教育研究者要带着问题去做研究，从发现问题到认识问题再到解决问题，他们的研究结果会对教育决策产生重要的影响。那么，问题从何而来？如果不深入教育实践的第一线，不了解、不熟悉教育发展的现实状况，就难以发现教育存在的"真"问题。在教育实践中坚持实事求是，倾听一线教育工作者的声音，真正从教育的后台走到教育的前台，立足现实，努力离教育近一点、再近一点。唯有此，才能保证教育研究者的政策思想科学、合理，提高知识来源的质量，从而通过高效的知识动员方式让教育改革切合实际。

教育研究者必须了解知识动员的理念与技术手段。知识动员所要破解的就是知识难以动员的问题：一种情况是研究者有影响教育决策的意愿和冲动，但没有产出优质的政策思想和动议；另一种情况是研究者有好的思想，却不愿意去寻找或找不到合适的决策者。前者是徒有"报国之志"，而没有形成报国的行动的基础；后者是有了好的思想或找到了知识用户，但是没有找到能够理解、接受研究者观点的决策者，造成好建议、好思想的资源浪费。因此，从知识生产者的角度看，知识动员的过程就是一个推销的过程。当代社会信息技术的发展为知识生产者提供了更多知识推销的手段，因此，新形势下的教育研究者必须把握知识动员的理念和过程，充分利用信息技术搭建传动知识的渠道，要多了解政策研究需求，善于将自己的知识推销给决策部门，促进知识生产者与使用者之间的高效交流，为教育改革提供有力支撑。

教育研究者必须培养大情怀。教育者要"说负责任的话，做负责任的事，当负责任的人"，教育事业发展需要有精神和情怀作为支撑，"艰苦奋斗、尊师爱生、追求真理、服务人民"是教育精神的核心。教育改革必须脚踏实地，面向未来，关注人民对教育的需求和期盼，深入教育热点问题。作为教育事业发展的重要推手，教育研究者只有具备大情怀才能做好教育研究，在研究中高度关注中国现实。必须矢志不移地为人民谋求教育福祉，强化教育研究质量，为教育决策者提供有价值的经验和建议，坚持写好中国教育的"奋进之笔"。我国教育研究者要遵循习近平总书记在全国教育大会上提出的"坚持扎根中国大地办教育"的要求，让教育研究工作扎根中国大地，为加快推进教育现代化、建设教育强国、办好人民满意的教育贡献智慧和力量。

青海省学科建设与社会融合发展的实证研究
——基于对青海省三所普通本科高校数据的实证研究*

买雪燕

《国家中长期教育改革和发展规划纲要（2010—2020年）》提出，要全面提升高等教育质量，优化结构办出特色，突出建设优势学科是培养具有创新精神和创新能力的高素质人才、切实服务经济社会发展能力、提高学校综合实力和核心竞争力的重要途径，也是推动高等教育内涵式发展，建设高等教育强省的必由之路。十九大报告指出，建设教育强国是中华民族伟大复兴的基础工程，必须把教育事业放在优先位置。随着《关于引导部分地方普通本科高校向应用型转变的指导意见》的下发，青海省高等教育的发展也在不断调整思路，以期主动适应青海省经济发展新常态，主动融入产业转型升级和创新驱动发展，不断推动转型发展。青海省三所本科高校，青海大学、青海师范大学、青海民族大学都在不断推动和加快向应用型、综合型转变，着力提高教育水平和创新能力，彰显了优秀的民族特色和地方特色，学校服务区域经济社会发展和创新驱动发展的能力得到显著提高，为高等教育服务国家"西部大开发""一带一路"和青海省"三区"建设、东部城市群建设、扶贫攻坚、经济转型发展重大战略提供了坚实的基础。

---

* 本文发表于《青海民族大学学报（社会科学版）》2019年1月第1期。2017年青海师范大学中青年科研基金项目："学科建设对提升青海省高等教育质量的支撑力研究"的阶段性研究成果。

一、青海省高等学校学科建设的现状

对于"学科"的原点讨论能更加清晰对它的认知。伯顿·克拉克认为,"学科包括两种含义:一是作为一门门知识的学科;二是围绕学科而建立的组织,即学科可以呈现为知识或组织的形态"。① 沃勒斯坦认为学科事实上还包含一定的研究领域、学科组织以及文化。②《辞海》的表述是:"是一定的科学研究领域或科学分支,如自然科学中的数学、物理学,社会科学中的管理学、社会学;也是一定科目下的教学,即高校教学内容的基本单位。"③ 目前,国内学者们从不同领域和不同研究角度赋予了学科不同的定义。狭义的"学科"是指高校通过划分学术领域分别安排校内教学和科研工作,从而实现人才培养、科学研究和服务社会等职能,广义的"学科"指学术的分类或学术的组织机构。本研究中的"学科"指的是广义概念。

"学科建设就是指围绕学科研究方向、梯队和基地等,通过在硬件、软件方面的同时投入,实现增强培养人才的能力、提高科学研究的能力和提升社会服务的能力等综合实力提升的系统工程。"④ 涉及研究方向、学科基地、学科梯队、人才培养、管理制度、学科布局等多方面。"特色学科"是指那些特色鲜明的学科,它们在学科领域某个学科分支或研究方向上具备明显的特征,拥有独一无二的技术、方法、理论,具备独特的学科人才、基地等。⑤ 在本研究中,学科建设不仅包括特色学科,还涵盖到优势学科、潜力学科等领域。推进学科体系构建是建设高等教育强国的重要基

---

① 克拉克.高等教育系统——学术组织的跨国研究[M].王承绪,译.杭州:杭州大学出版社,1994:34.
② 华勒斯坦等.学科·知识·权力[M].刘健芝,等编译.北京:生活·读书·新知三联书店,1999.
③ 辞海编辑委员会.辞海[Z].上海:上海辞海出版社,1988:1126.
④ 曾冬梅,唐纪良.协同与共生:大学"学科—专业"一体化建设研究与探索[M].北京:北京理工大学出版社,2008:39.
⑤ 苏均平.学科与学科建设——院校业务建设的核心和龙头[M].上海:第二军医大学出版社,2004:20.

础,也是促进地方经济社会文化发展的重要途径。

(一)青海省学科门类分布情况

学科建设是高等教育健康发展的首要因素和重要基础条件,加强学科建设与布局结构调整既是青海高校内涵式发展的基本内容,也是高等教育主动适应新常态下区域经济发展的重要举措和基本途径。本研究以青海省三所普通本科高校为研究对象,通过文献法和访谈调查法等混合研究方法,对青海省本科院校的学科进行了统计和梳理。

表1 青海省三所普通本科高校学科分类一览表 ①

学校	青海大学	青海师范大学	青海民族大学
学科门类	医学,经济学,农学,理学,工学(5)	经济学,理学,工学,艺术学,教育学,法学,文学,管理学,历史学(9)	经济学,法学,教育学,文学,理学,工学,医学,管理学,艺术学(9)
合计	12大门类		

根据国务院学位委员会、教育部印发的《学位授予和人才培养学科目录设置与管理办法》(学位〔2009〕10号)的规定,《学位授予和人才培养学科目录》分为学科门类和一级学科,是国家进行学位授权审核与学科管理、学位授予单位开展学位授予与人才培养工作的基本依据,适用于硕士、博士的学位授予、招生和培养,并用于学科建设和教育统计分类等工作。本研究据此对青海省三所本科高校的学科门类做了初步梳理。研究显示,在十三大学科门类中,除了军事学,青海省高校业已具备十二大学科门类,学科门类较为齐全,专业设置较为广泛。其中,青海大学具备五大门类,青海师范大学和青海民族大学各具有九大门类,三所大学在经济学、理学、工学三大门类中高度重合,但其中的专业设置又不尽相同。青海大学作为地方性综合院校,在医学、农学方面展示了特有的学科特征,青海师范大学和青海民族大学特有的"师范性""民族性"特点突出,虽

---

① 根据青海大学、青海师范大学、青海民族大学官方网站统计整理。

然在学科门类上相同,但在学科专业设置上各有千秋,并非完全雷同。

(二)青海省学科专业建设情况

然而,学科门类只能体现出方向性,专业设置才是反映学科建设的重要砝码。专业设置是学科建设大系统内的一个组成部分,课程建设是两者的连接点,专业是课程的组织形式,而课程的知识和理论来源于学科研究。因此,学科和专业有着相互依存的关系,也就是说,学科建设是专业建设的基础,而专业建设是学科建设的载体,二者的建设体系均通过教师队伍、建设基地、建设条件、相关制度等内容得以实现,并可进行资源共享。从这个角度而言,两者实质上是一种共生关系。

表2 青海省三所普通本科高校专业设置一览表[①]

学校	专业设置
青海大学	临床医学,预防医学,麻醉学,医学影像学,口腔医学,医学检验技术,中医学,针灸推拿学,药学,中药学,康复治疗学,护理学;经济学,会计学,财务管理,工商管理,人力资源管理,金融学,管理科学,电子商务,国际经济与贸易,信息管理与信息系统,旅游管理,行政管理;化学工程与工艺,能源化学工程,应用化学,环境工程,自动化,过程准备与控制工程;藏医学;资源勘察工程,测绘工程,地质工程;机械设计制造及自动化,机械电子工程,材料成型及控制工程,工业设计,材料科学与工程专业,冶金工程;土木工程,给排水科学与工程,城乡规划;水利水电工程,电气工程及其自动化;生态学,生物技术,生物工程,环境科学,环境生态工程;计算机科学与技术;新能源材料与器件(52)
青海师范大学	资源循环科学与工程,应用化学,环境科学;经济学,金融学,人力资源管理,旅游管理,酒店管理,数学与应用数学,统计学,英语,翻译,日语,美术学,平面设计,媒体艺术,音乐教育,音乐表演,舞蹈学,汉语言文学,历史学,新闻学,播音与主持艺术,思想政治教育,物理学,新能源科学与工程,电子信息工程,电子科技,计算机科学与技术,软件工程,网络工程,体育教育,运动训练,武术与民族传统体育,地理信息科学,人文地理与城乡规划,自然地理与资源环境,生命科学,食品科学与工程,生物技术(制药),法学,社会学,社会工作,小学教育,学前教育,应用心理学,教育技术学(47)

---

① 根据青海大学、青海师范大学、青海民族大学官方网站统计整理。

续表

学校	专业设置
青海民族大学	经济学，保险学，国际经济与贸易，经济与金融；法学，治安学，政治学与行政学，社会工作，思想政治教育；教育技术学，学前教育，小学教育；汉语言文学，少数民族语言文学，秘书学，英语，阿拉伯语，日语，广播电视学，广告学；数学与应用数学，信息与计算科学，物理学，化学，应用化学，生物科学，应用心理学，统计学；材料化学，材料物理，能源与动力工程，通信工程，电子信息科学与技术，计算机科学与技术，网络工程，土木工程，水利水电工程，交通运输，生物工程；药学，药物制剂；信息管理与信息系统，工商管理，市场营销，会计学，财务管理，人力资源管理，公共事业管理，行政管理，土地资源管理，电子商务，旅游管理；音乐学，视觉传达设计（59）
合计	158

学科专业涵盖在学科门类一级学科内，并依此类一级学科授予学位的学科门类由各学位授予单位的学位评定委员会决定。通过专业设置情况表来看，青海省学科专业共有158个，其中，青海大学占33%，青海师范大学占30%，青海民族大学占37%，分布相对均等。青海大学在医学、农学和工学方面表现更加突出，尤其是学科专业设置与国家和青海省着力推进的三江源生态保护、柴达木循环经济建设等相关的特色传统产业和新兴战略产业联系紧密，在三江源生态保护、高原农牧业、高原医学、藏医药学、盐湖化工、新能源新材料等方面形成了鲜明的学科优势和办学特色，培养了一大批应用型人才。青海师范大学是一所具有教师教育、高原地域和民族特色的省属重点大学。作为地方性师范院校，学科涉及范围比较广，师范专业设置是其重要特征。其中，小学教育全科专业是结合《教育部关于实施卓越教师培养计划的意见》（教师〔2014〕5号），成为西部农牧区小学教师师资的重要来源和主要补给，成为青海师范大学学科专业建设的亮点之一。青海民族大学在学科发展上更加注重全面发展和特色展示，在民族学、藏药学等专业领域有着悠久的历史传统和办学优势。

二、青海省学科建设的发展瓶颈

学科建设是提升高等教育质量、服务区域经济社会发展的重要途径。当前，青海省的学科建设正在逐步转向以"应用型"为发展目标，然而，随着社会经济发展进入新常态，人才供给与需求关系的深刻变化，面对经济结构深刻调整、产业升级加快步伐、社会文化建设不断推进，特别是创新驱动发展战略的实施，高等教育结构性矛盾更加突出的现实困境，青海省学科建设也呈现出不同程度、不同层面的发展瓶颈。

（一）学科专业发展不平衡不充分

早在2008年4月，青海省委党校36期中青班"高校发展"调研组在对青海省三所高校的调研基础上指出，"近几年来各校学科数量得到快速增长，但发育不健全的学科占到一半以上，三所高校155个本科专业中，近80个专业存在教师短缺、设备匮乏、教学质量不高、毕业生不足三届等问题，严重影响本科教学质量"[①]的问题。本研究显示，青海省学科分布同质化倾向严重，尤其是在人文社科专业方面，其中的两所大学都设有教育技术学、学前教育、小学教育等专业，没有大的区分度和辨识度，进而产生毕业生就业难和就业质量低等一系列连带问题。伴随着同质化倾向的同时是学科专业发展极为不充分的难题，仍以教育学科为例，尽管这两所高校均设置了相关专业，但该学科至今无教育学博士点，教育学硕士二级学科分布也是寥寥无几，在学科的深度发展、融合发展上极为欠缺。科学研究是学科建设的风向标之一，以2013年全省上报全国社科规划办成果处结项课题为例，共上报29项，其中，优秀仅1项，占总数的3.4%；良好6项，占总数的20.7%；合格13项，占总数的44.8%。2014年清理的2008年国家社科基金项目仅青海省就高达11项之多。[②]成果优秀率之稀少，

---

① 青海省委党校"高校发展"调研组. 腾飞的翅膀——青海省普通高校发展状况调研报告[R]. 2008.4.

② 青海省社科联课题组. 青海省哲学社会科学队伍建设和规划项目研究状况的调查与思考[J]. 青海社会科学, 2015（2）192.

清理项之多背后直接反映出学科发展的不平衡不充分，导致项目成果完成质量不高、研究成果精品力作稀有，严重制约了青海在国家级科研项目中的影响力和话语权，也对后期的继续申报造成了不可估量的影响。

（二）缺乏学科领军人才和优秀的学术共同体

随着青海省学科专业的不断推进，越发凸显出学科带头人的重要作用。以青海省社会科学研究队伍而言，全省仅有1800名社科研究人员，其总量在全国甚至在西部地区都是排在末尾的。近些年来随着对社会治理研究的不断升温和关注，大部分省市都涌现出一大批研究人员和研究成果，而青海省这方面的研究人员只有79人，占总数的4.4%，[①] 学科发展严重缺乏科研领军人才。再以其中某高校为例，截至2014年，某大学已发展为6个方向博士研究生、10个硕士学位授权一级学科、78个二级硕士学位授权点、5个专业硕士学位点和56个本科专业。在校生从1988年的1892人上升到2014年的1.1万人，增长了近6倍，而学校教学资源核心指标——教师数量增长不到1倍，（2014年有1087名教职工，专任教师616人）师生比为0.09，严重抑制了高校的内涵式发展。截至2016年底，全省高校有教职工6440人，其中专任教师4198人，生师比为16.0。这说明教师的基础教学工作量是较大的，在此基础上进行科学研究就十分有必要搭建合理高效的学术共同体，作为教师发展的动力源泉。

（三）学科建设与地方经济社会发展耦合度不高

大学和社会的关系一直是政治论哲学和认识论哲学争论的重要话题之一。从"象牙塔"到美国威斯康新思想的提出，标志着大学由社会的边缘走向社会的中心，美国高等教育发展与其取代德国成为世界强国就是最好的例证。高等教育服务地方经济社会发展成为现代高等教育的重要职能之一，与地方产业发展紧密契合的学科专业是支撑地方经济社会发展的重要源泉和直接动力。青海省高校经过多年的建设和发展，业已形成了覆盖面较广的学科专业布局，然而，青海省高校的专业设置更多地是继承了历

---

① 郭辉.基于生态学视域的青海省高等教育规模适度发展研究[D].本安：陕西师范大学，2017：5.

史遗留，后期设置的新专业也主要依赖于专业拓展。一方面，经济建设急需的工科类专业偏少，只占专业总数的24%，与青海省迫切需要的盐湖化工、有色冶金、能源化工、新能源制造业、新材料、电子信息、生物制药、高端装备制造等新型产业契合度不高，学科专业结构不能完全满足地方经济社会发展和产业结构调整转型升级所需的应用型、复合型、创新型人才，造成学科设置与经济结构的两条并行路子，对地方经济社会发展不能有更大裨益。另一方面，在社会科学方面急需的藏区社会治理、藏区党建工作、民族融合等方面还缺乏相关专业和学术人才，此外，随着城镇化的不断推进，新型社区的建立和城郊经济社会的发展都在不断暴露出治理的盲点，急需高校在这方面做出反应，在学科专业设置和学术研究上能够满足和照应社会的发展需求。

（四）学科经费投入严重不足

相关研究证明，高等教育的经费投入对青海省高等教育系统生态承载力和规模发展的影响极大，青海省高等教育的承载压力度已达"强压"级别。这说明当前青海省高等教育学科生态系统也在承受着较大压力，其中学科建设系统的承载支持力和供容能力非常依赖办学经费的多寡。青海省虽然逐年增加教育投入，2017年青海省财政教育投入188.1亿元，比上年提高9.8%，但与发达省市相比仍是杯水车薪。以省级社会科学规划项目经费投入为例，可以看到：

表3 2013年青甘宁三省区社科经费投入比较表（单位：万元）[①]

省份	省级课题	重大招标项目	重点项目	一般项目
青海省	44	3	1	0.5
甘肃省	200	4	2	1.2
宁夏回族自治区	600	5	4	2.5

---

① 转引自：青海省社科联课题组.青海省哲学社会科学队伍建设和规划项目研究状况的调查与思考［J］.青海社会科学，2015.（2）：192.

从上表可知，青海省在邻近三省区中对社科经费的投入是最少的，尤其是省级课题经费，甚至不及邻近省份的四分之一，导致许多研究人员无法较好地完成科研项目，对学科发展的支撑力和影响力不足。

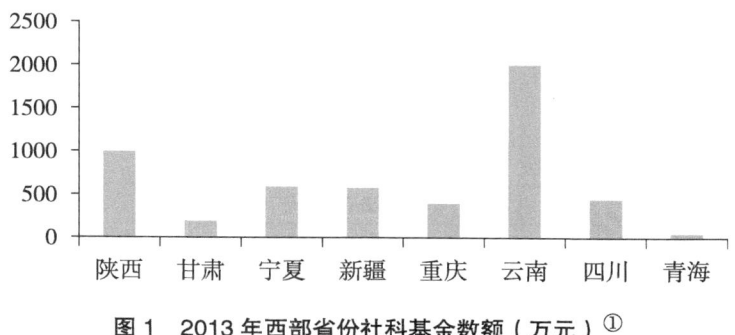

图1　2013年西部省份社科基金数额（万元）①

研究表明，项目对学科的推动作用非常显著。省级社科基金是全省社科研究的龙头项目，直接影响着青海省哲学社会科学项目的立项和成果质量。上图以西部省份省级社科基金数额为例，展示了每年西部各省财政下拨课题经费情况，青海直到2014年才增加到55万元，与兄弟省区相差极大，直接影响了学科建设的高水平发展。

此外，2018年10月9日，国家统计局在官网公布了《2017年全国科技经费投入统计公报》。研究与试验发展经费，即"R&D"（research and develop）经费，指统计年度内全社会实际用于基础研究、应用研究和试验发展的经费支出。这份公报向我们展示了一个越来越被重视的指标："R&D经费投入强度"。通过这个指标，可以看到科研与城市发展的耦合度，以及经费投入的多寡是如何影响和决定城市经济水平的。

---

① 引自国家统计局官网. http://www.stats.gov.cn/tjsj/zxfb/201810/t20181009_1626716.htm.

表4 2017年各地区R&D经费情况

地区	R&D经费（亿元）	R&D经费投入强度（%）
全国	17606.1	2.13
北京	1579.7	5.64
天津	458.7	2.47
河北	452.0	1.33
山西	148.2	0.95
内蒙古	132.3	0.82
辽宁	429.9	1.84
吉林	128.0	0.86
黑龙江	146.6	0.92
上海	1205.2	3.93
江苏	2260.1	2.63
浙江	1266.3	2.45
安徽	564.9	2.09
福建	543.1	1.69
江西	255.8	1.28
山东	1753.0	2.41
河南	582.1	1.31
湖北	700.6	1.97
湖南	568.5	1.68
广东	2343.6	2.61
广西	142.2	0.77
海南	23.1	0.52
重庆	364.6	1.88
四川	637.8	1.72
贵州	95.9	0.71
云南	157.8	0.96
西藏	2.9	0.22
陕西	460.9	2.10
甘肃	88.4	1.19
青海	17.9	0.68
宁夏	38.9	1.13
新疆	57.0	0.52

资料来源：国家统计局官网.http：//www.stats.gov.cn/tjsj/zxfb/201810/t20181009_1626716.html.

从表 4 中看到，研究与试验发展（R&D）经费投入超过千亿元的省（市）有 6 个，分别为广东（占 13.3%）、江苏（占 12.8%）、山东（占 10%）、北京（占 9%）、浙江（占 7.2%）和上海（占 6.8%）。研究与试验发展（R&D）经费投入强度（与地区生产总值之比）超过全国平均水平的城市也集中在以上省（市）。西部省份中，青海省的（R&D）经费投入占全国平均水平的 0.1%，仅高于西藏，占到青海省 GDP（国民生产总值）的 0.7%。（R&D）经费投入强度略高于西藏、新疆和海南，与邻省甘肃、陕西相差甚远，整体投入及投入强度堪忧。

三、推进青海省学科建设的对策建议

教育部、财政部、国家发展改革委印发《关于高等学校加快"双一流"建设的指导意见》（教研〔2018〕5 号）指出，要增强服务重大战略需求能力，加强对各类需求的针对性研究、科学性预测和系统性把握，主动对接国家和区域重大战略，完善以社会需求和学术贡献为导向的学科专业动态调整机制。教育部高等教育司关于《2017 年度普通高等学校本科专业设置工作的通知》（〔2017〕26 号）也提出，要引导高校主动适应国家和区域经济社会发展需要，不断调整优化学科专业结构，加强专业建设，提高人才培养质量，促进高校合理定位、办出特色、争创一流。对此，青海省在现有基础之上，急需不断调整战略，以学科的内涵式发展为目标，不断优化学科布局，增强学科对青海省社会经济发展的支撑力。

（一）以增强研究能力促进学科内涵式发展

内涵式发展的哲学理论要求我们要以事物的内部因素作为动力和资源的发展模式。在促进青海省学科内涵式发展的过程中，既要突出优势学科建设，还要注意学科间的相关性，推动学科之间的交叉、渗透、链接，通过互动、共生、融合，实现学科在高度分化到高度综合基础上的可持续发展，形成富有生机的学科内涵式发展体系。首先，增强基础学科的研究能力，培育和支持新兴交叉学科。增强基础研究是提高我省原始创新能力、积累智力资本的重要途径，是跻身科技强省的必要条件。譬如人文学

科和理学学科是知识的源头,它们是社会科学、工学学科等应用型学科的基础,因此,增强对基础学科的研究力度是创新的根本所在。此外,根据不同学科之间的内在联系,搭建起交叉融合的学科体系,即不同学科或同一学科门类不同一级学科之间不断打破学科壁垒,通过研究方法、学科之间、学科内部等三种方式的渗透融合,逐步形成新学科的动态发展机制。其次,加强传统学科和特色学科的研究力度。传统学科和特色学科是我省在长期学术积累的基础之上,结合青海省的特殊省情、特殊民族、特殊文化等衍生出的学科,具有较强的本土性,如宗教学、生态经济学、少数民族文化研究、昆仑文化研究等,这些学科已经有了较好的学术积累,需要不断涉及新兴学科、交叉学科和边缘学科,形成学科特色突出、学科体系完整、学科结构合理的局面,重新焕发出传统学科和特色学科的生命力。最后,突出应用性研究的咨政参考作用,着力建设青海特色新型智库。目前青海省三所高校都有智库建设,如青海大学三江源研究中心、青海师范大学丝绸之路经济带发展研究院、青海民族大学中亚研究院等。高校智库与政府智库、社会智库不同,更具有学科优势、功能优势和资源优势,优势特色学科可以为智库建设提供知识支撑、人才支撑、管理支撑和平台支撑,对智库建设具有高度的互补性。当前,全省上下正在按照省委"一优两高"的战略部署,加快推进富裕文明和谐美丽新青海建设,高校智库建设也需要以此为导向,结合学科优势集中力量推进我省民族地区、贫困地区经济社会发展的研究与实践,以期发挥智库优势。

(二)以增强产业融合度凸显青海特色,优化学科布局

优势学科建设是高校集特色理念、学术队伍、学科方向、科学研究、基础条件和人才培养于一体的综合性建设。首先,加强顶层设计能力,加快制定青海省学科发展布局规划。根据我省产业布局的需求,急需发挥省级政府在优化学位授予单位布局、促进学科授权审核工作与区域经济建设及社会发展相协调的指导作用,明确建设内容和建设重点,前瞻性地设置青海省社会经济发展所需要的专业设置和人才规格,建立学科专业科学调整机制,合理调整人才培养层次和结构类型,谋划学科建设重大举措和

保障措施，为各个高校和科研单位学科有序发展制定路线图，避免同质化和无序竞争，形成省级政府指导、高校自主办学的管理模式。同时，高校也急需更新办学理念，将学科建设定位于办学理念层面的定位与属性认识，引导和成为高校所有员工师生的共识，形成以学科划分为引领的整体发展。其次，增强学科建设与产业发展的耦合度，为社会服务多做贡献。哈佛大学将"强化社会服务理念、增强社会服务能力、提高社会服务功效"作为自己的社会服务发展战略。根据青海省经济社会发展的阶段性特征，在藏区社会治理体系、民族地区党建、生态文明建设、民族团结进步、高原生态农牧业、社会管理创新、公共服务均等化等重点内容进行重点突破，以及精准扶贫、乡村振兴、区域协调发展、创新驱动发展、医教融合、现代职业教育体系融合建设、污染防治与可持续发展等社会经济问题等，都是学科建设与产业发展融合的切入点，需要更多的有利条件促使其高速发展和优势发展。同时，抓住"一带一路"建设与西部开发战略的有利时机，依托青海良好的物产资源和地域优势，开发潜在市场，带动相关产业发展[①]。最后，为优势学科发展创造有利条件。将优势学科设置在学校发展布局的优先和有利链条环节上，设立优势学科研究发展基金，成立以优势学科管理为重点的校系两级科学管理组织，推行学科带头人负责制和首席专家制，构建优势学科交叉研究管理的科学管理体制，建立相应高效运转的工作机制，保持优势学科健康、快速和可持续发展。

（三）以人才为核心厚植学术共同体

针对青海省学科领军人才队伍规模小、人员少的现状，建设具有一定规模、结构合理、素质优良的学科专业人才队伍刻不容缓。首先，培养有潜力的研究人员。依托重点学科、重要研究基地、重大研究项目等，按照政治强、业务精、作风正的要求，为他们搭建科研平台，改善科研条件，建立优秀工作者学术档案，完善省级优秀人才选拔、奖励制度，健全人才激励和竞争机制，培养一批学科、年龄、学历、职称结构科学合理的

---

① 青海省委党校"高校发展"调研组.腾飞的翅膀——青海省普通高校发展状况调研报告[R].2008.4.

学术创新团队。其次，积极探索中青年人才成长机制。在培养和发展专业人员的同时，积极扶持和培养一批理论功底扎实、勇于开拓创新的中青年学科带头人。通过在国家、省级课题申报、社科成果评奖等活动中的中青年项目，适当放宽项目申报和社科评奖的条件限制，为中青年学者提供更多的学术研究和交流机会。同时，对中青年学者要给予一定的培训和学习机会，加强对出国访学、留学、学术会议交流等方面的支持力度，促其快速成长并发挥作用。最后，有针对性地引进部分学科领军人才。根据我省急需的特色学科专业，尤其是在三江源生态保护、后续产业发展、新能源综合利用及野外台站建设等领域的高端人才，是我省急需的引进对象。对此，要梳理和甄别出与我省急需专业耦合度最高的人才，充分发挥引进人才的科研优势和专业特长，鼓励发挥引进人才对我省学科建设及人才建设的引领作用，促使其在任期内发挥最大效能，不仅能加强学科建设，也能打造一支留得住、用得上的优秀科研人才队伍。

（四）以增加投入夯实学科发展基础

在整个学科建设生态系统当中，经费投入的多寡直接影响着学科的生长。由于高等教育系统的承载力以及特殊的专业发展环境，加之青海省学科发展的基本条件脆弱，学科发展的自我调节能力、抗压能力和自我修复能力较差等因素，因此，充足的经费投入与学科建设的顺利进行息息相关。首先，多元化经费投入渠道。根据生态系统中生态主体的多样性、复杂性和关联性与该系统的稳定性成正相关的生态学理论，青海省学科建设应当也必须倡导多元化的研究格局，支持有实力的企事业单位与高等学校联合研究，鼓励与社会智库的衔接合作，形成学科良性发展与有序竞争的合理环境，提高青海省学科建设的自我拓展和发展能力。在高校内部也可通过逐年调整高等学校学费标准、改革和完善高校收费政策、争取外界捐赠、创办学校产业创收等方式建构合理的多方共同承担学科建设经费筹措的模式。其次，增加科研项目的投入力度。国外一流高校学科建设的成功经验表明，科研项目尤其是重大科研项目是推出一批原创性、标志性成果的重要来源。《2017年全国科技经费投入统计公报》显示，各类企业经费支出13660.2亿元，政府所属研究机构经费支出2435.7亿元，高等学校经费支出1266亿元，经费支出占比分别为77.6%、13.8%和7.2%。由此可见，企业已经成为中国科技研发的绝对主力，高等学校逐渐式微。转变不利局面的重要途径就在于增加对科研项目的投入力度，加大研究的深度和广度，筑牢研究基础，增强研究程度，提高研究成果的影响力。第三，完善经费管理使用办法。简化财政科研项目预算编制方法，取消劳务费比例限制，简化劳务费报销手续，取消绩效支出比例限制，放宽诸如差旅费、会议费、科研仪器设备采购、学术交流出国管理权和基本建设项目的科研资金使用权限。以创新项目服务管理方式为契机，加强科研制度建设和政策督查。

青海省高等教育促进区域经济发展问题研究*

黄湘宁 朱彩萍**

高校植根于社会之中，无论是人才培养、科学研究还是文化引领，最终目的是为了促进社会的发展和进步，因此，促进社会的进步和发展自然成为高校的根本使命。区域高等教育的发展，必须密切与区域经济相结合，共同培养应用型人才，共同促进科技成果转换，发挥高校的咨询服务作用，实现地方高等教育与区域经济发展的互动双赢。

一、我国区域经济与区域高等教育发展现状

我国高等教育区域协调发展已有的研究表明：高等教育与区域经济是相互影响的。主要表现在：

（一）区域经济发展对高等教育的影响

其主要体现在：区域经济水平对地区高等教育发展水平的影响；经济增长的质量与效果从根本上制约教育的发展；区域经济社会的发展是高等教育改革与发展的动因和条件；区域经济社会发展促使高等教育特色化发展；区域可持续发展推动教育的可持续发展；区域经济影响不同地区高等教育投资多渠道、多元化的实践效果。

（二）高等教育发展对区域经济的影响

其主要体现在：高等教育在校生规模与毕业生规模的扩大对 GDP 增长

---

* 本文发表于《青海师范大学学报（哲学社会科学版）》2014 年 5 月第 36 卷第 3 期。
** 黄湘宁，青海师范大学教授；朱彩萍，青海师范大学研究馆员。

的拉动作用；高等教育通过提高人力资本来推动经济发展；高等教育通过推动科技进步进而推动经济发展。

从当前的研究成果分析，绝大部分只是针对一般高等教育与区域经济的关系进行了阐述与分析，而对高等教育体系中的地方高等教育与区域经济科学发展之间如何建立良性互动关系，以实现"互补""双赢"的问题，学术界还没有予以足够的认识和充分的讨论。建立地方高等教育和区域经济科学发展之间互利互补的良性机制，无论是对深化高教领域的改革，还是对提高我国区域经济的竞争力，实现区域经济的可持续发展，都有着十分重要的意义。

二、青海省高等教育与区域经济发展的相互关系

（一）青海省高等教育概况

青海省的高等教育发展呈现出"招生跟着就业走、办学跟着市场走"，"办学围绕社会需求转、教师围绕学生成才转"的办学路子，加强基础设施建设，扩大办学规模和层次，调整布局结构，深化办学和管理体制改革，开展对口支援，实施省部共建，着力提高高等教育办学质量和水平，凸显出"有特色、上水平、贡献大"的鲜明特征。现有高等学校11所，其中普通高校9所，成人高校2所。[1] 普通高校中本科院校4所（含独立学院1所），高职院校5所。全省共有研究生培养机构5个，其中高等学校3个，科研机构2个。初步形成了本科、专科、中专和成人教育等层次较为完备的高等教育体系。随着青海省经济社会和高等教育的发展，高等学校办学水平和综合实力大幅度提升。目前，青海省根据区域发展规划，利用中央财政藏区项目投入、省级财政投入、学校自筹投入和市场化融资等多渠道筹措资金，建设集普通全日制教育、成人教育、高职教育和现代远程教育于一体、西北地区一流的教育园区（4640亩）。

---

[1] 青海省教育厅.2012年全省教育事业发展统计公报［R/OL］.（2013-02-28）［2014-03-06］. http://jyt.qinghai.gov.cn/gk/jyfz/201812/t20181204_28610.html.

（二）青海省区域发展前景

青海省位于青藏高原东北部，这里地大物博，资源富足。有资料显示，目前，青海共发现各种矿产 125 种，其中 54 种储量位居全国前 10 位，9 种居全国首位。特别是黄河上游的水电资源、柴达木盆地的盐湖资源、石油天然气资源，以及分布在全省各地的有色金属资源、非金属矿产资源极为丰富，目前已初步形成了以水电、油气、盐湖化工、有色金属四大支柱产业为主体的资源型产业体系，资源开发利用具备了一定基础。此外，青海也具有丰富的高原特色的农牧业资源、野生动植物资源、旅游资源。素有"中华水塔"美誉的三江源地区，是我国最重要的水源地，其生态系统价值超过 11 万亿元。祁连山南麓是甘、青两省的主要水源地和西北重要的生态功能区。国家西部大开发战略为青海迎来了发展振兴的重大历史性机遇，持续兴起大开发、大建设、大发展热潮，致力在经济实力、产业扩张、城市拓展、外向开拓、地方经济、全面小康等方面全方位谋求跨越。青海省确定了"落实科学发展观，建设富裕、和谐、文明的新青海"的战略目标，把握自身优势，发展特色产业，努力打造高原旅游名省。①

三、青海省高等教育与区域经济互动中存在的问题

"差距是欠发达区域教育发展的第一性问题，超越差距是欠发达区域教育发展的基本诉求。"② 经过多年的努力，青海省高等教育与社会经济发展逐步走上了良性循环的轨道，取得了初步成效，但两者之间依然存在不平衡和相互制约的因素，一些问题还有待解决。

（一）高等教育结构不尽合理

高等教育层次结构较低。青海省 11 所高校中，本科院校 4 所，专科院校 5 所。随着青海省"把握自身优势，发展特色产业，努力打造高原旅

---

① 青海省统计局，国家统计局青海调查总队.2012 年青海省国民经济和社会发展统计公报［R/OL］.（2013–02–20）［2014–03–06］.http://tjj.qinghai.gov.cn/tjData/year Bulletin/201302/t20130222_4375.html.

② 王振权.发展与超越：欠发达区域教育发展模式国际比较研究［J］教育学术月刊，2008（6）：25.

游名省"这一宏伟规划正在一步一步变成现实,青海省人才培养模式、学科结构与经济结构严重脱节,适应经济增长方式根本转变所需的新学科、新专业群还没有形成,从事生产、管理和服务一线的人才明显短缺,急需的工科类高等专门人才十分匮乏。建设经济强省,必须紧紧围绕经济发展需求,调整学科专业设置,加快培养行业所需的科技开发、生产经营等高等专门人才,尽快缓解经济建设加快与人才不足的突出矛盾。

(二)高等教育体制不够完善

一是高等教育办学体制相对单一。当前青海省高校呈现办学体制单一的特点,地方政府作为唯一的办学主体,包揽全部的办学权利,即高度集中管理办学权限,在客观上形成高校的主办权、管理权和经营权三权归一的局面。这一局面导致政事不分、政校不分,造成政府该管的没有管起来,不该管的又管得太死,造成高校布局、结构方面的失调及高校学科、专业设置以及培养人才层次的趋同,脱离经济社会发展的需要。二是投资体制不完善。政府投入的总量还比较小,资金不能及时到位的现象时有发生,公共教育经费支出占国内生产总值的比例落后于全国平均水平。当前,除政府财政拨款外的其他筹措教育经费的渠道虽已开通,但有关的机制尚不健全,一些可以调动的社会教育资源还没有充分调动起来。教育经费的使用效率还不高,普遍存在重"要",轻"用"轻"管"的现象。

四、促进青海省高等教育与区域经济良性互动的政策建议

要实现社会经济健康可持续发展,就要在充分利用高原地理优势的基础上,充分利用地方高等教育资源,紧密加强与地方高等教育的对接和互动,将地方高等教育作为区域社会发展的一种智力和人才资源纳入发展规划,以实现地方高等教育与区域社会经济发展的互动双赢。

(一)科学规划,树立高教优先发展的意识

教育是一种战略性的基础性事业,是区域社会经济发展的不竭动力。优先发展高等教育,将为青海省建成区域性大省提供多层次、宽领域的人才支持和智力支持。

1. 把地方高等教育置于优先发展的战略地位。政府在统筹发展地方经济时，必须从发展战略布局和全局发展的高度出发，把地方高等教育置于优先发展的战略地位，把地方高等教育优先发展、科学发展与区域经济社会发展统一部署、统一落实，使地方高等教育优先发展真正成为地方政府的重要使命和实际行动。要落实科学发展观，做到地方各项事业和谐发展，就必须发挥地方高等教育的基础性、先导性和全局性作用，进一步加强和加快地方高等教育与经济社会发展的良性互动和紧密结合，让地方高等教育成为地方现代化建设的助推器。①

2. 科学规划，强化政府的协调功能。根据青海省经济社会发展现状和前景，政府应该制定有助于区域经济社会发展的地方高等教育整体发展规划，处理好研究生教育、普通高等教育、高职高专教育、成人高等教育的协调发展，制定和落实相应的配套措施，使地方高等教育能在一个有规划、有步骤、有依托的良好环境下健康发展。同时，政府应为地方高等教育的发展创造平台、协调关系，组织社会资源、联系地区产业，积极搭建校企联盟，使之成为学校的研发基地、实验实习基地和成果转化基地，逐步形成地方高等教育与地方产业紧密结合、良性互动的产学研体系。

（二）整合资源，优化高等教育结构

产业结构的调整必然会导致人才培养类型、结构、规模等社会需求的变化，青海省的发展上升到国家战略层面后，其产业结构的调整引发了人才供给与社会需求方面的矛盾，在此背景下，地方高等教育必须进一步优化结构、调整规模，更好地实现服务地方经济社会发展。

1. 构建合理的教育层次结构。根据连续多年青海省产业结构比例的变化，青海省第二产业所占的比重在逐渐增加。产业结构的变化直接导致的就是人才需求结构的变化，而人才需求结构的变化最终就体现在就业结构上，这种产业结构比例的变化说明经济社会发展对人才层次要求的提高。针对目前青海省高等教育层次现状，要统筹和整合全省高等教育资源，进

---

① 华耀军.高等教育与我国区域经济发展研究[J].武汉船舶职业技术学院学报,2012（2）：14-21.

一步提高办学层次，扩大办学规模。

2.加强地方高校学科建设。青海省在产业调整的过程中，加快建设新能源、新材料、盐湖化工、有色金属和生物资源精深加工等循环产业链，进一步壮大特色优势产业，形成产业延伸、升级、配套和循环发展新格局。为适应上述产业结构的调整，必须加强地方高校的学科建设，一是加大专业改造力度，适当从整体上压缩传统学科，使其向高层次方向发展，减少地区需求量较少的相关专业。二是要以市场为导向，扶持和发展符合本地区重点产业发展紧缺的学科专业。重点发展生物制药、盐湖化工、藏医药、新型材料等高新产业学科。①

3.重视科学研究与技术创新。R&D(research and develop，即研究开发)投入强度是具有较高创新能力的重要保障，所以在区域经济发展中，应加大对高校R&D的投入力度，提高其在地区国民生产总值中的比重。通过一系列措施，调动高校的积极性，引导科学研究与技术创新朝着与实际生产活动接轨的方向努力，增强科技转化为实际生产力的能力，从而加速高等教育对区域经济发展的促进作用。

（三）深化改革，完善高等教育体制

1.转变政府职能，完善地方高等教育管理体制。一是政府要做好集权与分权的关系，对于国家教育法律法规规定的政府教育管理职能，要加强管理，而对于学校自主办学权应适当下放；二是政府要建立社会中介机构，从烦琐具体的事务中解脱出来，用政策、规划、经济等手段进行宏观管理；三是要深化办学和管理体制改革，建立适应开放办学和经济社会发展的现代大学制度，逐步改善现有的产权结构，使其达到一个比较合理的结构比例。

2.优化办学体制，推进办学体制多元化。经济成分的多元化、所有制的多元化、利益主体的多元化使我们要打破单一的办学模式，引导和鼓励社会各方面力量采取投资、集资、合作等形式办学，实现办学主体多元

---

① 青海省教育厅.2012年全省教育事业发展统计公报［R/OL］(2013-02-28)［2014-03-06］. http://jyt.qinghai.gov.cn/gk/jyfz/201812/t20181204_28610.html.

化,形成以国家办学为主体、社会共同办学为补充的多元化模式。办学体制改革的方向要向多种所有制格局推进,进一步开放高等教育市场,逐步形成以政府为主导,多种所有制办学的导向和局面。

3.深化高等教育内部管理体制改革。一是要妥善处理学术权力与行政权力的关系,使高等学校的发展符合其自身规律和特点。二是实行集权与分权有效结合的新机制,实现学校内部管理权责分配的合理化。三是健全优化人才干部队伍管理体制,采取引进和内生两个渠道建立高层次人才队伍,为人才全面发展营造优越环境。四是深化科研管理体制改革,实现对学校研究的动态管理,进一步完善科研项目和科研成果的评价体系和机制,实现科研管理的规范性、科学性。五是进一步推进后勤社会化改革,更好地满足学校建设和发展对后勤管理的需要,为区域高等教育科学发展创造有利条件。

(四)突出特色,提升高校对地方经济的适应性

面对经济体制转轨、社会结构转型、发展模式转换,区域高等教育需要重新审视自身的发展定位与使命。作为青海省的高等教育,应该服务于地方经济,与西部大开发以及青海省产业布局和经济发展相适应。

1.强化高校的服务职能。高等院校应当积极行动起来,服务经济,服务社会,服务大众,全面推进教育改革,打造区域高等教育特色。青海省高等教育要形成比较完善的应用型人才培养体系、运转顺畅的产学研结合体系和形式多样的教育培训服务体系,提升高等教育的人才支撑能力、知识贡献能力和学习服务能力,增强高等教育服务经济社会能力。要培育地方特色,建立市场导向机制,创新管理体制,调整专业学科设置,加大与社会共建力度,积极构建与青海省产业结构相适应的课程结构、专业结构、学科结构,形成青海地区高校特色。

2.改变人才培养模式。第一,要明确人才培养的定位,既要培养能适应地方需求、具有较高就业技能的毕业生,又要大力培养紧缺人才,缓解青海省高端人才缺乏的制约。第二,积极参与应用人才培养基地建设,加强学科专业的建设和结构调整。第三,鼓励企业全方位参与学校人才培养

工作。第四，改革创新教学模式，确立基于创新的教育价值取向，因为由教育价值观决定的教育价值取向引领教育文化的前进方向，是教育文化的核心之核心。

3.推进产学研一体化。要建立"灵活""互动""互助"的产学研机制，创新产学研合作的组织形式，拓宽合作渠道，校企合作开展人才培养、科技开发、职工培训等工作，实现互惠互利、合作双赢。青海省高等教育要发挥区域优势，促进区域合作，建立高校、政府、企业、社区之间的伙伴关系，形成全社会积极支持高等教育健康发展的良好氛围。

总之，加快青海省高等教育与区域互动协调发展是青海省高等教育发展的需要，也是青海省经济社会发展的迫切需求。青海省必须认真立足其得天独厚的区位优势和西部大开发的政策优势，认真分析高等教育现状和经济社会发展的趋势，认真分析两者的内在联系，根据经济社会发展的需要，加快地区高等教育改革和发展步伐，实现两者的良性互动、协调发展。

青海省远程高等教育发展的新思考*

保吉春**

远程教育是经济不发达地区弥补普通教育发展不足的重要方式。青海省位于中国西北部，幅员辽阔，人口分布不均，社会经济、文化发展落后。发展远程高等教育可以加快青海高等教育大众化和人力资源开发进程，为构建全省终身教育体系和建设学习型社会搭建服务平台。当时代步入知识型社会，远程教育的发展经历了函授阶段、视听教育阶段，进入到网络教育阶段。远程教育的手段、模式都在发展变化，青海省远程高等教育的发展也被打破了原有的平衡，需要进行新的思考，提出应对策略。教育生态学则提供了一个全新的研究视角。

教育生态学以整体论与系统观对教育生态的各种因素进行全面的、联系的思考，有助于发现和解决青海省远程高等教育发展在宏观与微观上的各种问题；以教育生态系统和教育生态平衡的视角考察教育生态的结构和功能，有助于调控青海远程高等教育内部和外部的生态失衡，从而确保其可持续发展；教育生态学中的诸多原理和机制也为我们在解决青海省远程高等教育中遇到的具体问题提供了非常好的启示。

一、青海省远程高等教育生态系统模型

远程高等教育是一个有机的、复杂的、统一的系统。从生态学角度划

---

* 本文发表于《继续教育研究》2013 年 8 月第 8 期。
** 保吉春，青海师范大学教育学院讲师。

分,远程高等教育生态系统由生态主体、生态环境构成。生态主体与环境间进行物质、能量和信息的交换,实现生态功能。

(一)生态主体

生态主体由组成生态系统的生产者、消费者、分解者构成。学生是远程高等教育生态系统中的主体因子,也是主要的消费群体。在远程高等教育体系中,学生的构成包括所有的成人在内,不论其性别、年龄、受教育程度、职业、经历、居住区的差异;远程教育机构的领导、教师、技术和管理人员则围绕着学生的学习开发或购买学习资源、提供学习支持服务,承担着生产者的职能;远程高等教育机构及行政人员制定相关的政策、实施教育经费分配和参与各项管理工作来保证远程教育井然有序开展,扮演分解者的角色。

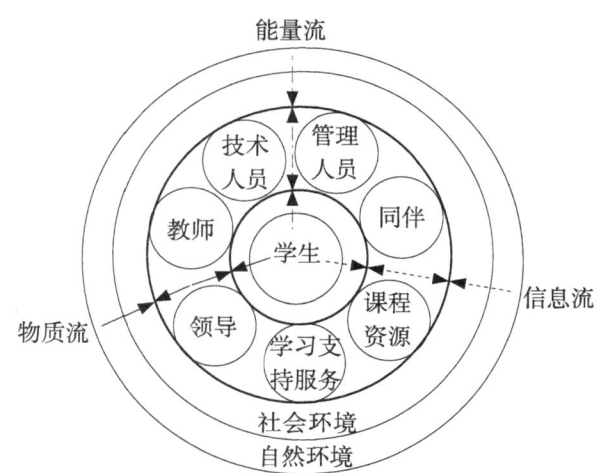

图1 青海省远程高等教育生态系统模型

(二)生态环境

远程高等教育生态环境包括自然环境、社会环境。其中,自然环境是指人类赖以生存的自然生态条件,包括地理位置、气候条件等。社会生态环境是指与远程高等教育密切相关的社会政治、经济、文化、人口等因素构成的外部环境。自然环境和社会环境给予远程高等教育直接或间接的影响。

（三）生态功能

生态系统中的生命体都必须与环境进行物质、能量和信息的交换才能生存下来。[1] 在远程高等教育生态系统中，资金的投入使用、学习资源的开发应用、师生间及生生间的交流对话，能够实现物质、能量和信息的有效交换，使系统发挥正常功能。

二、教育生态观下青海省远程高等教育发展中的生态失衡

生态平衡代表着生态系统的最佳状态。当生态系统的结构与功能、物质与能量的输入与输出处于相对稳定的状态，则系统处于平衡状态。然而在青海省远程高等教育系统中，各办学机构的规模、设备配置差异大；系统生态环境、资金投入、学习资源开发和信息传递等与人才输出要求之间存在较大差距。青海省远程高等教育系统生态环境、结构和功能处于失衡状态。

（一）生态环境失衡

从自然环境来说，青海省处于西部民族地区，是全国自然条件最恶劣、生存环境最艰苦的省份之一。这使得远程高等教育发展在师资配备、教学资源，特别是信息获取方面表现出先天不足。青海省远程高等教育生态环境失衡主要体现在社会环境。首先，远程高等教育主要是面向成人的学历教育，社会对其重视程度低于普通高等教育。远程高等教育办学机构对其定位主要放在为学校创造经济效益上。其次，青海省经济发展一直处于全国落后水平。政府对远程高等教育的投入非常少，缺少资金的投入就无法创设良好的软硬件环境。另外，青海省自古就是一个多民族聚居的省份，全国56个民族中，青海就有43个，少数民族人口占全省总人口的45.5%，民族自治地方面积占全省总面积的98%以上[2]。少数民族聚居的偏

---

[1] 朱婕. 教育生态视野下高职院校发展研究[M]. 武汉：华中师范大学出版社，2010：8.
[2] 张瑜. 论青海省现代远程教育发展中的问题及对策[J]. 青海师范大学学报：哲学社会科学版，2009（3）：140.

远地区是远程高等教育应该重点发展的地区。而少数民族的宗教信仰、习俗等从一定程度上影响了人们接受教育的积极性。同时，广大农牧区长期处在自然经济条件下，没有就业、竞争的压力，人们安于现状，对于接受教育并没有迫切的需求。综上所述，自然条件、经济发展、对远程学习的重视程度等方面的欠缺不能为青海省远程高等教育平衡稳定地发展提供良好的生态环境。

（二）生态结构失衡

远程高等教育的生态结构主要表现在各办学机构的比例关系及专业和课程设置的构成。目前，青海省开展远程高等教育的本科院校为青海广播电视大学、青海大学、青海师范大学及青海民族大学。青海广播电视大学从1979年建校至今已经形成比较完善的远程高等教育体系，在全省建有各级教学点24个，形成了覆盖全省的系统办学网络。2000年秋季，青海广播电视大学将卫星电视和计算机网络结合起来，与中央电大及基层试点单位建立了"天地人网相结合、三级平台互动"的网络教学支持服务环境。而其余3所院校的远程高等教育，除了与其联合办学的共5所外地院校提供网络学习平台，本校开设的专业课程全部采用函授教学形式，没有远程网络教学平台提供学习资源和学习支持服务。办学模式单一，教学手段落后。另外，《2010年度青海省人才需求目录》显示，青海省各类企事业单位需求的人才主要分布在60余种学科300余种专业中，大部分人才需求集中在金融工商贸易、医药卫生、计算机信息技术、工民建、财务会计、机械机电、化工等行业领域。在4个院校开设的共约50个本专科专业中，主要集中在法学、汉语言文学、会计、金融和工商管理专业。贸易、工民建、机械机电、医药卫生、化工这些方向基本是空白。专业开设的数量和种类不能满足青海省社会发展对人才的需求。教育机构发展的规模比例失衡以及专业设置的不足使青海省远程高等教育生态结构失衡。

（三）生态功能失衡

从功能上讲，教育生态系统的平衡主要考察系统内物质流、能量流、信息流的功能情况。青海省远程高等教育生态功能失衡表现在以下三个方面。

1.资金投入不足。能量流动是生态系统的生命线①。而教育经费的投入就是促使整个远程高等教育协调发展的能量保证。青海省经济发展落后，相应的教育投入也偏低。2011年，青海省教育投入约130亿元②，但主要投向基础教育发展。从个人而言，2011年，青海省年人均可支配收入约为1.5万元③，参加远程高等学习，学费和杂费至少要开支三分之一，负担较重。在已入学的学员中拖欠学费的情况比较普遍。能量投入低，因此，整个远程教育生态系统缺乏持续运转的动力与活力。

2.学习资源建设不力。学习资源是远程教育系统赖以平衡发展关键的能量流和物质流。只有高质量的学习资源，才能保证远程教育生态系统良性的发展，而目前青海省远程教育学习资源建设存在的问题如下：首先，学习资源生成能力弱。以青海广播电视大学为例，采取了三种资源建设方式：一是购买使用中央电大的资源，现有VCD音像教材257门；二是购买引进外省电大资源，共引进56门课程教学资源；三是自建资源，2002年至2012年，建设教学资源70余门。可以看到，引进资源占据了很大的比重。学习资源自主开发能力还比较薄弱。其次，学习资源适应性差。由于自建资源能力欠缺，学习资源的开发建设不能结合本省学员的学习特征，而青海省远程高等教育学生中少数民族特别是藏族学生占非常大的比重，所以学习资源利用率势必降低，不能达到对学习资源充分地利用和消化。另外，学习资源更新不及时。目前，学习资源不能及时更新是非常普遍的现象。教师依赖于已有的学习资源，对于课程内容等信息的更新相对缓慢。而优胜劣汰是生物圈的自然法则，不及时淘汰旧的资源，就无法让新的教学内容和方法、模式融入学习资源体系中，也就影响了整个生态系统的物质循环。

3.信息传递不畅。根据达尔文进化论学说中的"自然法则"，任何形

---

① 曾祥跃.网络远程教育生态学［M］.广州：中山大学出版社，2011：100.
② 青海省统计局，国家统计局青海调查总队，青海统计年鉴（2012）［M］.北京：中国统计出版社，2012：306.
③ 同②200.

式的生命必须从变化着的环境中不断接收信息,才能适应外部环境的变迁,才能生存下来而不被淘汰[①]。远程教育教师和学生时空分离的特点使信息的传递和交流显得更加重要。但就地理环境而言,青海省地处西北偏远地区,相对内陆省市信息传递依然闭塞缓慢;就硬件环境而言,目前网络基础设施没有普及,偏远农牧区有些地方甚至用电都十分困难;就软件环境而言,除了青海广播电视大学,其余3所院校的远程高等教育基本为函授教育,除了定期面授能够面对面交流,其余时间学校和学员之间无任何联系。虽然青海广播电视大学建立了网络教学服务平台,但学生浏览学习资源及发帖交流次数还不及总人数的一半。总的来说,青海省远程高等教育学习资源的传送,学生和教师、管理人员及学生和学生之间的沟通交流十分欠缺,信息传递不畅。

资金投入不足、学习资源建设不力、信息传递不畅使培养出的学生在知识获取和能力形成方面不能满足社会发展需要,青海省远程高等教育生态功能严重失衡。

三、教育生态观下青海省远程高等教育发展的思考

(一)确定生态位,构建良好的生态环境

在生态学看来,没有一种生命有机体是可以孤立存在的,任何一种有机体都必须依赖周围的环境。构建良好的生态环境首先要明确远程高等教育在青海教育发展中的"生态位"。生态位的内涵可以从两个方面去理解。就物种个体而言,指物种在生物群落或生态系统中的位置和角色;就生态环境而言,指生态环境为生物个体所提供的资源谱以及生物个体对生物环境的生态适应度[②]。确立远程教育的生态位首先要明确远程教育在青海省教育发展中的位置和发挥的作用,即"远程教育的定位";同时为远程高等教育的发展提供政策、投入上的支持,创造良好的发展环境。毋庸置疑,

---

① 朱婕.教育生态视野下高职院校发展研究[M].武汉:华中师范大学出版社,2010:41.
② 韩英.成人教育生态位管窥[J].职教论坛,2008(5):26.

青海省地域广阔，农牧区人口分布分散，农牧区基础教育薄弱。远程高等教育则成为提升全民特别是少数民族聚居的农牧区人口学历水平及素质的非常重要的手段，政府必须明确这种重要的地位，在政策制定和实施以及资金投入方面，彰显出这种重要的地位。远程高等教育办学机构的观念也应全面更新，不能仅停留在函授教学阶段，更不能把"成人教育"只是作为经济创收的一个手段，而应该将学费收入更多地投入提高教学质量的各项建设上。

远程高等教育师生时空分离，学习资源的及时输送、教师和学生间的信息沟通都要依赖于现代媒体技术，它对媒体的依赖性远远超过普通教育。目前，远程教育发展到网络教育阶段，青海省远程高等教育的发展也应与时俱进。在硬件环境方面，加强网络基础设施的建设。在软件环境方面，加强课程资源的开发之外引进如卫星虚拟教室、桌面视频会议系统等软件，创造良好的学习环境和师生对话环境，以激发学生学习的兴趣和动力，促进信息交流，实现高质量的学习效果。

（二）加强学习资源建设，促进物质循环

加强学习资源建设就是要设计和制作符合青海省远程高等教育学生需求的学习资源，这样才能被学生充分使用，从而实现系统内物质的最佳循环，提供系统维持生态平衡的能力，最终促进生态系统的稳定和可持续发展。

1.提高学习资源开发的适应性。学习资源建设首先应遵循协同进化原理，符合青海省远程高等教育学生的特点。青海省远程高等教育学生的特点：一是成人化，二是民族性。远程高等教育学生绝大部分为在职人员，他们的思维发展已经非常成熟，学习动力来源于实际工作的需要，学生对知识的学习也更有实际应用的取向，实用性要求很高。因此，学习资源不能仅限于课本的理论知识，无论是面授内容还是远程传播的学习资源内容，都应考虑到知识的实用性，多提供实践性知识和实际案例。另外，学习资源的开发要适应民族特点。目前，少数民族学生是青海省远程高等教育学员中的重要组成部分。其中，藏族是青海省少数民族中人数最多、分布最广的民族。很多人对汉语并不精通。因此，针对藏族学员占较大比重的学科或专业课程开发藏汉双语教学资源，可以提高学习资源的利用率，提高教学质量。对于提升民族地区人口素质进而推动民族地区社会发展意义重大。

2. 加强学习资源的循环利用。生态系统强调物质的循环再利用。学习资源循环利用次数越多，学习资源的利用效率就越高，远程高等教学生态系统也越有效，学习资源能创造的社会效益越好。模块化的学习资源建设具有更强的循环再生能力，可以将学习资源按照知识点建成微课件、微资源，实现学习资源的灵活组装和利用。另外，及时淘汰利用率低的学习资源。对于利用率高的部分可以通过重组，补充新的内容，形成新的学习资源，达到学习资源的生态循环。

3. 增进学习资源的共享。根据物质循环原理，学习资源在生态系统内的共享可以减少学习资源的重复建设，减少资源建设的能量消耗，从而可以实现系统内能量利用的最大化[①]。2012年，青海广播电视大学与青海大学、青海师范大学、青海民族大学3所省内高校签订了加强教学资源建设联合的协议，旨在实现学习资源的共建与共享。这个措施如果能够深入、持久地继续下去，必定会实现青海省远程高等教育学习资源建设的优势互补和利益共享。

（三）提供学习支持服务，消除限制性因子

限制性因子是指生态因素缺乏、低于甚至超过生物耐受限度的因子[②]。远程高等教育师生时空分离性、教育对象多样化、教学内容多元化的特点，决定了对学习支持服务的高度依赖性。学习支持服务指远程学习时接收到的各种信息的、资源的、人员的和设施的支持服务的总和。学习支持服务的各个环节都需要教学或管理人员的直接参与。由于人的服务具有不可复制性，所以学习支持服务的提供是非常有限的。它成为青海省远程高等教育发展中的限制性因子。消除限制性因子的影响，需要转变观念并提

---

① 曾祥跃.网络远程教育生态学[M].广州：中山大学出版社，2011：70.
② 张进良.面向信息化的农村教师专业发展的生态学思考[J].电化教育研究，2010（6）：27.

供全面的学习支持服务。

1. 观念的转变。青海省远程高等教育要想高质量地发展，必须重视学习支持服务，必须意识到人际交互和师生间的双向通信交流对于远程高等教育的重大意义。远程高等教育要确立"教育服务"的观念，以学习者为中心，以其适应生存、发展需要的学习需求为根据，提供尽可能周到、细致的教育服务，支持学习者自主学习。

2. 提供全面的学习支持服务形式。导学服务为学生的学习给予及时的方法指导、内容辅导、过程督导；在线辅导解答学生在学习课程知识过程中的知识疑点、难点问题；公告板提供师生间、生生间交流的空间；学生的个人服务提供就业咨询、指导服务。全面的学习支持服务，是提高远程高等教育人才输出质量的有力保障。

（四）加强合作交流，突破"花盆效应"

"花盆效应"也称为局部生境效应。在花盆内的个体、群体对生态因子的适应阈值在下降。一旦离开此小生态环境，个体、群体就会失去生存能力，经不起风吹雨打。在远程高等教育系统中，如果只依赖于"教"，而忽略实践应用以及师生间、生生间的信息交流，最终会造成学习内容偏理论化，脱离实践应用；学生过分依赖教师，不会思考，不善于提问，只求掌握现成的结论。这样最终结果是学生可能获取到相关专业的理论知识，但是在能力方面却没有发展。要突破"花盆效应"，首先要借助网络平台，为学生提供丰富的扩充性资源，拓宽学生视野；同时，必须重视师生间、生生间的对话交流。远程高等教育学生中很多有工作经历的成人拥有丰富、多样、贴近实际职业需求的经验，这些经验是可以用来分享的非常宝贵的资源。另外，开展小组合作学习。教师选择合适的教学内容，布置具体任务让学生展开小组合作学习。合作学习过程首先锻炼了学生的自学能力，在合作完成任务的过程中，提高了人际交流能力、异地间的学生交流，提升了媒体素养，任务的最终完成将对理论知识的学习转化为解决实际问题的能力，而这些能力在知识型社会是个人发展必备的技能。

四、展望

"根据《国家中长期教育改革和发展规划纲要（2010—2020年）》，2015年至2020年，伴随着中国人口结构的调整变化、新生儿的减少，人口需求带来的对高等教育的总体需求可能会降低。"[①] 青海省远程高等教育系统必须应对这种发展趋势。按照生态学的观点，物质越丰富，越多样化，系统抗干扰和自我调节的能力越强[②]。远程高等教育院校门类越齐全，办学模式越多，那么，远程高等教育院校应对生态环境变化的能力就越强。因此，青海省远程高等教育机构应扩充专业设置，积极拓展非学历教育、社会培训等形式，综合人口发展特征和青海省社会发展需求办出自己的特色，提升自身的核心竞争力，实现可持续发展。

---

① 杨志坚，李锋亮.对我国远程高等教育规模的中长期预测［J］.中国电化教育，2012（8）：45.
② 曾祥跃.网络远程教育生态学［M］.广州：中山大学出版社，2011：66.

我国西北五省区高等教育发展水平研究
——基于因子分析法[*]

王 烁 张春海[**]

依照我国高等教育改革提出的"稳定规模、调整结构、促进公平、提高质量"战略规划，我国高等教育的发展更上一层楼，在教育规模、教育结构、办学条件以及教师团队方面都得到了很大程度的提高。但自中华人民共和国成立以来，我国经济发展之中就长期存在由于地域不同而带来的区域经济发展水平不平衡的问题，长此以往，也导致了不同地区之间的高等教育发展水平在一定程度上存在较大差异。因此，构建评价指标体系，并评析我国西北地区的高等教育水平，分析目前存在的各种问题，并提出相应的改进措施将显得尤为迫切与重要。

一、西北五省区高等教育发展水平评价指标的选择及评价

（一）选择有效评价指标

1.西北五省区高等教育发展水平指标的选择。通过查阅相关资料可以看出，使用简单的指标不能够清楚地解释和说明西北地区的高等教育发展水平。因此，本文构建了西北地区五个省区（陕西省、甘肃省、青海省、宁夏回族自治区、新疆维吾尔自治区）的高等教育发展水平评价体系，用

---

[*] 本文发表于《民族高等教育研究》2019年7月第7卷第4期。
[**] 王烁，青海师范大学教育学院硕士研究生；张春海，青海师范大学副教授。

其来测量西北五省区的高等教育发展现状。在评价指标体系的构建上，首先使用文献法梳理相关资料，并整理出一些信效度较高的评价体系。如表1所示。

通过查阅相关文献，发现我国高等教育发展水平没有统一的评价体系，不同的研究者分别从不同的切入点对其进行建立，学者们提出的各异观点对于本研究的开展具有较大的借鉴意义。本文遵循科学性、客观性、可操作性等原则，从教育投入产出的角度出发，在高等教育规模、人力资源、经费投入及物质投入等方面入手，构建了反映区域高等教育发展水平的指标，即：在校生总人数（X_1）、毕业生数（X_2）、授予学位人数（X_3）、专职教师数（X_4）、具有高级职称的教师人数（X_5）、教育事业费（X_6）、教师研究经费（X_7）、高等教育教育事业费（X_8）、生均校舍面积（X_9）、生均教室数量（X_{10}）。

表1 关于高等教育发展水平指标体系的构建研究综述

研究者	高等教育发展水平指标体系构建
张男星[1]	1. 整体规模：高等教育入学率以及高校在校生人数。 2. 师资力量：全职教师人数、科学技术和社会科学全日制研究和开发人数以及博士学位专职医生比例。 3. 国际化：国际学生占在校学生的比例和中外合作教育项目的数量。 4. 信息化：电子图书数量、上网课程数。 5. 社会服务：技术转让合同的数量、通过的研究和咨询报告的数量以及高等教育非学位教育的毕业生人数。 6. 经费投入：国家的财政资金占教育基金收入的比例以及预算内的高等教育支出。 7. 多元参与：民办高校占普通高校数量的比例、民办高校举办者的投入和社会捐赠占教育经费收入的比例。

---

[1] 张男星，王纾，孙继红. 我国高等教育综合发展水平评价及区域差异研究［J］. 教育研究，2014（5）：28-36.

续表

研究者	高等教育发展水平指标体系构建
孙继红 杨晓江 缪榕楠①	1. 高教需求：高中毕业生人口比例、高中毕业生人数和高中教育规模（选取每10万人口高中的平均学生人数）。 2. 高教供给：从两个方面进行考察：资金和人力资源。财政资源包括高等教育支出占国内生产总值的比例、高校科技活动支出以及学生公共教育支出。人力资源包括教育行业之中高等教育工作者的比重、高校科技活动的数量、大学人员的全职等值以及学生与教师的比例。 3. 高教入学与参与：从各省区高考招生简报中获得高考录取率作为升学率指标。 4. 高教办学绩效：反映高教办学效率情况。选取的指标是生均办学资源（包括校舍面积、仪器设备、图书及电子图书）和毕业率（包括实际毕业生数与预期毕业生数的比例）。 5. 高教产出：其中，教学产出指数指大学毕业生数与大学毕业生以上教育水平人数的一个比值；研究指标指教师发表的论文数量、书籍数量以及专利申请的数量；社会服务指标指专利销售合同的数量和技术转让合同的数量。
王昱 熊科②	从高等教育规模、水平、投入等方面构建了具体的评价指标：学校数、毕业生数、招生数、高等院校在校生数、教职工数、专职教师的数量、有高级职称教职员工所占的比例、高等教育经费等。

2. 数据来源。本文以中国西北五省区为评价对象，选取近五年（2013—2017年）中陕西省、甘肃省、青海省、宁夏回族自治区、新疆维吾尔自治区发展水平指标原始数据。数据来自《中国统计年鉴》《中国教育统计年鉴》和《中国教育经费统计年鉴》。为了更好地分析各种影响因素，首先将收集的原始数据标准化。

（二）评价方法的选择

本文采用因子分析法建立了一个多维评价模型。该模型是在研究多变量之间的内在依赖性的基础上进行的，来探索数据中的基本结构。它将多个变量综合成几个因子，以重现原始变量和因子之间的相关性。因子分析的

---

① 孙继红，杨晓江，缪榕楠，区域高等教育发展综合评价实证分析[J].科学与科学技术管理，2009，30（12）：122-127.
② 王昱，熊科，东部地区高等教育发展水平的因子分析[J].高教探索，2013，（6）：53-56.

基本思想是对所观测的变量进行分类，将相关性较高的变量分为同一类。

因子分析的实质是建立从高维空间到低维空间的线性映射，利用降维思想将多个复杂指标转化为若干综合且简单明确的少数指标，这些指标通常被称为公共因子[①]。数学模型如下所示：

$$X_1 = a_{11}F_1 + a_{12}F_2 + \cdots + a_{1m}F_m + \varepsilon_1 \quad (1)$$

$$X_2 = a_{21}F_1 + a_{22}F_2 + \cdots + a_{2m}F_m + \varepsilon_2 \quad (2)$$

$$\vdots$$

$$X_p = a_{p1}F_1 + a_{p2}F_2 + \cdots + a_{pm}F_m + \varepsilon_p \quad (3)$$

其中 X_1, X_2, X_3, $\cdots$, X_P 为 P 个原有变量，是均须为零，标准差为1的标准化变量，F_1, F_2, F_3, $\cdots$, F_m 为 m 个因子变量，$m<p$，表示成矩阵形式为：

$$X = AF + \varepsilon \quad (4)$$

其中，X 代表的是原有变量；F 代表的是因子变量；A 代表的是因子载荷矩阵；a_{ij} 则代表因子载荷。a_{ij} 是 x_i 在坐标 F_i 上的投影。ε 代表特殊因子，a 则代表特殊因子载荷矩阵。

二、西北五省区高等教育发展水平的因子分析

（一）相关性检验

在进行因子分析之前，我们应该先检查数据之间是否存在相关性。因为，只有数据间存在较强的相关关系，才可以进行进一步的分析。在分析前用SPSS19.0对数据进行标准化处理，并对标准化后的数据做相关性检验。在因子分析期间提供了几种检验方法以确定变量是否适合做因子分析，本文使用巴特利球体检验、KMO对数据进行检验分析。可以看出，巴

[①] 王晓婧. 我国各省（市、自治区）高技术产业发展水平因子分析与综合评价[J]. 数学的实践与认识，2007，37（18）：17-28.

特利球体检验的结果是：830.877，Sig 为 0.000，这两个数据显示相关系数矩阵与单位矩阵存在明显差异；KMO 的检验值为 0.754。由此可知本文的数据可以进行因子分析。

（二）因子提取

在因子提取环节之中，使用主成分分析法来确定最终的因子选取个数。其中，前三个因子的特征值 >1 且其累积贡献率为：88.58%。如表 2 所示，有较强的代表性。故选取前三个因子为主因子。

表 2 解释的总方差

成份	初始特征值			提取平方和载入			旋转平方和载入		
	合计	方差的 %	累积 %	合计	方差的 %	累积 %	合计	方差的 %	累积 %
1	5.651	56.508	56.508	5.651	56.508	56.508	5.589	55.886	55.886
2	2.196	21.962	78.470	2.196	21.962	78.470	2.192	21.915	77.801
3	1.012	10.118	88.584	1.012	10.118	88.588	1.079	10.787	88.588
4	0.601	6.013	94.601						
5	0.479	4.787	99.388						
6	0.045	0.447	99.835						
7	0.013	0.127	99.962						
8	0.002	0.024	99.986						
9	0.001	0.012	99.998						
10	0.000	0.002	100.000						

（三）因子旋转

为了能够使得所选取的因子更具有代表性和说服性，本文采用最大方差法来旋转主因子的因子载荷矩阵。在 25 次旋转之后，获得 3 个主要因子（F_1、F_2、F_3）的正交旋转因子载荷矩阵，如表 3 所示。

根据旋转后的成分矩阵表可以看出：其中，F_1 在在校生总人数（X_1）、毕业生数（X_2）以及授予学位人数（X_3）、专职教师数（X_4）、具有高级职称的教师数（X_5）上的载荷系数较高，分别达到了 0.991、0.990、0.985、0.990 和 0.991，主要反映了高等教育的发展规模以及政府对师资方面的投入，将其命名为规模师资水平因子；F_2 在生均校舍面积（X_9）和生均教室数量（X_{10}）上的载荷系数较高，分别是 0.973 和 0.955，反映了政府对于高等教育物力资源方面的投入，将其命名为教育硬件设施因子。F_3 在教育事业费（X_6）、教师研究经费（X_7）上的载荷系数较高，分别达到 0.614 和 0.979，反映了高等教育的经费情况，将其命名为教育经费投入因子。

表3 旋转成分矩阵

项目	成份		
	1	2	3
在校生总人数	0.991	0.028	−0.086
毕业生数	0.990	0.063	−0.055
授予学位人数	0.985	0.070	−0.025
专职教师数	0.990	0.029	−0.072
具有高级职称的教师数	0.991	0.028	−0.045
教育事业费	−0.529	−0.447	0.614
教师研究经费	−0.047	−0.010	0.979
高等教育教育事业费	−0.634	0.350	−0.042
生均校舍面积	0.067	0.973	0.032
生均教室数量	−0.085	0.955	−0.034

（四）构建因子得分模型

根据西北五省区高等教育发展水平的综合评价模型，得到各因子的得分权重。根据分析结果，旋转后三个主要因子的特征值分别为 4.95、1.93 和 1.59。另外，三个主要因子的总方差解释率为 88.58%，贡献率分别达到了 0.58、0.23 和 0.19。其中，西北五省区高等教育发展水平的综合得分用 $F_{综}$ 表示，Fi 代表的是相应因子得分，ui 则代表因子方差贡献率，根据公式：

$$F_{综} = \sum_{i=1}^{3} F_i u_i \bigg/ \sum_{i=1}^{3} u_i \qquad (5)$$

从而构建出西北五省区高等教育发展水平综合评价模型

$$F_{\text{综}} = \frac{(0.58F_1 + 0.23F_2 + 0.19F_3)}{0.8858} \qquad (6)$$

将 F_1、F_2、F_3 所含指标代入模型之中，能够得出这五个省区在五年之中的高等教育水平综合实力得分及排名，如表 4 所示。

从西北五省区高等教育综合发展水平的得分及其排名表中，可以看到 2013 年至 2017 年陕西省、甘肃省、青海省、宁夏回族自治区以及新疆维吾尔自治区的数据分析结果。在高等教育发展规模及师资水平上，前三名被陕西省包揽，分别是：陕西（2016 年）、陕西（2017 年）、陕西（2015 年）。后三名是青海省，分别为：青海（2013 年）、青海（2014 年）、青海（2015 年）。众所周知，陕西省虽地处西北地区，但其高等教育的发展在全国还是处于领先水平的。高等院校数量达到 80 所，其中"985 工程"大学 3 所，"211 工程" 7 所。相比之下，青海省的高校数量就非常少了，仅有 11 所高校，其中，"211 工程"大学 1 所，没有"985 工程"大学。在高等教育的硬件设施方面，排名前三位的分别是陕西（2016 年）、青海（2014 年）、新疆（2014 年），后三名是甘肃省，分别是：甘肃（2017 年）、甘肃（2016 年）、甘肃（2015 年）。可以看到，在高等教育硬件设施方面，甘肃省相对落后，其他几个省份的水平相当。甘肃省在教育硬件设施上的低水平与其相对较低的教育经费投入有很大关系。在高等教育的教育经费投入上，前三名是青海省，分别是：青海（2017 年）、青海（2016 年）、青海（2015 年）。后三名是甘肃省，分别是：甘肃（2014 年）、甘肃（2013 年）、甘肃（2015 年）。从数据中可以看到，青海省虽然是西北地区高校数量最少的，但国家对其的教育经费投入力度却并不逊色于其他几个省份，相反，由于高校数量少，其师生人数也相对较少，教育人均预算和教师人均预算较高。甘肃省是西北地区教育经费水平最低的。

表4 西北五省区高等教育综合发展水平得分及排名

地区	规模师资水平因子 F_1		教育硬件设施因子 F_2		教育经费投入因子 F_3		综合得分 $F_{综}$	
	得分	排名	得分	排名	得分	排名	得分	排名
陕西（2016年）	9.68	1	4.99	1	0.31	7	6.82	1
陕西（2017年）	9.62	2	−1	13	0.41	6	5.43	2
陕西（2015年）	9.2	3	−1.13	20	0.24	8	5.12	3
陕西（2014年）	8.53	4	−1.15	21	0.2	9	4.72	4
陕西（2013年）	7.91	5	−1.09	18	0.17	10	4.37	5
甘肃（2014年）	0.46	9	2.93	4	−0.84	24	0.78	6
甘肃（2017年）	1.05	6	−1.28	25	−0.69	18	0.18	7
甘肃（2016年）	0.81	7	−1.25	24	−0.75	21	0.04	8
甘肃（2015年）	0.66	8	−1.18	23	−0.8	23	−0.04	9
甘肃（2013年）	0.15	10	−1.06	16	−0.84	24	−0.32	10
新疆（2014年）	−1.71	14	3.01	3	−0.74	20	−0.44	11
新疆（2017年）	−1.19	11	−0.31	7	−0.58	16	−0.87	12
新疆（2016年）	−1.5	12	−0.58	8	−0.66	17	−1.13	13
新疆（2015年）	−1.64	13	−0.61	9	−0.71	19	−1.23	14
新疆（2013年）	−1.8	15	−0.77	11	−0.75	21	−1.36	15
青海（2014年）	−4.43	24	3.48	2	1.36	4	−1.51	16
宁夏（2014年）	−3.75	19	2.89	5	−0.56	14	−1.62	17
宁夏（2017年）	−3.52	16	0.28	6	−0.41	11	−2.06	18
青海（2017年）	−4.28	21	−1.07	17	2.54	1	−2.25	19
青海（2016年）	−4.34	22	−1.03	15	1.79	2	−2.41	20
宁夏（2016年）	−3.59	17	−1.15	21	−0.5	12	−2.44	21
青海（2015年）	−4.38	23	−1.02	14	1.65	3	−2.46	22
宁夏（2015年）	−3.65	18	−1.09	18	−0.54	13	−2.47	23
青海（2013年）	−4.44	25	−0.67	10	1.26	5	−2.49	24
宁夏（2013年）	−3.87	20	−0.83	12	−0.56	14	−2.54	25

综合前三个因子所得出的综合因子排名，可以看到陕西省（2016年）、陕西省（2017年）、陕西省（2015年）的综合成绩位列前三，排在最后的是宁夏（2015年）、青海（2013年）、宁夏（2013年）。根据综合排名，首先，陕西省综合排名靠前，在规模效益、师资水平、教育经费投入等方面与其他四个省份相比分数很高。其次，可以看到，虽然国家对于青海省的教育经费投入最多，但由于其高校数量低、学校规模以及师资水平相对较弱，青海省的高等教育发展水平仍相对落后。

三、结论与启示

通过因子分析法构建多维度评价模型，定量地得出了我国西北地区高等教育发展的两个显著特征：一是我国西北五省区高等教育发展不平衡，总体上存在中西北部高、西北部以及偏西北部地区低的特征，这与我国的整体经济发展水平的特征基本一致。二是影响我国西北高等教育发展的主要因素是高等教育的发展规模、人力资源和财力资源。从中可得出以下我国西北地区高等教育发展的启示。

（一）优化顶层设计是西北地区高等教育发展的引擎

西北地区的经济发展水平相对滞后，人才流失严重，教育体制落后。这些因素直接导致西北地区的高等教育发展水平严重落后于我国其他地区。若要提高该地区的高等教育发展水平，首先，国家层面应高度重视西北地区的高等教育发展，在教育发展及分配的过程当中，充分意识到发展西北地区的教育是解决教育公平问题的关键。国家应在经费投入、办学政策以及资源配置等方面给予西北地区更大程度上的支持，使得西北地区的高等教育得以更好更快发展。国家应定期召开西北地区高等教育论坛、构建西北地区高等教育大数据平台、发布西北地区高等教育招标课题，以更为系统化、制度化的方式，推进我国西北地区高等教育的发展。其次，省级层面应进一步发挥省级政府在高等教育发展定位、科学合理设置和调整高校一流学科和专业布局方面的重要职能。

（二）加大经费投入是西北地区高等教育发展的保障

经济发展水平的滞后在很大程度上制约着教育的发展，因此，政府应加大对西北地区高等教育经费的投入，对于较贫困地区可以采取全局把握和投资倾斜相结合的方针。在增加政府投入的同时也应建立更为多元化的高等教育经费投入机制，包括捐赠、集资等社会筹资方式，并在社会筹资之后通过政府进行财政配比。目前，世界上许多发达国家及一流高校都在使用财政配比政策。倘若我国西北地区也出台该项政策，社会募捐总量会迅速增长，这会在很大程度上解决资金短缺的问题。在此基础之上，政府还需完善高等教育经费的监管机制，以确保所投入的教育经费物尽其用。

（三）优化人力资源配置是西北地区高等教育发展的保证

教师在高校发展过程当中扮演着不可或缺的角色，好的师资队伍对于高等教育的发展至关重要。但由于西北地区经济发展速度较为缓慢、高水平大学相对较少、学校教育体制滞后等众多原因，造成了大量的人才流失现象，许多高水平人才逐渐倾向于去发达地区发展。因此，学校应引进高层次人才并组建高水平的师资队伍，以此提升高校整体教育质量水平。同时，西北地区的高校在师资队伍建设时还应积极探索国际化路径与方法，不断推进本校师资队伍的国际化发展，向国际一流高校看齐。

（四）协调质量与规模是西北地区高等教育发展的方向

西北地区的高等教育发展相对我国发达地区有所欠缺，故应从实际出发，在提升高等教育综合实力的同时，兼顾教育质量以及教育规模的发展。加大政府对于西北五省区教育经费的投入，加强教育改革的力度，并结合"一带一路"战略对高等教育的发展要求，努力增强高校的综合竞争力。吸引更多创新人才，构建以人的全面发展为宗旨的一流学科体系，培养一流人才。与此同时，对于西北地区的高等教育来说，加大国际化办学与组织力度也尤为重要。高校应积极探索国际化发展目标，并在稳步推进学校国际化工作的同时大力加强高校国际化校园文化建设。

第四章
比较研究

没有比较就没有鉴别，没有鉴别就没有准确的认识。比较教育的历史并不长，如果从法国教育家马克·安托万·朱利安首次发表的《比较教育的研究计划与初步意见》（1817）算起，到现在也不过二百多年，而作为教育科学的一个独立分支——比较教育乃是20世纪初的事，如美国著名的比较教育家康德尔的《比较教育》一书，是在1933年才出版的。直到20世纪60年代以后，比较教育的研究才有了较大的发展。从本篇所选文章来看，青海师范大学学者们的比较研究视角逐步在打开，肇始于引荐世界一流学科发展的国际经验，落脚于"一带一路"建设背景下西北地区高等教育中外合作办学、远程高等教育运行等具有时代特色的研究议题。随着"一带一路"倡议的提出，未来在比较教育研究方面，还有很多可以涉猎的话题，期待青海师范大学的学者们多多贡献智慧。

世界一流学科发展有哪些国际经验*

洪成文

要概括出世界一流学科发展的国际经验说起来容易,实际是很难的。因为每一种概括,都有难以穷尽之处。我认为,世界一流学科发展的国际经验大致可以概括为四个方面:大时运大气势的发展机遇;自由而富有创造性的学术氛围;代际发展的可持续保障;科学关怀的人类根本性疾苦。

承接时运是一流学科的机遇,借助大势,则学科发展顺理成章。大势逝去,学科难以一流。英国承接工业革命两三百年,才有了英国近代科学发展的全盛时代。若没有第二次世界大战的时运,若没有110多亿的战争横财,美国也不可能借势挖到欧洲一大批顶尖的科学家。没有世界大战的胜利所带来的时运,世界知识中心怎么可以转移到美国,就学科发展而言,美国的一流学科发展的全面辉煌,至少还要再晚几十年。相比之下,贝尔格莱德大学经济学科曾经显赫一时,然而南斯拉夫解体后,贝尔格莱德大学虽还在,但学校的经济学科影响力在国际上几乎消失。苏联时期各类学科的欣欣向荣,也都在苏联解体后,发展变得艰难。时运,不是想来就来的事,但是如果时运没到,学科发展自然缺少必需的沃土,一流也就无从谈起了。

自由而富有创造性的学术氛围。何谓学术,学术包括科学研究和人才培养的活动的全部。为什么要让氛围更加自由,因为它有利于更多的创

---

*　本文发表于《中国高等教育》2018年第5期。

造。如何创设自由的氛围呢？国际经验表明，就是让学者有交流和沟通的场所，或酒吧，或咖啡屋，或学术沙龙。英国的牛津和剑桥，一直有重视学者间学术交流的良好传统。英国学科发展的一流与其自由的学术气氛有关。有人戏称，小酒吧铸就了英国科学的辉煌。这些街头巷尾的酒吧，不仅被誉为"无围墙学院"，而且还是皇家学会的雏形。同样在今天，美国的顶尖大学也无不为学者沟通创造条件。耶鲁大学前任校长莱文教授曾告诉中国大学校长同行，耶鲁大学，若有余力，必建设更多的咖啡屋。有了咖啡屋，思想才能流动，创新方有可能。不难看出，一部一流学科的发展史，可以投射到一条普通但又十分有趣的线条上，即小酒吧或咖啡屋里的抽烟、把酒、喝咖啡、神仙会……世界上最严肃的科学发现与轻松有趣的环境有某种关联。因为有了这些环境，跨学科的联系才有了落脚之地，思想的流动才有可能，智慧的火花才可以迸发出来。让个人占有的空间尽可能的小，让沟通与交流的空间尽可能的大，就是一流学科发展给我们的良好启示。

代际发展为一流学科的持续发展提供了理念指导。如何确保一流学科的代际发展，关键在资金和人才。就资金而言，有两种渠道，一个是依靠国家，比如美国的联邦实验室多数是来自联邦能源部等部门的强力投资。伯克利有那么多的教授获得诺贝尔奖，与劳伦斯实验室以及联邦政府的源源不断的资金支持是分不开的，物理学、纳米材料和生命科学的发展与劳伦斯实验室具有高相关。资金的另一渠道是学校自筹。一流学科在吸纳社会捐赠方面具有得天独厚的优势。一流学科如何发挥这个优势呢？就是通过设立讲席教授（chair professorship）来获得社会捐赠。讲席教授的资金本质上来自私人捐赠。大学巧妙利用这笔捐赠的利息，来聘请著名学者。资金可持续了，一流教授的礼聘就有了经济基础，因为本金常在，此道理如同诺贝尔奖金与诺贝尔基金会。与资金的永续性有关，一流学科还有人才吸引人才的现象，这就是所谓的"人聚人"。一个学科有了大腕儿，或者拥有一批大腕儿，自然就会吸引更多的青年才俊加盟。理财机构的赚钱秘密是钱生钱，一流学科的发展诀窍也可谓"人聚人"。当然，如何认定新来的学者，如何确保团队水平上升而不下降，耶鲁大学的经验具有可操作性。让每一个新进的学者，都在本团队水平的中线之上。一次人才引进，看不到多大成效，但是几十年下来，就会看到学者团队水平的可持续的提高。

科学探索要关怀人类的根本性疾苦。世界一流学科的方向或聚焦于民族的疾苦和国家的需要，或选择全球的大问题、人类的大苦难。世界性课题的探讨和攻克难关，更容易获得普遍性的认可，也更容易产生科学的进步。学术发表是这样，诺贝尔奖评审也是这样。哈佛大学校长福斯特教授在北京的演讲中指出，哈佛的学者特别关注全球气候问题。因为气候是全人类的，而不是美国的，也不是中国的。她指出，哈佛的科学探索一直以人类的健康和发展为主旨，实践中，无论问题出现在哪里，哈佛的学者就会出现在哪里。西非遭遇到了埃博拉病毒的肆虐，哈佛的医学专家、生命科学专家和化学家们就会立即出现在西非，从事病毒基因的本原研究。一流学科的任何探索，都不只是为了一己之利，而是要放眼全球，要有世界命运共同体的大局观。越是世界的，就越是重要的。这就是一流学科发展的精神之所在，一流学科一定是大气的、有大胸怀的。

"一带一路"建设背景下西北地区高等教育中外合作办学研究

——基于利益相关者视角[*]

李晓华 刘静芳[**]

我国西北地区作为"丝绸之路经济带"建设的核心区,是"一带一路"倡议的重要承载区域,具有重要的战略价值。我国西北地区中外合作办学的本质就是以合作为形式的高等教育交流。通过中外合作办学,引进国外先进的教育教学理念,将其与西北地区丰富的高校教学实践相激荡与融合,推动西北地区高等教育国际化进程;促进"一带一路"沿线国家与西北地区文化的交流与合作,提高西北地区高等教育的国际知名度,促进西北地区的文化繁荣;在增强我国与沿线国家相互理解的基础上开展更为广泛而深入的融通,培养一批适应"一带一路"建设所需的人才。

中外合作办学是指外国教育机构同中国教育机构在中国境内合作举办以中国公民为主要招生对象的教育机构。[①] 在外延上,中外合作办学包括中外合作办学机构和中外合作办学项目,两者的区别在于是否设立实体的

---

[*] 本文发表于《民族教育研究》2019 年第 30 卷第 6 期(总第 155 期)。本文系国家社科基金"十三五"规划全国教育科学规划 2018 年度教育学西部项目"青海农牧区全科教师胜任力研究"(项目编号:XHA180285)的阶段性成果。

[**] 李晓华,青海师范大学教育学院教授,青海师范大学高原科学与可持续发展研究院研究员、博士生导师;刘静芳,青海师范大学教育学院硕士研究生。

[①] 中华人民共和国教育部中外合作办学监管工作信息平台. 中华人民共和国中外合作办学条例[EB/OL].(2003-09-01)[2019-06-25].http://www.crs.Jsj.edu.cn/news/index/2.

教育机构。"西北地区高等教育中外合作办学"是指中外合作办学者在中国西北五省、自治区①合作举办以高中毕业生及以上学历者为主要招生对象的中外合作机构和项目（不包含西北五省区与港澳台地区合作办学机构或合作办学项目）。目前，有关中外合作办学的研究取得一定成果，主要围绕中外合作办学的管理问题、办学模式、课程设置和质量保障等方面，以案例形式对中外合作办学的实践问题进行研究。虽然也有研究者从跨文化、系统论、政策效用、利益相关者等理论视角对中外合作办学进行了研究，但总体来看，理论研究的深度尚显不足。尽管相关研究中有基于利益相关者理论分析中外合作办学的现状与问题，也多聚焦注重利益相关者之间的横向冲突与协调。此外，现有的研究成果对我国东中部地区中外合作办学关注较多，对西部地区研究较少。为此，针对"丝绸之路经济带"区域，基于利益相关者理论视域，从政府、教育机构、学生、家长等主体分析西北地区高校中外合作办学现实困境及其改进路径，具有重要的理论和实践意义。

一、中外合作办学利益相关者的分析

"利益相关者"（stakeholder）原是西方经济学概念，与"股权者"（stockholder）即"股东"相对应，泛指包括股东以及其他与企业有利害关系的个人或团体，比如职工、消费者、政府部门、社区等。②美国学者弗里曼（R. Edward Freeman）将利益相关者定义为"任何可以影响组织目标的实现或受该目标影响的群体或个人"。③此后，该理论被广泛应用于社会学、法学等领域。高等教育学领域的应用以哈佛大学文理学院前院长亨利·罗索夫斯基（Henry Rosovsky）提出的大学"拥有者（owner）"为标志，他认为大学"拥有者"不仅包括教授及董事，还包括更为广泛的有利

---

① 本文所指的西北五省、自治区包括陕西省、甘肃省、青海省、宁夏回族自治区和新疆维吾尔自治区，以下简称"西北五省区"。
② 耿殿磊.中外合作办学利益相关者分析［J］.高教探索，2007（1）：59-63.
③ 弗里曼.倡议管理：利益相关者方法［M］.王彦华，梁豪，译.上海：上海译文出版社，2006：52.

害关系的个人或群体，如学生、捐赠者、政府、公众、社区。①

根据罗索夫斯基的大学"拥有者"理论，可以推出参与中外合作办学的利益相关主体既有政府部门、国内外高等院校，又有学生、家长、企业等。本文根据各主体在中外合作办学中的作用，把中外合作办学利益相关者分为宏观管理主体、执行主体以及社会参与主体三类。政府部门对中外合作办学起着宏观管理的作用，是宏观管理主体；境内外教育机构为中外合作办学进行招生、教学、颁发证书等，是中外合作办学的实践执行主体；学生、家长、社会企业等主体直接或者间接参与到中外合作办学之中，是社会参与主体。在中外合作办学的各利益相关者主体中，每个利益主体都有各自的价值诉求。然而，受西北地区中外合作办学的影响，西北地区高等教育中外合作办学各方利益主体的诉求与该地区中外合作办学的现状出现了矛盾与冲突，导致利益相关者的现实利益与其预期利益不匹配。同时，利益主体之间的冲突也影响着中外合作办学的发展。如何更好地提升中外合作办学的质量，需要西北地区中外合作办学利益相关者的共同参与，在中外合作办学中实现互动共赢。本文着重从重要的利益相关者角度，分析西北中外合作办学的现实状况与改进策略。

二、西北地区高等教育中外合作办学的现实困境

（一）中外合作办学发展需求与政府部门政策的矛盾

国家和地方出台相关政策，逐步完善办学规范，是"一带一路"教育合作和发展中的重要基础，也是中外合作办学发展的必然需求。中外合作办学依据的两个最重要的政策文件是2003年印发的《中华人民共和国中外合作办学条例》（以下简称《条例》）和2004年印发的《中华人民共和国中外合作办学条例实施办法》（以下简称《实施办法》）。这两个文件是中外合作办学能够顺利开展并逐步扩大的保障，保证了国家在中外合作办

---

① 符琼霖，陈立鹏.民族院校章程建设的问题与突破——基于利益相关者理论的分析视角[J].民族教育研究，2019，30（1）：30-37.

学中"扩大开放、规范办学、依法管理、促进发展"的方针。然而,《条例》及其《实施办法》已施行十余年,随着"一带一路"倡议的提出与推进,中外合作办学的规模不断扩大,一些条款难以满足现阶段中外合作办学的发展需求,急需修订和完善。另外,《条例》中对中外合作办学的设立、组织与管理、教育教学、法律责任等内容的规范比较模糊。而《实施办法》也没有对中外合作办学的优质资源、办学质量、专业设置、课程内容、招生计划等提出明确规定。

在落实"一带一路"倡议的推动下,西北地区的地方政府出台了零散的关于中外合作办学的直接或间接规定。例如,《青海省2019年度推进"一带一路"建设重点工作分工方案》提出:"积极开展教育交流合作";[1]《西安建设"一带一路"综合改革开放试验区总体方案》中明确规定:"引进国际优质教育资源,鼓励国内外知名、有特色、高水平高校在西安合作办学,共建'一带一路'沿线国家教育合作和人文交流新平台,全面提升新时代教育对外开放水平。"[2] 然而,西北五省区各地政府出台的有关中外合作办学规范性条例,只是在某个方案中简单提及,政策的弹性较大,没有具体的执行措施。中外合作办学政策的滞后和模糊,阻碍了西北地区中外合作办学的健康发展。

(二)服务"一带一路"倡议与中外合作办学实践主体执行的错位

依托中外合作办学形式,西北地区高校希望引进优质教育资源,学习先进的办学理念和模式,进而优化西北地区高等教育资源,培养一批适应"一带一路"建设所需的人才,在增强我国与沿线国家相互理解的基础上开展更为广泛而深入的融通,实现社会经济的可持续发展,为沿线各国实现政策互通、设施联通、贸易畅通和资金融通提供支持。然而,西北地区合作办学的实践执行主体作为合作文化建设、办学理念落实、人才培养运

---

[1] 青海省发展改革委.青海省2019年度推进"一带一路"建设重点工作分工方案[EB/OL].(2019-05-14)[2019-06-22].https://www.yidaiyilu.gov.cn/zchj/dfzc/90128.htm.

[2] 西安建设"一带一路"综合改革开放试验区总体方案[EB/OL].(2019-01-05)[2019-06-22].https://www.yidaiyilu.gov.cn/xwzx/roll/77405.htm.

行的具体承载者，却在具体实施中出现了错位。

一是西北五省区高等教育中外合作办学机构或项目量少且层次低。在西北地区，高等教育中外合作办学机构或项目仅有45个，所办数量之和远低于四川省的58个中外合作办学机构或项目。陕西省有14所高校开展了本科及以上层次的中外合作办学，8所高校开展了专科层次的合作办学。甘肃省有2所高校开展了中外合作办学，均为本科层次。新疆维吾尔自治区有5所高校参与了中外合作办学，其中，4所高校进行了专科层次的中外合作办学项目，1所高校开展了本科层次项目。① 截至2019年6月15日，教育部公布的陕西省普通高等学校共95所，参与中外合作办学的高校有22所；甘肃省普通高等学校共49所，参与中外合作办学的高校仅有2所；新疆维吾尔自治区普通高等学校共54所，而参与中外合作办学的高校只有5所。② 可以看出，一方面，西北地区高校在合作办学中整体参与度低。陕西、甘肃、新疆、青海和宁夏五省区参与中外合作办学高校分别占本省普通高等学校的23.2%、4.1%、9.3%、0%和0%。另一方面，中外合作办学的层次较低且层次不一。西北地区中外合作办学仍以本科层次为主，研究生阶段的高层次合作办学机构或项目较少。

二是西北地区中外合作办学尚未发挥区域优势，在教育交流与合作方面尚未与"一带一路"签约合作国家有良好的对接和服务。陕西省31个中外合作办学机构或项目中涉及26所外方学校。其中，英国8所，澳大利亚5所，俄罗斯3所，美国、德国、加拿大各2所，法国、爱尔兰、阿联酋、意大利各1所。甘肃省的2个中外合作办学项目是与美国的犹他州立大学和德雷塞尔大学合作。新疆维吾尔自治区的12个中外合作办学项目涉及8所外方学校。其中，俄罗斯2所、马来西亚3所、英国1所、德国1所、新加坡1所。截至目前，在西北地区进行中外合作办学的国家中，

---

① 中华人民共和国教育部中外合作办学监管工作信息平台.教育部审批和复核的机构及项目名单&由地方审批报教育部备案的机构及项目名单[EB/OL].(2019-04-29)[2019-06-20]. http://www.crs.jsj.edu.cn/index/sort/1006.

② 教育部公布具有招生资格的高校名单[EB/OL].(2019-06-15)[2019-06-20].http://daxue.eol.cn/mingdan.shtml.

与我国签订了"一带一路"合作文件的国家有俄罗斯、新加坡、马来西亚、阿联酋、意大利。①2013年至2019年间西北地区中外合作办学的机构或项目共有39个,其中同"一带一路"签约国家合作办学的数量仅有15个,占总数的38.5%,分别是俄罗斯5个,新加坡4个,马来西亚4个,阿联酋和意大利各1个。

三是西北地区中外合作办学中人才培养缺乏特色。为服务于"一带一路"倡议,各高校中外合作办学的培养目标基本确定为:通过引进国外优质教育资源,培养具有一定的外语能力,并且有相应的专业能力、适应国际化的复合型人才。②目前西北地区合作办学的外方国家母语主要是英语,缺乏"一带一路"沿线国家建设所需的印地语、孟加拉语、阿拉伯语、土耳其语等小语种人才的培养。在学科专业结构上,西北地区高校中外合作办学涉及6大学科门类,其中工学占68.9%,管理学占17.8%,经济学占8.9%,教育学、文学和艺术学仅占4.4%。在西北地区中外合作办学的专业中,主要集中在工学学科门类,并且相同的专业重复办学。目前西北高校中外合作办学涉及的专业与东部地区趋同,缺乏自身优势和特色,很难吸引更多学生入读,也难以满足西北地区经济发展的需要。③在课程与教学上,西北地区中外合作办学引进外方专业设计的课程体系,使用外方的原版教材为课程资源,采用中外师资联合授课的教学方式,开展全外语教学(一般是英文)或双语教学。引进的外方课程和专业核心课程以及外方教师承担的专业核心课程的门数和教学时数勉强符合《条例》的要求,课程内容缺少"一带一路"沿线国政治、经济、文化、民族等方面的知识,缺乏依托区域文化的过程性学习活动。

(三)大众需求与西北地区社会参与缺失的冲突

作为我国教育事业的组成部分,合作办学必须站在人民的教育利益立

---

① 已同中国签订共建"一带一路"合作文件的国家一览[EB/OL].(2019-04-12)[2019-06-21].https://www.yidaiyilu.gov.cn/xwzx/roll/77298.htm.

② 沈鹏熠."一带一路"倡议下我国高校国际化人才培养研究[J].职业技术教育,2017,38(31):32-36.

③ 林金辉.中外合作办学发展报告(2010—2015)[M].厦门:厦门大学出版社,2016:44.

场，必须适应和服务于学生的发展和成长，①坚持学生成长和发展的价值取向。通过中外合作办学，学生希望接受语言、思维、能力的国际化训练，为进一步的发展做准备；家长希望孩子有更好的就业前景；企业希望在高层次人才聘用方面有更多的选择。调查显示，有40%的家长希望通过中外合作办学的方式完成孩子的"出国梦"。②然而，西北地区中外合作办学机构存在不足，无法充分满足社会的需要，进而造成社会参与主体的缺失。

由于中外合作办学学费远高于国内公立大学的标准，入读中外合作办学机构或项目一般是中产阶级家庭的选择，生源范围不如普通高等教育招生广泛。在西北地区合作办学的前期，实际招生人数远远低于计划招生数。如西安交通大学与美国德克萨斯大学阿灵顿分校合作举办高级管理人员工商管理硕士学位教育项目，初期计划招生120人，报名人数仅56人，实际招生人数为51人。③同时，西北地区中外合作办学的生源质量也不如普通高等院校的生源质量。从录取分数线来看，中外合作办学的录取分数要低于普通高等院校的录取分数，如：兰州大学与美国德雷塞尔大学合作举办计算机科学与技术专业本科教育项目，在甘肃省内，兰大普通一批录取的最低分比中外合作办学项目录取的最低分高出了30分。④西北地区中外合作办学生源的数量制约着生源质量的选择，"优质生源"的缺乏使中外合作办学的"优质教育资源"功能渐弱，致使中外合作办学难以充分实现其培养目标，无法充分满足社会的需要，进而造成学生、家长和社会企业对于中外合作办学的质量提出质疑，从而降低社会参与主体对中外合作办学的认知及参与。

---

① 林金辉.论中外合作办学的可持续发展［J］.教育研究，2011（6）：64-67.
② 周虹，陈时见.高等教育中外合作办学的现实困境与发展策略——基于利益相关者的视角［J］.清华大学教育研究，2017，38（1）：31-36.
③ 西安交通大学.西安交通大学与美国德克萨斯大学阿灵顿分校合作举办高级管理人员工商管理硕士学位教育项目自评报告［EB/OL］.（2018-04-03）［2019-06-28］.http：//international.xjtu.edu.cn/info/1006/5188.htm.
④ 兰州大学.兰州大学与美国德雷塞尔大学合作办学项目2019年招生信息［EB/OL］.（2019-06-09）［2019-06-28］.http：//datascience.lzu.edu.cn/lzupage/2019/06/12/N20190612105117.html.

三、西北地区高等教育中外合作办学的改进路径

基于西北地区高等教育中外合作办学发展需求与政府政策的矛盾、服务"一带一路"建设与实践主体执行的矛盾、大众需求与西北地区社会参与缺失的矛盾分析,依据利益相关者理论的有关论述,参与中外合作办学的利益相关主体既有政府部门、高等院校,又有学生、家长和企业等,基于主要影响组织目标的实现或受该目标影响的群体或个人视角,可从宏观管理、实践执行和社会参与三个利益相关主体提出改进的路径。

(一)宏观管理主体要完善政策保障

首先,制定落地政策,加大政策扶持。受西北地区社会经济发展水平、地缘环境、历史文化、教育发展水平等因素的影响,西北地区中外合作办学不仅数量少,在各省区甚至本省内的分布也不均衡,主要集中在各省会城市。因此,要围绕"一带一路"建设,加大对西北地区中外合作办学的政策研究,出台扶持性政策,制定更为细化的操作性制度,采取向西北地区的二线城市倾斜的具体办法。其次,设立专项基金,提供资金支持。中外合作办学专业的学费至少是普通专业学费的两倍,然而就读中外合作办学专业学生的奖、助学金等方案和普通专业学生相同。在同等条件下,学生会更倾向于选择普通专业。教育部2016年出台了《推进共建"一带一路"教育行动》,未来3年,中国每年面向沿线国家公派留学生2500人;未来5年,每年资助1万名沿线国家新生来华学习或研修。[①] 因此,要从国家发展战略的高度长远考虑,建议利用"一带一路"建设的发展机遇,专门设立西北地区中外合作办学的专项基金,通过奖学金的激励作用,调动学生选择就读于西北地区中外合作办学机构和项目,提高生源的数量和质量,为培养高素质的人才奠定基础。最后,完善法律法规,提供法律保障。在"一带一路"建设背景下,为了更好地促进中外合作办学的健康发展,中外合作办学的法律政策体系应与时代发展相结合,修改滞后

---

① 中国教育部. 推进共建"一带一路"教育行动[EB/OL].(2016-07-13)[2019-06-20]. https://www.yidaiyilu.gov.cn/zchj/jggg/2397.htm.

于实践的条例,针对当前中外合作办学实践中存在的新情况和新问题作出详细的解释性规定。与此同时,西北五省区地方政府要因地制宜,结合自身实际情况,建立健全适应各省区当前形势下中外合作办学的具体法规,出台相应的优惠政策来吸引外国教育机构与西北地区高校进行合作办学。

(二)实践执行主体提高合作办学质量

在办学主体方面,西北高校应"走出去",提高国际化意识,增强主动性,抓住"一带一路"倡议带来的机遇,积极申报中外合作办学,扩大办学主体,建立区域对口联动机制,以已有中外合作办学机构或项目的学校,带动暂无合作办学经历的高校,充分挖掘民办高校在未来的中外合作办学中具有的巨大潜力。在办学层次上,鼓励西北地区"双一流"建设高校积极提高其国际交流功能,发挥西北五省区独特地缘、人文等优势,深化与中亚、南亚、西亚等"一带一路"沿线国家的人文交流和教育合作,注重硕博研究生教育层次的办学机构和项目的开发。在人才培养上,西北五省区高校应建立"一带一路"专项培养计划,围绕沿线国家发展急需的语言、能源、水利工程等领域专业人才制定培养目标,促进人才培养与"一带一路"产业发展的供需平衡。[①] 此外,还要加大对外方专业核心课程的引进,增加"一带一路"沿线国家经济、文化、历史、民族等方面的通识课程,从而促进学生更好地了解"一带一路"沿线国家情况,促进学生专业知识和能力的发展。

在专业设置上,中外合作办学的专业应进一步发挥地方资源的优势,与地方经济社会发展相适应。陕西具有相对发达的农业、航空业和旅游业;甘肃作为"丝绸之路经济带"的黄金段,在交通运输和仓储、能源加工、机械制造等产业领域具有较大的发展潜力;宁夏在清真食品、生活用品等领域比较优势显著。陕甘宁应结合各省自身发展潜力与比较优势,在中外合作办学中注重相关领域的合作。青海在养殖、新型能源、矿产资源及加工、生态保护与利用、文化等产业具有比较优势,在未来的合作办学

[①] 单春艳."一带一路"倡议下推进地方高等教育国际化的战略思考[J].黑龙江高教研究,2019(04):19–23.

中，应侧重环境科学与工程、畜牧学、生态学、文化学等专业的合作。新疆旅游业和物流业等产业在"一带一路"国家倡议的带动下得到了快速发展。由于新疆地处亚欧大陆腹地，周边与多个国家接壤，利用地理位置优势，新疆高校在中外合作办学中可以开设与该地区有密切经贸文化往来的周边国家的实用小语种专业以及旅游类和物流类专业。①

（三）社会参与主体积极响应合作办学

学生及其家长是中外合作办学的直接"消费者"，应该积极参与中外合作办学的质量监督与评价。大众媒体应主动、及时向社会公众告知中外合作办学机构或项目的实际办学情况，帮助将要就读的学生及其家长进一步了解合作办学机构或项目的相关信息，以便其作出更恰当的就学选择。同时，学生、家长的反馈也便于合作办学的高校进行合理设置和调整专业，提高人才培养能力，增强高校服务社会发展需要的能力。在"一带一路"的背景下，企业和高校应积极开展合作，建立"校企共同体"学校，培养高水平的复合型专业人才。西北产业界要作出全局性的人才需求预测，并及时向本地区高校传递"一带一路"建设对人才需求的具体信息，从而帮助合作办学的高校围绕产业合作和发展制定恰当的人才培养规格标准，使高校专业设置与产业需求相结合，教学过程与生产过程相对接。以"一带一路"产业相关布局和地区实际情况作为西北地区中外合作办学的着力点，通过校企合作，培养促进沿线各国和西北地区社会发展需要的人。

---

① 姜安印，刘晓伟."一带一路"背景下我国西北五省（区）产业结构协同测度及发展研究［J］.新疆社会科学（汉文版），2017（3）：47-53.

新加坡经验对中国建设世界一流大学的启示[*]

李 辉[**] 于文轩 马志明

一、引言

2015年10月24日,国务院发布《统筹推进世界一流大学和一流学科建设总体方案》,提出要"统筹推进世界一流大学和一流学科建设"。这一方案的提出引起了学界和教育工作者的广泛学习、讨论。2016年CNKI数据库中以"世界一流大学"或"双一流"为题的学术论文发表量明显上升,2014和2015年的发表量在70篇左右,2016年上升至269篇。国内高等教育领域的重要刊物对该主题给予了极大关注,如《中国高等教育》《华东师范大学学报(教育科学版)》等刊物专门围绕世界一流大学组稿,形成主题板块,《高校教育管理》《比较教育研究》等刊物连续多期发表相关主题论文。从研究内容来看,现有成果主要围绕世界一流大学的内涵及意义即"是什么"和"为什么"开展研究,如郭丛斌等对世界一流大学"是什么"进行了界定[①],丁学良指出大学的兴衰影响着国家的兴衰,世界一流大学的建设可以带动国家的兴旺[②]。

现有的经验借鉴类研究成果中,借鉴来源方面多集中于欧美地区发达

---

[*] 本文发表于《中国石油大学学报(社会科学版)》2017年8月第33卷第4期。
[**] 李辉,中国石油大学(华东)经济管理学院副教授。
[①] 郭丛斌,孙启明.中国内地高校与世界一流大学的比较分析——从大学排名的视角[J].教育研究,2015,36(2):147-157.
[②] 丁学良.什么是世界一流大学[J].高等教育研究,2001(3):4-9.

国家，如王长宇总结了美国高等教育发展的历程①，刘媛媛等以美国高校康奈尔大学为例，总结其经验并提出启示②。这些研究对中国世界一流大学建设具有一定的借鉴意义。但是，欧美地区发达国家经历了较长的现代化和高等教育发展历程，基础比较扎实，而中国如何跳出起步较晚、基础较弱等劣势是值得思考的问题。同时，现有经验借鉴类研究成果多集中于某一方面的具体问题展开，如柯文进等围绕薪酬体系开展借鉴研究③。虽然具体维度的经验研究提升了借鉴的可操作性，但系统性、本源性思考和规律性认知有待加强，特别是需要跳出具体操作层面的观察，避免陷入技术理性和"头痛医头、脚痛医脚"的误区。为此，还应寻找更加契合中国国情的借鉴来源，并着眼于一流大学建设的根本性问题开展经验研究。

新加坡的高等教育发展历程虽然不长，但20世纪90年代以来，其一流大学建设的赶超速度惊人，为世界其他国家提供了较好的借鉴。新加坡建设世界一流大学的历程超越了发展阶段说和原始积累说的思维框架，在较短时间内实现了世界排名的惊人跃升。在泰晤士高等教育世界大学排名（Times Higher Education World University Rankings）中，新加坡南洋理工大学仅用4年时间（2010年至2014年）就从第174名跃升至第76名。④在QS世界大学排名（QS World University Rankings）中，新加坡国立大学和南洋理工大学更是以极快的速度分别跃升至全球第12名和第13名。⑤即便是2000年新成立的新加坡管理大学，也是从建立之初便瞄准世界一流大学目标，并跳过漫长的积累和成长过程，在非常短的时间内跻身于世界一流大学之列。在UT Dallas公布的2007—2011年全球商学院排名中，新

---

① 王长宇. 建设世界一流大学——美国经验对我国高等教育发展的启示[J]. 重庆工学院学报, 2006, 20(4): 131-134.
② 刘媛媛, 朴雪涛. 康奈尔大学对我国建设世界一流大学的启示[J]. 中国高等教育评估, 2015(3): 63-69.
③ 柯文进, 姜金秋. 世界一流大学的薪酬体系特征及启示——以美国5所一流大学为例[J]. 中国高教研究, 2014(5): 20-25.
④ Times Higher Education World University Rankings [EB/OL]. (2015-05-30) [2016-10-23]. https://en.wikipedia.org/wiki/Times_Higher_Education_World_University_Rankings.
⑤ QS World University Rankings [EB/OL]. (2016-07-30) [2016-10-23]. http://www.topuniversities.com/university-rankings.

加坡管理大学商学院在亚洲排名第3，全球排名第52。在美国亚利桑那州立大学公布的2011年全球金融学排名中，新加坡管理大学排名亚洲第2，全球第25。①

需要说明的是，本文以新加坡为例而不是以新加坡某高校为例，是因为新加坡世界一流大学建设并不是某一所高校独立完成的，而是在整个国家的整体设计和强势推动下完成的。与欧美国家高度市场化和社会化的高等教育体制相比，新加坡的高等教育体制与中国更为接近，即都是国家推动和政府主导下的高等教育体制。在借鉴视角和维度方面，笔者认为对新加坡建设世界一流大学的经验借鉴不能停留在具体的操作方法和细节上，更应去思考其基本思维和整体设计。

二、新加坡世界一流大学建设的做法及经验

笔者认为，新加坡能在短期内取得世界一流大学建设重大突破主要取决于三方面原因：一是正确理解世界一流大学的内涵及其核心构件，即"一流的教师""一流的学生""一流的管理"；二是立足全球化和世界格局，坚持国际化的办学理念、国际化的资源配置和国际化的合作交流；三是研究密集型的办学定位和最大限度地鼓励创新。

（一）紧紧围绕"一流"标准思考世界一流大学的核心构件

为了完成世界一流大学建设的顶层设计，新加坡政府曾邀请日本、美国、欧洲知名学府的11位专家组成国际专家小组为其提供建议，并邀请麻省理工大学20名教授对国立大学和南洋理工大学工程学课程进行评价并提供建议。其中，麻省理工大学教授提供了三条中肯建议：第一，减少可能影响学术研究工作的任何官文；第二，选拔学生的原则不是成绩最好，而是最聪明和最具有创造力；第三，在全世界范围内吸引最顶尖水平的教师。②

---

① 新加坡管理大学的世界排名分析解读［EB/OL］.（2015-06-02）［2016-10-23］.http：//liuxue.yjbys.com/chuguo/xinjiapo/192548.html.

② TAN S.Recent Developments in Higher Education in Singapore［EB/OL］.（2015-04-30）［2016-10-23］.http：//www.bc.edu/borg/avp/soe/cihe.

这三条建议实际上包含了世界一流大学基本架构的系统设计，回答了世界一流大学建设的本源性问题，即世界一流大学建设最重要的是什么。

1. 在全球范围内招聘一流教师。Pak 指出，高等教育这种利润丰厚的知识密集型行业若想在国际上获得快速增长和更大的市场份额，人才是至关重要的，因此在全球人才争夺战的背景下，新加坡的高等教育体系也需要在全球范围内竞争人才。① 这一表述很好地诠释了新加坡在建设世界一流大学进程中对"一流的教师"的理解。

第一，在教师招聘方面，新加坡政府用慷慨的研究经费和极具吸引力的报酬吸引了相当多的国际顶尖教授。其中包括生物学家悉尼·布雷内（诺贝尔生理学或医学奖获得者）、曾在马里兰州美国国家癌症研究所工作过的美国医学研究员尼尔·科普兰和南希·詹金斯等。近年来，新加坡又将猎头方向瞄准年轻的外国学者，2011年，新加坡政府从174名申请者中挑选了11名外国年轻科学家加入他们的高校科研队伍，并承诺每5年给予300万美元的科研经费。② 慷慨的资助和较高的薪酬吸引了来自世界各地的顶尖学者，为新加坡国立大学、南洋理工大学等高校短期内跃升为世界顶尖大学提供了巨大能量。

第二，在教师考核方面，新加坡高校同样是坚持"非一流不可"的原则。南洋理工大学的师资管理中规定，新进教师在特定年限内（一般是6年）必须完成从助教到副教授的职称晋升，否则就只能解除聘用合同。实际上，尽管学校引进的教师已经非常优秀，但职称评定中能够顺利晋级为副教授的教师比例不足20%。诚然，如此高标准的要求也带来了教师职业压力剧增、师资不稳定等负面效果，但在全球范围内激烈的大学竞争中，新加坡必须采取这样的措施，且这样的考核措施的确对教师学术能力和人才培养能力的提升起到了巨大的推动作用。

2. 吸引全球范围内的一流学生。一流大学的建设不仅需要世界级大学

---

① TEE NG P.The Global War for Talent: Responses and Challenges in the Singapore Higher Education System [J].Journal of Higher Education Policyand Management，2013（3）：280-293.

② 同①.

的顶级学者，还需要吸引世界上最好的学生。首先，新加坡给出减免学费和高额奖学金等优厚的招生政策，并在世界范围内吸引"一流"的生源。从新加坡国立大学、南洋理工大学以及新加坡管理大学等高校的生源结构来看，来自欧美及亚洲其他国家的学生在高校学生总数中所占比例超过半数。这些学生的招收都经过严格的筛选和把关，始终坚持"非一流不可"的原则。例如，在本科生招生中，新加坡与中国湖南、四川等省份的高中甚至初中加强合作，选择品学兼优、综合素质拔尖的学生，通过减免学费和给予奖学金的方式吸引他们到新加坡来就读。与减免学费的优惠政策相对应的限制条件是毕业后需要留在新加坡服务3年以上方可回到原籍国。事实上，这不仅有利于招收一流学生，更巧妙地缓解了新加坡人才和技术型劳动力紧缺的问题。尽管新加坡部分本土居民认为这些"外国人"抢占了他们的职位和机会，并且认为这些人没有为国家尽义务就享受了国家经济和社会发展的红利，但新加坡政府坚持认为这些"外国人"对新加坡的经济增长意义重大，并在这一政策招致国民不满和反对党攻击、甚至一度影响人民行动党在大选中的支持率的情况下，依然坚持这一政策。

同时，"一流学生"的理念还涉及新加坡本土基础教育对世界一流大学建设的生源储备和支持。为了提升本国生源的质量，新加坡从初级教育开始就强调好奇心、创造力的培养。1997年，新加坡政府提出"思考型学校、学习型国家"规划，减少小学到预科层次的课程内容，让学生有更多时间投入思考技巧的培养上，并扩大评估范围，加入跨学科课程。[1] 同时，规划还提出一个完整的素质能力明细表，包括主观能动性、沟通技巧、问题解决能力、团队合作能力、科研能力等。[2] 这些措施结合新加坡从小学到大学多次分流的人才培养制度，为建设世界一流大学提供了良好的生源储备。

---

[1] 联合国教育、科学及文化组织，东南亚教育部长组织高等教育发展研究中心．东南亚高等教育［M］．张建新，译．昆明：云南人民出版社，2008．

[2] 联合国教育、科学及文化组织，东南亚教育部长组织高等教育发展研究中心．东南亚高等教育［M］．张建新，译．昆明：云南人民出版社，2008．

3. 以一流的管理保障大学高效运行。"一流的管理"是破除僵化的行政程序和公文束缚，其目的是使"一流的教师"能够集中精力工作、"一流的学生"能够更好地投入学习。

"一流的管理"的首要任务是理顺政府和高校的关系，扩大学校的办学自主权。尽管新加坡建设世界一流大学过程中政府始终是强势的推手，但这并不代表会束缚学校的自主发展。为了保证大学自治和自主发展，政府允许新加坡国立大学和南洋理工大学建立法定的董事会，公司化为大学提供了人才招聘与学生管理等方面预算上更大的灵活性和自主性。尽管大学的主要资金来源仍然是政府，但其也有自己的捐赠基金项目，并且大学也会积极寻求替代性资金来源。为了保证大学沿着既定的轨道发展，新加坡政府通过质量保证和审计制度对其予以监督。自由发展和合理监管间的平衡是新加坡世界一流大学建设中非常值得借鉴的管理经验。

同时，新加坡大学管理的去行政化非常明确，其宗旨在于让教师和科研工作者远离琐碎的行政工作，以保证他们在教学和科研方面的精力投入。与中国高校相比，笔者认为新加坡高校去行政化之所以能够实现，主要原因在于：新加坡大学的行政人员没有所谓的行政（或事业）编制，其引进、评价和退出等管理机制均参照企业员工管理；招聘行政人员时尽量避免应聘者与招聘部门的领导或教师存在亲属关系；行政人员的配置相对充足，即使是一个教学系也会配有3～5名行政人员；强化行政人员的服务和辅助职能，而弱化其管理和控制色彩；行政人员的服务态度和效率以及师生对服务的满意度很大程度上决定行政人员的去留，一旦有教师或学生投诉，行政人员将会接受调查，并被批评甚至辞退。

（二）以全球视野和国际化推进世界一流大学建设

与亚洲其他国家高等教育国际化相比，新加坡在国际化的办学理念、国际化的资源配置以及国际化的合作交流方面都体现出鲜明的特点。

1. 国际化的视野和办学理念。"理念决定思路，思路决定出路"，新加坡高等教育国际化的一个鲜明的优势就在于其对待高等教育国际化的态度和思维。中国高等教育和大学建设的国际化采用的是量力而行、循序渐进的连续性思维，并将自身定位于高等教育国际化的输入国、学习者和国际化高等教育服务的接受者。目前中国大部分高校的做法仍然是将教师和学生送到欧美等发达国家留学或者加大支持力度引进具有海外经历的学者或毕业生，这使得中国高校在国际化方面处于被动地位。不同的是，新加坡高等教育国际化采用跳跃式思维，突破了阶段式发展轨迹，采用高规格、大手笔的策略强势推动国际化，新加坡政府出台的《战略经济规划》将其表述为善于使用"全球资源、全球技术、全球人才"。①1996年，新加坡政府宣布推行国际化计划，提出把新加坡变为国际教育中心的设想。这一大胆的设想体现了新加坡政府高瞻远瞩的视野和眼光，也成为新加坡快速推进高等教育国际化的首要前提。

2. 国际化的建设标准和资源配置。无论是国立大学、南洋理工大学，还是较晚成立的新加坡管理大学和新加坡科技设计大学，它们在建设世界一流大学方面的共同点是遵循国际化的评价体系和评价标准，以世界顶尖教育品牌为价值引导来完成系统性的顶层设计。

笔者在采访新加坡国立大学及南洋理工大学多位知名学者时获悉，新加坡之所以能在短期内建成多所世界一流大学，其中非常重要的原因在于其人才招聘、评价、晋升体系和学院及科研团队建设及评价体系等均努力遵循泰晤士高等教育世界大学排名、QS世界大学排名等国际认可度较高的评价标准，即"瞄准世界一流大学标准来建设世界一流大学"。

同时，新加坡大学在基础设施、教师薪金和日常管理制度等方面都采用国际通用或受到国际同行普遍认可的标准来投入和建设。如在全世界范围内吸引优秀的教育人才和高层管理人才，努力简化科研成果转换和知识产权保护的流程，加大政府的资金投入，等等。在薪资方面，以新加坡南洋理工大学副教授工资为例，其平均月薪约1.5万新币，折合人民币7万多元，这几乎是国内同职称教师的10倍。在福利和生活保障方面，新加坡为引进的国际教师提供非常完善的生活配套，包括提供宽敞舒适的住

---

① 联合国教育、科学及文化组织，东南亚教育部长组织高等教育发展研究中心. 东南亚高等教育［M］. 张建新，译. 昆明：云南人民出版社，2008.

房、保障其子女可以就读符合其文化背景和偏好的国际学校等等。这样的薪资和福利完全可以保障教师有尊严的生活，也促使教师将更多的时间和精力投入教学和科研事业当中去，当然也有利于保证新加坡高校在全球范围内吸引一流的人才。

3. 国际化的交流和合作。为了弥补与欧美发达国家在大学科研方面的差异，新加坡创建了65万平方英尺的研发平台，吸引国际顶尖的研究密集型机构与新加坡大学合作开展学术研究。如与麻省理工大学合作开展传染病防治等研究，与瑞士联邦理工学院合作开展全球环境可持续发展研究，与北京大学和加州大学伯克利分校合作开展太阳能和节能建筑系统研究。[1] 截至2008年，新加坡已吸引了包括约翰霍普金斯大学、芝加哥大学、上海交通大学等10多所世界著名高校在新加坡设立分校。其逻辑是，尽管它们自身还不完全具备高水平国际化的能力，但它们可以努力搭建一个国际化教育平台，吸引国际著名高校与当地高校合作、吸引国际著名学者为其提供国际化高等教育服务。通过与国际著名高校及科研院所合作，弥补起步阶段基础薄弱的短板并提升高等教育国际化的整体水平，是新加坡高等教育发展中一个比较讨巧的做法。

（三）以"研究密集型"的办学定位支撑世界一流大学建设

在中国高校仍在为教学和科研孰轻孰重、行业性和地方性高校如何定位而纠结徘徊时，新加坡早已吹响了建设世界一流大学和世界一流学科的号角。它们从一开始就将办学定位明确为"研究密集型"，并将鼓励创新作为高等教育和人才培养的重要目标。它们深知，资源和劳动力都不是新加坡的强项，唯有研究型大学才有可能培养出研究型和创新型人才，唯有拥有研究型和创新型人才方有可能使其在全球经济和产业格局中占领有利的地位。

1. 研究密集型大学的发展定位。与国内研究型大学的定位不同，新加坡提出研究密集型大学旨在强调其研发工作特别是顶级研发工作的重要

---

[1] RAMAKRISHNA S.Building a World-class University System: Singapore's Experience and Practices [J].Journal of International Higher Education，2012（5）：79-82.

性。新加坡的大学教师同样需要发表论文，但重质不重量。教授的职称评审与论文数量没有直接关系，而是更看重教师职业生涯积累的影响力，包括论文影响程度、所带博士生的研究能力等。① 新加坡的科研项目通常也分为基础研究项目和应用研究项目。其中，基础研究项目要求与美国、欧洲等地区海外学者合作，研究成果通常要求在国际顶级刊物上发表；应用研究项目的成果通常要求对公共政策有重要影响或引领新产品、新流程的应用。另外，由于应用研究项目的经费通常是由企业提供，其研究成果直接为企业提供服务，因而企业也会监督科研经费的有效使用。② 为了支持研究密集型大学这一定位，新加坡国立大学和南洋理工大学都建有大批研究中心，政府对这些研究中心投入巨额经费，且给予的时间环境相对宽松，不要求短期内出成果或多出成果，而是要求出国际顶尖成果。

2. 最大限度地鼓励创新。为了保证创新型人才培养，新加坡除了加强高校学术研究和吸引具有创造力的生源之外，还强调高等教育和职业教育的严格区分。新加坡不赞成英国、澳大利亚和中国香港等国家和地区将一般性职业教育学院升格为大学的做法。它认为职业教育的目标在于培养中层技术人员、监督人员和管理人员；大学的教育目标则是培养高层次专业人员、经理、规划者和研究者。③ 1999年，由新加坡国立大学执行校长任主席的12人委员会完成了高等教育研究报告。报告强调"好奇心、创造性、进取心、领导才能、团队合作和顽强精神"是大学教育应传递给学生的必备技能；报告还提出建立一种大学入学制度，让学生明确看到学校对个人特性的期望；并认为入学标准必须与小学、普通中等学校和专业学院所进行的"思考型学校、学习型国家"的实践保持一致。这些政策与双语教育相结合，为新加坡高等教育培养世界一流的创新型人才奠定了坚实基础。

---

① 毕世鸿.新加坡[M].新版.北京：社会科学文献出版社，2016.
② 同①.
③ 联合国教育、科学及文化组织，东南亚教育部长组织高等教育发展研究中心.东南亚高等教育[M].张建新，译.昆明：云南人民出版社，2008.

三、中国借鉴新加坡经验需要重点思考的问题

新加坡建设世界一流大学的实践对中国大学建设具有重要的启示意义。笔者认为,在借鉴新加坡世界一流大学建设经验时应重点思考以下问题。

(一)站在国家前途和民族命运的高度看待世界一流大学建设

在借鉴新加坡经验时,不应仅仅看重某方面的具体措施、走入"管中窥豹"的误区,而应着眼于整体视角,思考世界一流大学的全观性设计。新加坡高等教育和大学建设之所以投入巨大,是因为其将建设世界一流大学这一事业放置于国家前途和民族命运的高度来认识。在新加坡建国之初,受英国殖民地时期愚民政策和对教育放任自流的影响,新加坡不仅高等教育羸弱,就连基础性国民教育都非常落后,国民整体素质和文化水平低,文盲比例较高。在这种形势下,新加坡政府从国家前途、民族命运和经济社会发展战略的高度提出加大教育投入,建设世界一流大学。建国以来,新加坡政府从未放弃对这样一个问题的思考:"我们的国家国土面积小、自然资源贫瘠,又饱受内忧外患,我们有什么可以使这个国家立足和兴旺发达?"其最终得出的结论是唯有以人才来弥补天然资源匮乏的劣势。但是怎样才能有优秀的人才?只有靠教育,靠一流的教育培养一流的人才,靠一流的人才来建设国家。① 正是这种将教育、高等教育以及大学建设与国家前途和民族命运紧密相连的心态成就了新加坡世界一流大学的建设。自李光耀时期开始,新加坡政府持续投入巨资兴建大学,并始终将高等教育和大学建设作为与国家经济和社会发展密切相关的重中之重来抓。"持久地、几乎是强迫性地重视高等教育与国家经济发展的相关性""国家发展在教育政策决策与规划中占主导地位"是新加坡高等教育的一个重要传统。②

---

① MUTALIB H.The Socio-economic Dimension in Singapore's Quest for Security and Stability[J]. Pacific Affairs,2002(1):39-56.
② 联合国教育、科学及文化组织,东南亚教育部长组织高等教育发展研究中心.东南亚高等教育[M].张建新,译.昆明:云南人民出版社,2008.

（二）以本源思维来思考世界一流大学的全观性设计

笔者认为，借鉴新加坡经验时不应停留在具体操作和技术层面，而应着眼于本源性思维，思考世界一流大学建设的核心构件。新加坡建设世界一流大学之初，首先通过广泛的征询和讨论，将"一流的教师""一流的学生""一流的管理"作为世界一流大学建设的核心构件，此后所有的举措都离不开这些核心构件。这一思路和做法最大限度地避免了世界一流大学建设在任务分解过程中可能产生的目标替代现象。全球范围内招聘教师和招收学生、大手笔的经费投入、国际高标准的硬件设施配置等举措均是紧紧围绕"一流的教师""一流的学生""一流的管理"这三项核心构件。比起世界一流大学建设的一些具体措施，新加坡建设世界一流大学的本源性思维更值得我们借鉴和反思。中国建设世界一流大学的举措在落实过程中，可能存在文山会海等形式主义和行政强势推动等问题，但我们最缺乏的却是从本源上思考世界一流大学建设最重要的是什么，本源性思维不仅对世界一流大学建设具有重要的借鉴意义，而且对中国经济社会发展的诸多方面都有借鉴价值。

（三）充分借助后发优势走出发展阶段论误区

新加坡经验对中国建设世界一流大学具有重大借鉴意义的依据在于，新加坡与中国类似，两者在高等教育方面都属于后发型国家。那么新加坡是怎么在短期内建成多所世界一流大学的呢？笔者认为，超越发展阶段说和原始积累说的思维框架、着眼于后发优势和跳跃式发展路径，是新加坡世界一流大学建设的一个重要经验。中国高校谈及世界一流大学建设时比较容易陷入原始积累论，往往认为我们基础薄弱、现实情况不允许等等；或者陷入阶段发展论，认为要先做大、再做强。殊不知看似顺理成章的"从大到强"，反而比"从小到强"还要经历更痛苦的"蜕变"。从新加坡建设世界一流大学的经验来看，所谓后发优势，一是避免走弯路，二是因为后发所以少了很多积重难返的顽疾。从这一角度出发，国内建校时间不长、规模不大的高校更应抓住这一后发优势。

当然，新加坡世界一流大学建设也并非完美，例如，外国人才涌入对本国人就业及福利等方面的利益冲击、排名压力导致学术评价标准存在一定的功利倾向、人才流动性过高可能影响人才队伍的结构稳定等等。但总体而言，新加坡多所高校短期内进入世界一流高校之列、新加坡坐拥狭小的领土面积却凭借着在全球经济和产业链中的优势地位跻身于世界发达国家行列这些事实是对其世界一流大学建设成果的最好佐证。

英、德、美、加远程高等教育运行质态及启示[*]

尹 达 韩秀婷 申大魁

慕课（massively open online course，MOOC）自诞生之日起，就以旺盛的生命力和强劲的影响力在世界范围内刮起了一场"慕课飓风"，触动了世界传统高等教育的根基。2012年，慕课悄然来到了我国，立刻引起了我国教育界的极大震撼，尤其复旦大学、上海交通大学和北京大学、清华大学分别加入了Coursera、Edx在线课程平台之后，在我国高校旋即掀起了一场声势浩大的在线开放课程建设与应用的狂飙。"慕课作为一种现代教育手段，带给人们的是对教育的重新审视与反思，以教育技术提升教育价值、创新教育机制、促进教育发展，而无论怎样追新逐潮进入色彩斑斓的'慕课'时代，都要遵循教育的基本规律，都要适合我国的基本国情。"[①]

2015年开始，推广慕课得到了政府的支持。2015年4月13日，教育部颁布了《教育部关于加强高等学校在线开放课程建设应用与管理的意见》，强调坚持立足自主建设、注重应用共享、加强规范管理等3项基本原则，明确提出建设优质在线开放课程、促进在线开放课程应用、规范在线开放课程的对外推广与引进等重点任务。2015年7月1日，国务院颁布《国务院关于积极推进"互联网+"行动的指导意见》，将"互联网+"益

---

[*] 本文发表于《上海教育评估研究》2016年8月第4期。
[①] 尹达．"慕课现象"的本质阐释、现实反思与未来展望［J］．电化教育研究，2015（5）：59-63．

民服务作为重点行动之一，鼓励学校利用数字教育资源及教育服务平台，逐步探索网络化教育新模式，扩大优质教育资源覆盖面，促进教育公平，我国的远程教育面临着难得的机遇和挑战。因此，研究英、德、美、加等国远程高等教育的运行质态和质量保障体系，以助益于我国高校在线开放课程建设与管理，不仅是实现慕课中国化的必然选择，更是"互联网+"时代我国远程高等教育健康发展的现实诉求。

一、英、德、美、加远程高等教育运行质态

运行质态就是系统各要素内部以及各要素之间由于彼此相关联、彼此相适应而保持该系统动态平衡发展的形态与态势。[①] 从时间上看，不但包括系统现有各要素运行状况，还包括系统运行历史演变与发展状态。英、德、美、加等国远程高等教育发展轨迹与运行机制，在一定程度上代表了发达国家远程高等教育运行质态选择。

（一）英、德、美、加远程高等教育发展轨迹

英国是世界远程教育的发源地。1887年，伦敦大学（University of London）开展远程教育，以后一直没有间断，至今已有100多年的历史，为世界远程教育积累了丰富的在线开放课程建设、应用与管理经验。1969年，英国创立了具有独立自治特征的开放大学（The Open University），具有高等教育文凭、高等教育证书、学士学位、硕士学位、博士学位授予权，被公认为"现代远程高等教育史上的重要里程碑"，[②] 极大地推动了英国远程教育发展，至今依然是英国实施远程高等教育的主要承担者。2001年，英国创立了著名的网络电子大学（UKeU），通过网络实施远程教学，并与伦敦大学、莱斯特大学（Leicester University）、诺丁汉大学（Nottingham University）等开展远程教育的普通高校一起成为英国实施远程教育的重要提供者。但由于英国网络电子大学采用企业化管理、市场化运

[①] 田建荣.论联考取消后的高中特色管理运行质态选择[J].教学与管理，2015（7）：73-76.
[②] 符华兴，王建武.世界主要国家高等教育发展研究[M].长沙：湖南人民出版社，2010：366.

营方式，私有资金招募困难，本身不具备学位授予权，遭遇了招生危机，2004年2月不得不宣布停办。当前，英国开放大学已经成为英国最大的大学，其课程设置、教学质量、研究水平得到了英国以及国际社会的高度认可，英国9%的大学毕业生毕业于英国开放大学。

德国远程高等教育始于1974年创办的哈根远程大学（Fern University in Hagen），毕业学生可以被授予与普通大学相同的学士或硕士学位。目前，哈根远程大学已经发展成为一所跨越州界、跨越国界的开放性远程高等教育大学。此外，欧盟教育框架组织中的远程高等教育机构也为德国提供远程高等教育。

美国远程高等教育起步于1984年美国创办的第一个远程教育专门机构——国家技术大学（National Technological University），当前有40多个名牌高校与之联合办学，面向世界各地开展硕士学位研究生教育和短期培训项目，成为美国目前规模最大、覆盖面最广的远程高等教育大学。[①]

加拿大也是世界远程高等教育起步较早的国家。1890年，加拿大女王大学（Queens University）在校外建立了第一个教学点，奠定了加拿大远程高等教育的起点，至20世纪中叶，加拿大的几乎所有高校都增设了远程教育项目。

应该指出这类早期的远程教育与慕课还是有区别的，但是它具有开放性和等同性，这是与慕课同质的。

（二）英、德、美、加远程高等教育运作机制

英国远程高等教育运行机制以开放大学为主导力量，以为不同阶层尤其弱势群体学生提供接受高等教育机会为办学目标，以自主申请、免试入学为录取形式，以开放办学、远程教学、自主学习为办学形式，深受在职人员和蓝领阶层子女的欢迎。英国开放大学秉承"向所有成人开放、向所有地方开放、向所有方法开放、向所有思想开放"的办学理念，[②] 注重市场需要导向，为所有学生提供最大可能的课程选择权、学习自主权，确保

---

① 符华兴，王建武.世界主要国家高等教育发展研究［M］.长沙：湖南人民出版社，2010：148.
② 同①.

教育的公平与公正。英国开放大学取得的巨大成功,得益于政府的正确立法导向,得益于国家的大力财政支持,得益于学校内部纵向垂直的管理体制。英国政府将开放大学与普通高校一视同仁,按照同等办学要求确保开放大学的办学质量;英国政府大力支持开放大学的办学规模与经费开支,国家财政拨款作为确保开放大学经费开支的主要来源;开放大学内部管理采用双重决策机构模式,校务委员会与评议会分享决策权,下设学术委员会、战略规划与资源委员会、经营规划和预算委员会,推行专务负责制,确保公开大学各项工作执行机制与反馈机制的畅通高效。

德国远程高等教育以国家严谨的立法为基本保障,以灵活多样的办学形式确保应用型、实用型人才培养目标的实现。按照德国现有法律规定,远程大学与普通高校地位是同等的,采取教材通用、学分互认的策略,远程大学与普通高校的学生可以彼此随时转学且取得相应的毕业证书,真正实现了远程大学与普通高校资源共享、人才共育;同时,哈根远程大学与普通高校、企业联合办学,构成了德国立体化的高等教育体系运行质态。

远在大洋彼岸的美国同样具有完备的远程高等教育立法体系,《高等教育法》赋予了各州、各市甚至私人创办教育机构的自主权,美国联邦政府与各州立法分管对远程高等教育机构的协调监督,具有严密的质量监控机制。作为市场经济产物的美国远程高等教育,激烈的市场竞争促使普通高校也纷纷举办远程教育课程,而国家技术大学也积极与普通高校开展广泛多样的深入合作,构成了美国完备的远程高等教育新景观。

同在北美洲的加拿大是一个地广人稀的国家,为了推动终身学习的进程,加拿大政府十分重视远程教育,而远程高等教育主要由普通高校来承担,注重校际间、国际间的合作与交流,且入学无门槛、教育管理灵活多样。

二、英、德、美、加远程高等教育质量保障

远程高等教育质量保障体系由外部质量保障体系与内部质量保障体系共同作用于远程高等教育主体,以推动远程高等教育的健康发展。纵观欧美诸如英国、德国和美国、加拿大等国家,都具有较为完备的外部与内部

质量保障体系。

(一) 英、德、美、加远程高等教育外部质保体系

英国远程高等教育取得了举世瞩目的成就,具有完备的外部质量保障体系。英国政府尽管向来都奉行对教育"不干预或少干预"政策,但通过对英国远程教育质保体系的考察,不难发现其保障体系是"基于英国传统文化的政府—社会—院校互动的三角模型",英国传统文化是"最深层、最持久发挥作用的因素"。[①] 在英国这个思想开放、热情好客的国度,既很好地继承了本民族的传统又很好地吸收了外来元素,锻造了而今丰富多彩的英国传统文化。在英国,大大小小的博物馆数以千计,珍藏着无数内涵丰富、意义非常的文物,英国还保留着许多饱经历史沧桑的古迹,这些被完好保存的古典建筑有力地述说着这个有着悠久历史国家的辉煌。英国传统文化渗透在每个英国人的日常生活中。英国学校向来崇尚快乐学习、体验教学,每年都要组织学生至少6次外出学习。英国的父母很少宠孩子,阅读成为英国人的一种良好习惯,在公园里、街道旁、咖啡馆,随处可见读书、看报的英国人。在英国传统文化的滋养下,再加上政府的政策倾斜与财政支持,铸就了英国远程高等教育健康发展的外部环境。

德国的远程高等教育别具一格,其严谨的立法保障、国家的大力支持促进了德国远程高等教育的健康发展,尤其国家对远程教育与传统高校教育赋予相同的严格要求与标准,对德国远程高等教育具有极大的促进作用。[②]

美国远程高等教育的外部质量保障体系主要表现在其严格的质量认证、评估标准以及政府的大力扶持。认证制度对美国远程高等教育具有监管、鉴定评价、分析诊断、调控等功能;美国尽管没有国家统一的质量认证标准,但美国设有专门的认证机构,如"由8个地区性机构共同制定的《以最佳行动提供电子方式学位和证书教育》"和"美国高等教育研究所发

[①] 王正东.文化观照下的英国远程教育质量保障三角模型探析[J].中国远程教育,2013(5):40-46.

[②] 陈斌,卢勃.德国远程教育发展模式研究[J].现代远程教育研究,2011(2):59-64.

表的《在线教育质量：远程互联网教育成功应用的基准》"等，① 对美国远程高等教育质量都做了明确的指标要求，有效地保障了美国远程高等教育质量。

加拿大高等教育的现代化程度很高，政府的高度重视、校际间广泛而深入的交流与合作、开放灵活的管理体制以及重视师资培训等措施，为加拿大远程高等教育提供了长足发展的外部条件。

（二）英、德、美、加远程高等教育内部质保体系

英国开放大学是自成体系的远程教育系统，由校总部、地区中心和学习中心等3级办学机构组成，由于实行内部纵向垂直领导管理体制，极大地提高了工作效率。② 英国开放大学对教材选用、课程建设、教学实施、学习支持以及教学质量管理等有一套严谨而有效的质保体系。英国开放大学十分重视课程资源建设，每一门课程的开发都要经过初审、复审和测试等3个环节，每年都要对现行教材的实施情况进行调研并将师生的意见与建议及时反馈给课程开发组，以便能够及时补充修订或解答疑难问题。英国开放大学为社会提供了证书教育、学历教育和职业教育等在内的580多门课程，每门课程又根据大学新生、大学高年级学生以及研究生等不同人群划分为3个级别，并对学分、修习期限、达成目标等做了详细的规划与指导。开放大学构建了完善的学习支持服务系统，搭建了注册入学、选修课程、在线学习、在线讨论、作业反馈、考试申请等在线服务网络，学员也可根据自身条件就近选择参加面授课程。由此可见，以开放大学为代表的英国远程高等教育，采用灵活多样的注册招生方式，已经构建了科学完备的课程建设、高效严谨的教学管理、娴熟完善的技术应用保障和严格高效的考试管理等质保体系。

德国远程大学以培养应用型、实用型人才为目标，采用多样化的先进教学媒体，推行开放的分散教学方式，实施规范严格的教学管理，注重面

---

① 李杨. 美国远程高等教育质量保障体系研究［D］. 上海：上海师范大学，2011：29-42.
② 符华兴，王建武. 世界主要国家高等教育发展研究［M］. 长沙：湖南人民出版社，2010：368.

授与函授相结合，尤其采行的课程教学应用拓展等训练，有效地保障了教育教学质量。

美国远程高等教育的质保体系涵盖了引导服务、学习评价服务及学习资源和技术支持服务等内容。美国远程高等教育机构充分利用现代化技术手段，采用学校与学生所在公司两级管理体制，推行以学养学的方式，采行高效的教学手段与媒体应用，尤其专门设立的美国教育技术传播与技术协会极大地推动了美国远程高等教育的交流与提高，利用网络开展远程高等教育已经成为美国教育体系的重要组成部分，效果显著，为美国社会培养了大批高层次应用型人才，成为满足美国公民接受高等教育公平与公正权利的有效途径。

加拿大远程高等教育的显著特点是以学生为中心，具有学习环境系统规范、充分利用现代教育技术、富有个性化的教学设计、丰富多样的课程资源选择、雄厚的师资力量等特点，有效地保障了远程高等教育质量。

三、英、德、美、加远程高等教育对我国的启示

英、德、美、加等国远程高等教育取得了辉煌成就，积累了丰富的发展经验，对我国远程高等教育具有一定的借鉴价值。我国是一个人口多、底子薄、地区发展不均衡的发展中国家，全国网络覆盖与现代教育技术等远程高等教育的硬件设施尚待发展，但教育信息化建设已经成为我国实现教育现代化的重要因素之一，英、德、美、加等国远程高等教育运行质态与质保体系建设对我国具有重要的启示作用。

（一）构建良好的外部环境支持系统

远程高等教育是一定历史时期社会、经济、科技与教育革新相互作用的必然产物。

先期的广播通信技术及现期的网络技术和多媒体技术的飞速发展，将会彻底打翻传统大学的围墙，远程高等教育将成为我国高等教育未来发展方向。20世纪60年代，北京、上海等地广播电视大学的建立，拉开了我国远程高等教育的序幕。《国家中长期教育改革和发展规划纲要（2010—

2020年)》强调搭建终身学习"立交桥",促进各级各类教育纵向衔接、横向沟通,提供多次选择机会,满足个人多样化的学习和发展需要,指出要健全宽进严出的学习制度,办好开放大学,改革和完善高等教育自学考试制度,为我国远程高等教育提供了良好的法治环境。

英、德、美、加等国远程高等教育的实践告诉我们,除了建章立制、加大政策扶持力度、引入市场竞争机制之外,还要将远程高等教育根植于民族优秀传统文化,充分发挥、发扬中华民族自强不息、厚德载物、忧国忧民、以德化人、和谐持中等思想,将中华民族优秀的传统文化作为远程高等教育发展的内在根源与动力机制,而我国目前地方开放大学办学层次大多仅限于专科教育,即使有的地方开放大学办学层次为本科,但大多没有独立的学生学位授予权,严重影响了开放大学的长远发展。因此,提高远程高等教育的办学层次,赋予包括远程高等教育机构在内的高校以充分的自主权,打破远程高等教育机构与传统高校壁垒、实现学分互认,给予开放大学与传统高校相等的权利与待遇,给予开放大学独立的学士、硕士甚至博士学位授予权,加快教育信息化、现代化进程,实现互联网全覆盖,加强国际间、校际间的合作与交流,依托国家开放大学为领头雁,构建完备的远程高等教育体系,成为今后我国远程高等教育健康发展的现实条件,以确保我国远程高等教育具有良好的外部运行环境。

(二)打造健康的内部管理运作机制

推进远程高等教育发展、提高远程高等教育质量是一个开放而又复杂的系统工程,《教育部关于加强高等学校在线开放课程建设应用与管理的意见》,是指导慕课在我国健康发展的第一个规范性文件,也为我国远程高等教育在线开放课程建设应用与管理提出了建设性指导意见,为我国远程高等教育的健康发展提供了良好的机遇。

纵观欧美主要国家远程高等教育的培养目标,都定位于应用型、实用型人才的培养,学员大部分来自在职人员,且大都具有完善的学费报销机制。

我国远程高等教育首先要明确培养目标,完善公民学习政策支持,重点为在职人员提供资格认证与学历教育。如当前教育硕士、教育博士的培养采用短期集体授课与在线远程学习相结合的方式，但由于相关支持政策跟进不及时，工学矛盾十分突出、高昂学费报销无门、投入与预期回报偏差巨大，严重挫伤了优秀生源报考的积极性，不但阻碍教育专业学位的健康发展，而且不利于远程高等教育的健康发展。其次，我国远程高等教育要构建多元化、个性化的课程体系。我国远程高等教育机构目前课程体系的人性化、个性化、可选择性严重不足，而统一化、模式化、强制性有余。再次，要切实提高远程高等教育质量，研发质量评估标准体系。开放大学，顾名思义，不仅意味着教育理念开放、教育对象开放、教学人员开放、学生入学开放、教学模式开放、教学方法开放、教学资源开放、学习资源开放，[①]也意味着办学方式开放、质量监督方式开放、管理方式开放等，但我国缺少相应的质量评估标准，政府、社会与院校缺少机制灵活的动态平衡性管理体系，加强全面质量管理（ISO）与课程教学质量保障体系势在必行。又次，构建产学研一体化协同创新机制，大力推进各级开放大学内部管理体制改革，疏通普通高校举办远程教育学院与开放大学之间的关系，切实提高我国远程高等教育机构的科研创新能力与教育教学水平。最后，加强远程教育网络平台建设，充分实现"互联网＋教育"的有效融合。当前我国传统的远程教育技术是网络教育发展的瓶颈，将云计算技术与远程教育平台进行有机结合，设计一种基于云计算技术的远程教育平台，以确保"用户信息安全、资源的存储和共享、网路服务质量以及交互性方面有较大的优势"[②]，成为我国远程高等教育运行质态的现实需要。

综上所述，英、德、美、加等欧美主要发达国家远程高等教育取得了辉煌的成就，具有显著的教育本土化、视野国际化、办学合作化、目标对象化、招生开放化、教学信息化、媒体现代化、程序规范化、管理系统化、监督科学化等特征，具有良好的外部政策支持与内部运作机制。

当前信息技术和数据处理技术已经改变了人类知识获取的方式，慕课

---

① 张伟远. 我国开放大学的地位、理念和办学策略的探讨[J]. 中国远程教育, 2011 (6): 21-25.
② 刘孟娟. 基地云计算技术的远程教育平台研究[J]. 自动与仪器仪表, 2015 (9): 107.

热潮推动了我国高等教育在线课程的长足进步，引起了人们对传统教育教学方式的深入反思与猛然醒悟，为我国远程教育的发展提供了难得的机遇与挑战。2015年5月4日，教育部颁发了《统筹推进世界一流大学和一流学科建设总体方案》，为具有中国特色的世界一流大学建设绘制出顶层设计的蓝图。远程高等教育以"无围墙的大学"的绝对优势将在我国创建世界一流大学进程中做出突出的贡献。国家开放大学、地方开放大学应该按照"统一战略、共同平台、资源共享、相对独立、各具特色"原则加强与普通高校的联姻与合作，逐步形成以国家开放大学为主导、地方开放大学为主体、普通高校为补充的远程高等教育运行质态，实现慕课的中国化，从而推动全民学习、终身学习进程。

论19世纪前期德国高等教育改革*

兰伊春**

德国是现代大学的发源地，1810年创办的柏林大学更是新大学的楷模。近200年来，世界各国一直在探讨其办学模式和教育理念。本文试图对19世纪前期德国高校产生的时代背景、高校的教育理念、办学模式进行探讨，希望能对目前我国高等教育改革有所裨益。

一、德国新大学产生的时代背景

（一）民族自我更新的需求

柏林大学创建于1810年，正是德国民族危难之时，整个德国处于政治上分裂和经济上落后的状态。

政治上，由于长期的战乱和异族的统治，德国依然是一个四分五裂，小邦林立的国家。各邦货币、度量衡不统一，工商条例和税收制度也不相同。其中，普鲁士王国势力较大。普鲁士王国实行封建专制制度，以国王为首的容克控制着政权，军队只知盲目服从国王，成为封建专制统治的工具。在地方上，大大小小的容克们也各自为政，各行其是，整个德国处于封建割据状态。

经济上，当时的欧洲经济基本上还是以农业为主，普鲁士经济发展较之其他国家更为缓慢。农村仍盛行农奴制，广大农民被束缚在贵族地主占

---

* 本文发表于《青海师范大学学报（哲学社会科学版）》2005年第5期（总第112期）。
** 兰伊春，青海师范大学讲师。

有的土地上，从事繁重的劳动，没有生产积极性，加上生产方式落后，农业产量很低。1770—1780年，西里西亚小麦产量平均增长速度只有英国同期的一半①。工业发展缓慢。1800年，第一产业拥有全部就业人员的三分之二，第二产业仅占五分之一。在工矿业中，绝大部分又是手工业，近代机器工业的比重微不足道，其就业人员仅占全部就业人员的1.5%，到1835年也只有2%②。1835年，英国农业人口占总人口的25%，普鲁士则为70%以上③。

而同一时期欧洲的其他国家，情况大为不同，英国和法国都已建立较为稳固的资产阶级政权，并且资本主义经济发展迅速。而在德国，封建的生产关系和专制制度严重地束缚着生产力的发展，阻碍着社会的前进。1800年，英国的工业总产值为2.3亿英镑，法国为1.9亿英镑，而德国只有0.6亿英镑④。可见，德国落后于英国和法国。

1789年爆发的法国资产阶级革命，"像霹雳一样击中了这个叫作德国的混乱世界"（恩格斯语），对德国产生了巨大影响。法国大革命爆发后，普奥组织了反法联盟进行武装干涉。1792年9月，法军在瓦尔密打败了入侵的普鲁士军队，又乘胜占领了德国莱茵河左岸地区，打击了德国的封建制度。拿破仑上台后，连年发动对外战争，多次打败德国军队，占领了德国的大片土地。特别是1806年的耶拿战役，普鲁士惨败，被迫签订了《堤尔西特和约》，丧失了自己二分之一的国土，赔款1亿多法郎，还须裁减军队。耶拿战役的失败和法国占领军"鄙视德意志人，把德意志人当作粗俗和愚笨的畜生，仅仅适合作为驮兽"（E.M阿恩特语）的劣等民族的奇耻大辱，以及纽伦堡出版商帕尔姆J.P.仅因出版了一本名为《蒙羞受辱中的德意志》竟被法国军事法庭处死的事件，极大地震撼了德国。同时，也唤醒了德意志人的民族意识，正如英国史学家G.P.古奇所说，"德意志人需要耶拿的巨大

---

① 朱庭光.外国历史大事集：近代史部分第一分册[M].重庆：重庆出版社，1985：223.
② 朱庭光.外国历史大事集：近代史部分第三分册[M].重庆：重庆出版社，1985：269-270.
③ 克劳利编.新编剑桥世界近代史：第九卷[M].北京：中国社会科学出版社，1992：43.
④ 同①223.

灾难，帕尔姆的处死和法国占领所施加耻辱来教育他们认识祖国的神圣性"。

普鲁士对法国战争的失败，暴露了封建专制制度的落后与腐朽，促进了德意志人民族意识的增长，人们要求改变现状。正如马克思所指出的："普鲁士被击溃后（1807年的堤尔西特和约），它的政府感到，只有经过一次巨大的社会更新（大变动）才能挽救它自己和全国。"① 此后，普鲁士和其他邦国为雪国耻，励精图治，在政治、经济、军事、教育等方面进行了一系列改革。人们希望通过改革，复兴德意志民族，实现民族统一。而德意志民族的复兴，发展教育是其重要手段。正如费希特所言，"作为救国的途径者……除教育而外，别无他途"。②

还在法军占领柏林时，著名学者费希特在《告德意志国民书》（1807）提出，重建国家的唯一道路是："要采取一种不仅能够培训有文化阶级，而且能够感化全体人民的国民教育制度。"③ 把普鲁士的失败归于教育腐败和品德不修，而"教育是使法国人战胜一切和为所欲为的唯一的根据"。④ 大声疾呼"国家当以普及教育为第一要义"⑤。

总之，内忧外患的现实，使德国人意识到必须改革，实现民族的自我更新，有识之士期待着教育界尤其是大学能够为国家的自由强盛和民族文化的复兴做出贡献。但旧大学里弥漫着保守和陈腐的气息，自身存在的合法性受到质疑。于是兴起了德国教育史上最重要的一次改革，新型的柏林大学得以创建。

（二）旧大学自身存在的合法性受到挑战

德国高等教育的产生始于14世纪。当时查理四世1348年按意大利大学模式在布拉格建立了第一所大学，随后建立的是维也纳大学（1365）等5所大学，是德国的第一批大学。进入15世纪后半叶，在人文主义运动推

---

① 马克思.法兰西内战[M].北京：人民出版社，1964.
② 魏峰.十九世纪前期的德国教育改革与德意志民族的复兴[J].滨州教育学院学报，1999，5（3）：6.
③ 克劳利.新编剑桥世界近代史：第九卷[M]中国社会科学院世界历史研究所，译.北京：中国社会科学出版社，1992：261.
④ 博伊德.西方教育史[M].任宝祥，译.北京：人民教育出版社，1985.
⑤ 王志乐.漫谈十九世纪德国教育改革[J].外国史知识，1985（3）.

动下，在德国又新增了一批大学，包括费莱堡（1456）等大学。宗教改革之后，在新旧教派纷争的背景下，出现了第三批大学包括马尔堡（1527）、哈勒（1694）等大学。到18世纪末，全国已有42所大学，是欧洲国家中大学最多的一个国家。①

德国的大学与早期欧洲自然形成的大学不一样，它多是由诸侯或城市当局有意识建立的。尤其在宗教改革运动期间，各地争分夺秒地建立新的教育机构。大学……普遍带有地区性质了。②雄心勃勃的地方诸侯们往往以政治统治和控制臣民思想意识，甚至从实力炫耀的需要出发，建立起自己的大学。加上德国中央权力薄弱，地方势力雄厚，这使得德国大学在数量上发展较快。但德国大学教育在18世纪以前，基本上是追随意大利和法国的，无突出建树。狂飙突进运动的著名人物莱辛曾尖锐地指出："德意志的大学只是些经院哲学式的神学院，它们正在行会精神、任人唯亲、裙带关系中，在普遍的僵化和经院哲学的败落中"沉沦③。旧大学存在的目的是训练人才为国家服务。它不论在教学科目的设置还是教法上都比较陈旧。从教学科目而言，教学范围大体是由传统来决定的。各科教学须按教会审定的课本进行。教师只能讲解和写出大纲，任意发挥是不可以的。从教法方面来看，学院的教学方法不外讲授和论辩。讲授的目标是讲解学生手持的课本，对课文加以注释和摘出有系统的纲要，教授的任务仅仅在于传播已有的知识而不是发现新的知识，大学的作用仅限于保存和传播已有的传统文化。论辩的目标是检查学生记忆的牢固性。一般而言，论辩时是由教师提出"论点"，其他人依次根据逻辑推理进行驳斥；论辩人只能以揭发对方在逻辑上的谬误和违反一般公认的原则之处来进行反驳。实际上只是以论辩巩固所学到的知识，只是从原则到原则的教条式辩论，根本不利于培养学生的创新能力和思辨能力，不利于科学研究的开展。

另外，教授收入很低，缺乏尊严和地位，学生更以其败坏的生活方式

---

① 符娟明.比较高等教育[M].北京：北京师范大学出版社，1987：30.
② 鲍尔生.德国教育史[M].滕大春，滕大生，译.北京：人民教育出版社，1986：41.
③ 李工真.德意志大学与德意志现代化[M].杨叔子.中国大学人文启思录：第一卷.武汉：华中理工大学出版社，1996：50.

为世人所不齿。虽然早在中世纪后期德意志各世俗政权便开始筹建或资助大学。但直到18世纪末，大学仍没有被正式纳入邦政府的财政预算之中，大学收入大多来自土地和其他捐赠，教授主要靠"教师的俸禄"和学费生活，而不是靠工资，收入很低。往往在大学外还兼任其他职位，或在要求的课程之外增开课程，以弥补微薄的收入。教授缺乏尊严和地位，无心无力于教学与科研。从学生这个方面讲，学生们年龄较小，基础知识差，对学术缺乏追求。且进入大学主要是被大学生的生活所吸引，因大学特权之一就是大学师生享有不受普通法庭的传唤，免交各种租赋和税收的特权。大学生可不受法律的约束过一种随意的、不受监督、没有谋生压力的生活。不少学生无所事事，终日玩乐。"他们时不时地也带着书包去听听课，以便不被开除。但在学习上也就仅此而已，更多的一概不为"。①

19世纪以前的德国大学声誉一落千丈，陷于危机之中。课程设置、教学方法上存在种种弊病。大学与社会现实相脱离，与科技发展不相适应，科学研究也不属于大学的职能。当然不能否认哈勒大学和哥廷根大学等一批带有现代气息的大学呈现出的新景象，但其兴奋点依旧是落在教学上，即传播知识，科学研究在19世纪以前的德国大学充其量不过是副业而已。大学无论对德国社会的发展还是民族的统一均没有发挥重要作用，大学不再处于进步的状态，被看成是过时的和逐渐衰亡的机构，大学自身存在的合法性受到挑战。

总之，重振遭受严重挫折的德意志民族精神、复兴日耳曼科学教育和民族文化传统已成当务之急，建立新型的大学或改革传统的大学成为时代的需要。

二、"培养全面发展的人"成为新大学的教育理念

1810年诞生的柏林大学是德国高等教育改革的成果。洪堡吸取费希特、施莱尔马赫等人教育思想，以新人文主义思想作为柏林大学的指导思想，构筑了新的教育理念——"培养全面发展的人"。

---

① 陈洪捷.德国古典大学观及其对中国大学的影响[M].北京：北京大学出版社，2002：17.

新人文主义起于18世纪后半叶。18世纪是唯理主义与实利主义时代。人类活动无论如何高尚，若无实际利益，即视为毫无价值，因而人文课程在学校不受重视。新人文主义就是反对唯理主义和实利主义的教育思潮。

新人文主义者认为，人不仅有理智，而且还有个性。个性的充分发展，多方面的兴趣及创造性思维的养成才是人生的第一要义。人仅有理智而缺乏个性，则非"完全的人"，教育专重理智，而忽视个性，即不是完全的教育。新人文主义鄙视教育上的功利主义倾向，主张开设人文科学课程，他们认为专业学校和专门化的高等学校是不能完成大学的崇高使命的。

洪堡和新人文主义者持同样主张，认为大学就是要"培养全面发展的人"。这种人主要有以下几个特征：第一，个性和谐发展。洪堡认为教育不在于用一种预先确定的所谓理想模式去整齐划一地塑造学生，而在于挖掘和展开人的天性中所蕴涵的那种完满的可能性。教育若违背人的自然天性行事，那么终将遭到失败。所以大学教育的目的之一就在于最大限度地磨锐人的力量、发展人的天赋，从而促进人的个性的和谐发展。第二，"在自由方面成熟"。所谓"在自由方面成熟"，是指人克服自身软弱的情感，逐渐获得一种不依赖于别人和外界的独立意志，然后凭借这种意志去跨越生活中的重重障碍，根据自己的意愿愉快地活动和工作，并使自由在其活动和工作中扎根。洪堡认为，能否促进学生"在自由方面成熟"，是检验大学教育改革成功与否的标志。因此，促进学生"在自由方面成熟"，也就成了大学教育的当然目的之一。第三，投身于科学和科学研究，并从中获得了"永恒不变的理智"和完善道德。洪堡说："大学的真正成绩应该在于它使学生有可能，或者说它迫使学生至少在他一生当中有一段时间完全献身于不含任何目的的科学，从而也就是献身于他个人道德和思想上的完善。"[1] 因此，大学是培养学生的科学精神，使之获得理性和道德的重要场所。

另一位思想家费希特认为教育必须培养人的自我决定能力，而不是要

---

[1] 丁亚金.洪堡高教思想对我国创建一流大学的启示[J].煤炭高等教育，2003，21（4）：49.

培养人去适应传统的世界，不是首先着眼于实有性，不是首先要去传播知识和技能，而是要去唤醒学生的力量，培养他们的自我学习的主动性、抽象的归纳能力和理解力，以便使他们能在目前还无法预料到的种种未来局势中自我做出有意义的选择。

不难看出，费希特、洪堡的教育改革思想，就是要培养个性充分发展的人，也就是"全面发展的"人。费希特、洪堡的教育改革思想的确立，为整个德国教育改革奠定了政策理论基础。

洪堡为了把"全面发展的人"的理想变为现实，吸取了费希特、施莱尔马赫大学计划中的长处，做了以下几方面的改革：

首先，确立教学与研究相统一的原则。教学与研究相结合体现在大学教育工作者身上，就是他既是教师，又是科学研究工作者；体现在受教育者身上，就是他既是学生，又是研究者。为了贯彻教学与研究相结合的原则，洪堡要求教授讲课由过去熟读百家为能事改为主要讲解自己的学术见解，即自己的独创思想和科学研究成果，并传播研究方法，指导学生如何研究问题，重点培养学生的独立工作能力和创造精神。这与传统大学中教师采取照本宣科的传统教学方法以及仅仅依赖别人研究成果进行教学的作风是针锋相对的，也是与传统大学中学生消极吸收、不敢创新的学习态度格格不入的。为使教学与科研相结合，新大学采用了开设讲座的制度；为鼓励高深研究，推广习明纳方法，即高年级学生或优秀生在教授指导下，组成小组研究高深的科学课题。习明纳成为"科学研究的基地"，习明纳和由习明纳发展而来的研究所培养了大批优秀人才。

其次，确立学术自由的原则。在洪堡看来，大学的任务是培养具有古希腊精神的个性充分发展的人，自由的学术研究，是促进人的全面发展的途径。在科研与国家的关系上，洪堡强调"自由"是教育的"第一个不可缺少的条件"。[①] 为此，他反对国家过多地干预教育，认为政府在大学中应担负起自己应负的责任。洪堡在1810年的备忘录中清楚地表达了学术

---

① 丁亚金.洪堡高教思想对我国创建一流大学的启示［J］.煤炭高等教育，2003，21（4）：50.

自由的观点:"国家不应把大学看成是高等古典语文学校或高等专科学校。总的来说,国家决不应指望大学同政府的眼前利益直接地联系起来……其成效是远非政府的近前部署所能意料的。"[1] 学术自由意味着大学有权决定学术研究领域中的事务。同时,洪堡也并不否认国家的作用,他所指的大学的自由是在国家控制下的自由,而不是无条件、绝对的自由。至于科学研究方面,因它是一项极其复杂、创造性的劳动,它需要研究者思维活跃,不受任何外在的限制,否则极不利于研究的发展。因此,洪堡主张科研不能由政府下令规定,只能任其自由发展。科研的目标和对象以及方法与途径,只能留给研究者自主解决。政府的作用,只是提供工作中的设备和条件以及合理的制度。

对师生而言,学术自由是教师和学生从事高深科学研究的保证,包括教师的教学自由和学生学习的自由两个方面。教师教什么,研究什么,享有充分的自由;同样,学生也有学习的自由,以及择课、择师和转学的自由。为了保证学术自由,采用"讲座制",规定有资格讲座的教授,是该专业的权威,是实验室、研究所的核心,拥有教学研究和聘任助教的自主权。采用"教授治校",各学院正教授负责讨论决定本院内部事务,院长从他们中间自行选出;全体正教授组成校评议会,共同就全校性事务作出决策。"教授治校"为教学和科研活动与学术自由提供了制度上的保障。

再次,将科学研究职能引入大学。科学研究原不是大学的主要职能。在新大学里,科学研究成为教授的主要职责,甚至是第一位的职责。正如德国教育家、柏林大学教授鲍尔生所言:"柏林大学从最初就把致力专门科学研究作为主要的要求,把授课效能仅作为次要问题来考虑;更恰当地说,该校认为在科研方面有卓著成就的优秀学者,也总是最好的最有能力的教师。"[2] 对学生的要求不再是博学,而是要求其掌握科学原理与科学方法为主,重点在于独创性的探索方面,科学研究成为大学的主要职能。可见,柏林大学的兴奋点,始终是放在科学研究上的。在这里需要说明的

---

[1] 鲍尔生.德国教育史[M].腾大春,腾大生,译.北京:人民教育出版社,1986:125.
[2] 同[1]126.

是，柏林大学把科研作为教授的主要任务，把教学作为次要任务，并不是说，柏林大学不重视教学，从某种意义上说，科学研究也是教学的一种形式。例如，讲座制和研究所的科研形式，就是在师生共同探讨和研究的基础上，教授把自己的知识传授给学生，实现对学生的影响。

1810年由洪堡创建的柏林大学，在19世纪震动了整个德国的大学体制，"中世纪的大学，基本上都遵照柏林大学的经验，先后尽快现代化了自己"[①]。教学与科研相统一的原则，学术自由原则，教授治校等理念，对德国大学以及德国高等教育发展的模式产生深远的影响。德国出现了一批以此为范本的新型大学，如布莱斯那大学（1811）、波恩大学（1818）等，这些新型大学以其雄厚的学术实力和科研成果，被公认为全世界的研究中心，被誉为科学家的摇篮。历史学家认为，"德国大学自然科学研究的卓著成就，对德国上升为经济大国具有决定性的意义。"[②] 不仅如此，柏林大学的大学理念及模式对美、日等国的大学教育模式也产生了影响，为19世纪以后各国大学的发展指明了一个新方向。1876年，美国以柏林大学为蓝本，创办了约翰·霍普金斯大学，英国创办了剑桥大学等。影响了美、日等多国高等教育现代化的进程。

[①] 曾宁波.试论洪堡的高等教育思想[J].比较教育研究，1993（3）：10.
[②] 贺国庆.近代德国大学跻身世界一流的成因[J].河北大学学报（哲学社会科学版），1997，22（3）：74.

洪堡的教育思想与我国高等教育改革的价值取向*

许光中**

作为知识创新直接动力源的大学,是一个国家科研的重要力量,在推动国家科技文化创新与经济社会发展中发挥着重要作用。但近年来的发展事实也表明,虽然我国已成为世界高等教育的第一大国,但与世界上一些发达国家相比,我国大学的科技竞争力与科研成果质量还不容乐观,缺乏重大的原创性研究成果,在推动国家科技创新上所做的贡献还远远不够。[①] 尤其是在数量上占有绝对优势的高校,重视专业知识的传授,忽略学生创造性智慧和能力的培养仍是普遍倾向。由于缺少创造性潜能开发,影响了学生的创业能力,造成就业困难和就业后的发展缺乏后劲。科研是高校的核心竞争力,结合经济和社会发展的需要提升我国高校的科研能力,充分发挥科研对于提高学科建设水平、增强学校综合实力以及提升学生综合创新能力的主导作用,是教育部门应长期给予关注的重点问题。

一、洪堡的高等教育思想与科研在现代大学中的主导性作用

(一)洪堡的高等教育思想

一般认为,现代意义上的大学产生于中世纪后期的欧洲,最初只是单

---

* 本文发表于《青海民族大学学报(教育科学版)》2011年第4期。
** 许光中,青海师范大学社会科学学部教授。
① 张似阳.我国大学科研职能的历史演变及启示[J].赤峰学院学报(汉文哲学社会科学版),2008,29(5):146.

纯传授知识的殿堂，一些教授个人结合教学从事些有兴趣的、经费耗费不大的科学研究。教学是高校的主要职能乃至于是唯一的职能。1810年德国教育学家洪堡创办了柏林大学，被认为是科学研究成为高等学校主要社会职能和主要任务之一的标志。

威廉·冯·洪堡（Wilhelm von Humboldt）(1767—1835)，是德国19世纪著名的教育家、语言学家、政治家。出生于波茨坦的一个贵族家庭，良好的家庭条件使他从小就受到了良好的教育。他少年时师从卢梭、莱布尼茨，接受了博爱、天赋人权的思想启蒙。青年时期在哥廷根大学度过的大学生涯对他产生了深刻影响。哥廷根大学是一所被认为是"按照莱布尼茨思想建立起来的""具有广泛科研自由和教学自由、启蒙主义的"初具现代大学雏形的著名学府。洪堡在那里学习哲学、历史和古代语言，尤其是希腊语，并开始阅读康德陆续发表的著作，研究康德的以"三大批判"为表征的理论体系，由此也深刻理解了莱布尼茨"单子论"所表述的"自由"主题。毕业后就职于柏林议会法院。1794—1797年在耶拿当家庭教师，并参加美学杂志《季节女神》的编辑工作。后潜心钻研历史哲学和语言哲学。1809年2月担任普鲁士内务部文化和公共教育司司长。洪堡接受了海涅、歌德、席勒等人的新人文主义思想，主张对人进行完全的人的教育，充分发展人的个性。他坚持反对当时德国封建专制主义以及学校对学生思想和自由的限制，反对国家干预教育，提倡教育和教学上的自由。强调高等教育不应该是对职业的专门训练，目的也绝不是为了谋求职业。高等教育给予学生的不应该是让他们能够"做什么"，而是"成为什么"。他还认为，大学的学术研究应该是独立的，其他部门不应该干涉。基于这一思想，洪堡开始了一系列的教育改革：减少小学的宗教神学课，增设实用知识学科，使学生能够学到较为广泛和有用的文化知识；废除体罚和死记硬背，采用实物的直观的教学方法；削减文科中学古典学科的内容，扩大普通基础学科的教学；严格选择教师。洪堡认为，教师不只是为了学生而存在，教师和学生都有理由追求新知识，大学不但是现有文化与科学技术知识的传播者，更应成为创造者。

1806年，波拿巴占领普鲁士并使其蒙受羞辱。洪堡认为，普鲁士的失败很大程度上来自教育的失败，它为德国教育敲响了警钟，只有从教育入手才能拯救德国。1810年，洪堡和费希特创建了柏林大学。这所新型大学充分体现了洪堡提倡的"教学自由、学术独立、教学与科研相结合"的办学思想，对欧美各国的高等教育产生了深远影响。①

"洪堡思想"强调学术自由，强调教学与科研的有机结合，强调人才培养的同时进行知识的创造，在办学思想上向前跨了一大步，在世界高等教育史上具有非常重要的意义。洪堡的办学理念，适应了社会发展的需要，使德国的大学实现了跨越式的发展，成为其他国家学者向往的学术高地。德国前总理施密特曾经比较含蓄地表达这样一种看法，就是当德国的大学是世界上最好的大学的时候，也是德国的国势在世界上最强的时候。他说："显然，如果我们的大学停留在二流或三流的水平，德国就无法取得绝对一流的研究成就。现在德国没有任何一所高校能够与斯坦福、哈佛或美国、日本的其他一流高校抗衡。我这样说并非没有根据，因为我经常访问那些高校。从世界水平对比来看，现在德国没有任何一所高校拥有第一次世界大战前，甚至魏玛时期德国高校那种声望。我们的高校在当时是处于世界领先地位。"② 美国在独立战争之后，借鉴德国大学教育的经验，把"教学与科研统一"的办学思想付诸实施，从而涌现出一批有影响的大学，并创造了研究生教育制度。研究生教育制度的建立，是大学教育的一次革命，它以制度的形式，保证了科学研究与教学共同成为大学教育的主体。19世纪六七十年代，主持威斯康星大学的范·希斯，明确提出"教学、科研和服务都是大学的主要职能"，强调大学依据自身的特点和优势，通过知识传播、专家咨询为本地区的政治、经济和社会发展服务，大学不但是教学科研的中心，还应是社会服务的中心。这种大学职能论在洪堡"教学与科研统一"理念的基础上，又向前推进了一步，而被称为"威斯康星精神"。

---

① 李俊霞.洪堡教育思想对我国高等教育改革的启示[J].学术交流，2007（7）：179.
② 施密特.全球化与道德重建[M].柴方国，译.北京：社会科学文献出版社，2001.

1957年苏联卫星上天，美国朝野震动，它做出的反应之一就是把国家安全与加强高等教育联系起来。1958年颁布了《国防教育法》（National Defense Education Act）。《国防教育法》中有这样的话："国会在这里宣告，国家安全要求充分发展全国青年男女的智力资源和技术技能；目前的紧急状况要求提供更多更好的教育机会；美国国防取决于掌握由复杂科学原理发展起来的现代技术，也取决于发展新原理、新技术和新知识。"这一段话，体现了他们作为一种国家行为支持高等教育发展的政策取向。

（二）科研对现代大学的主导性作用

大学科研职能，作为当今社会普遍认同的现代大学三大职能之一，它主要是指大学为促进自身发展和更好地服务社会，依据自身特点，发挥学科门类集中、人才汇聚的优势，有效整合校内外科研资源，积极推动知识文化创新和科技进步的一种社会赋予的责任和相应能力的统一。大学科研职能的形成发展，是一个历史的、动态的过程。自洪堡倡导创办柏林大学以来，大学的科研职能就逐渐被人们所认同，成为现代大学的一项重要职能。

高等学校承担着培养社会需要的创新人才的任务，而创新人才培养的水平离不开高校科研水平的提升和科研职能的加强。同时，当今国际科技经济竞争日益激烈，人才的培养已不仅仅是现代知识理论的传授，更重要的是科技创新能力的培养，这其中科研职能的发展发挥着重要的作用。另外，在现代大学三大职能中，每一职能的发挥都与高校科研发展的水平密切相关。无论是"两个中心"，还是"三大职能"，大学科研工作都处于大学职能的重要地位，起着不可替代的作用，特别是"教学"和"社会服务"职能更直接与大学科研水平及科研实力密切相关。①

莫什·萨夫迪在《后汽车时代的城市》中所言："……当我们在社会中的角色日益专业化（也更孤立化），我们对于交流的本能需求增加了。……以罗马广场的精神，我们已在全球各地的社会中建立了许多机构作为促

---

① 张似阳.我国大学科研职能的历史演变及启示［J］.赤峰学院学报（汉文哲学社会科学版），2008，29（5）：149.

进互动交流的特殊催化剂。大学将人类努力的每一领域的个体聚集在一起——从医学、科学，到艺术、社会科学——成为一个社区。依靠研究生院、系、实验室和研究所，大学培育了专业化的研究，并同时建立了一整套旨在打破界限的结构来促进综合性及互动交流。"[①] 这段话阐明了大学在社会中的地位：智慧和知识的源泉，以及一个独特的、独立于社会阶层分布结构之外的特殊王国。

随着高等教育由精英化向大众化的转变，科学技术的迅猛发展以及市场需求的变化，现代大学的一个基本生存理念是教学和科研应有一个积极的关系。尤其是当科研由传统的单一学科的理论研究为主、以研究者兴趣为导向的科学研究模式已经向更为广阔的、跨学科、面向社会和经济需求，以解决专门问题，满足用户需求为目的的科学研究模式转变，更有必要对教学，尤其是科研的内涵有进一步的认识。

二、我国高等教育的价值取向

（一）目前我国高等教育的困境

1. 行政化导向下的学术困境。钱学森曾向温家宝坦诚相告："现在中国没有完全发展起来，一个重要的原因是没有一所大学能够按照培养科技创造人才的模式去办学，没有自己独特的创新。"言外之意就是中国出不了大师级人才的根本原因，是科研体制和社会价值取向出了问题。

从我国大学科研职能的发展演变中可以看出，我国的大学体制，包括大学科研体制深受我国历史及现实政治、经济和社会体制的影响。计划经济体制下，大学科研职能的发展方向，受国家计划的影响，研究什么课题，如何开展研究，往往不是研究者个人所决定的，而是由国家统一安排制定。这虽然可以有效集中科研力量，解决国家面临的重点科研课题，但在一定程度上也影响了大学教师的科研主观能动性。20世纪90年代，我们开始建设社会主义市场经济体制。市场对大学科研职能的发展起到了积

---

① 王铁军. 大学的价值［J］. 中国远程教育（资讯），2006（8）：11.

极的推动作用。然而,由于大学本身体制变革的滞后,大学科研职能的发展还没有完全适应社会主义市场经济体制发展的需要,传统的计划经济体制性问题仍然有着一定的制约作用,许多大学的科研工作还停留在等、靠、要的阶段,还不习惯从市场中寻求机遇,从竞争与合作中发展壮大自己。科研经费过多依赖国家或地方政府投入,科研管理观念、模式、方法陈旧,科研成果不能主动适应市场需求,尚未形成有效的科研成果转化机制,大学科研成果转化率低。而且由于我们一向以官本位为价值标准,使大学在行政化的同时,在行政化的管理下,使这个本该思想最活跃、最富创造力的地方变成了名利场,一刀切的教育管理,严重阻碍了师生创造力的培养。

由于高等教育高度行政化且受工具理性主义的影响,在教育上产生了大量急功近利的管理制度和政策,这些制度和政策普遍关注眼前而忽略长远,面向一般而拒绝个别,省略了对教师的远大学术理想和抱负的肯定、支持和引导,特别是省略了对特殊人物"超常学术抱负"的制度保障和支撑,"一刀切""一锅煮"的政策毁掉了他们的学术理想、学术战略和稍纵即逝的"成功可能性"。这样的政策和制度导向,必然使教师对学术研究抱着急功近利、短期至上的态度。[①]

大学教师的职称评聘指标和各种奖励的标准是最具威力的指挥棒,大学和教师都不能不围着这个指挥棒转,为满足各项指标而奋斗,失去了崇高的学术耐心、学术深沉和对学术的敬仰,使学术浮躁和急功近利的心理和行为充斥校园。如果一名教师不跟着这种制度和指标转,而去"十年磨一剑",他将什么资源也得不到,在学校里很难有立足之地。在这种急功近利的管理制度和政策下,要生存就得为指标而奋斗,这种难以违背的客观存在,使教师们不得不放弃自己的学术爱好、独特性和长期发展战略,去从事急功近利的短期行为,使某些潜质优异的教师失去了成为大师级学者的可能,使大学失去产生了重大原创性和独创性成果的机会。此外,高

---

① 陈秉公.论教育省略了什么[J].思想政治教育研究,2008,4(8):1-5.

校高度的行政化使教育资源向行政官员不断倾斜，从而出现了部分大学教授不以研究学问为重而争当领导的不正常趋向。

2. 就业导向下的教学困境。如洪堡所说："大学教授的主要任务并不是'教'，大学学生的任务也并不是'学'。大学学生需要独立地从事研究。至于大学教授的工作，则在于诱导学生的'研究'兴趣，再进一步去指导并帮助学生去做研究工作。学生以大学教授为导师，协助教授进行科学研究，在研究过程中受教育，培养学术上的爱好。"[①] 大学中的"教"与"学"只有通过教师与学生独立的精神活动才能进行，只有保证教学与科研的自由，才能充分发挥教师与学生在教学与科研中的个性，最大限度地发挥其积极性与创造性。但随着我国大学生的日益增加和就业压力的增大，教育部门已将毕业生的就业率作为评价大学质量的一个重要指标，这虽然对促进大学教育与社会需求紧密结合大有益处，但也使学校学科设置、教学内容都以就业为目标，大学教育逐步将以满足大学生就业需要的技能教育，变成了找工作赚钱的预科，从而使大学教育逐步转变为职业教育。基础教育、品德教育日益弱化，学科设置短期化使学术积淀缺乏，教师疲于应付，学生的能力得不到有效的提高，出现了一切围绕就业转的倾向。

著名科学家爱因斯坦曾尖锐地指出："学校的目的始终应该是青年人在离开学校时，是作为一个和谐的人，而不是作为一个专家"，仅仅"用专业知识育人是不够的。通过专业教育他可以成为一种有用的机器，但不能成为一个和谐发展的人，要使学生对价值有所理解并产生热诚的感情，那是最根本的。他必须获得对美和道德上的明确的辨别力。否则，他同他的专业知识一起就更像一只受过很好训练的狗，而不像一个和谐发展的人。"[②] 假如我们学校培养出来的学生缺乏丰富的道德情感，缺乏对价值的明确辨别力和道德人格的追求，怎么可能成为社会主义的合格公民？又怎么能成为21世纪的杰出人物？

---

① 李其龙，孙祖复. 战后德国教育研究［M］. 南昌：江西教育出版社，1995.
② 陈秉公. 论教育省略了什么［J］. 思想政治教育研究，2008，4（8）：1-5.

3. 市场导向下的价值困境。大学之所以在目前的中国成为万众瞩目的大事,受到全社会的关注,原因之一是我国目前社会阶层由下向上流动的途径太少,大学实际成了民众实现人生价值最主要的甚至是唯一的途径。近年来,大学几乎垄断了内地中下阶层民众的人生希望。普通年轻人没有一纸大学文凭,根本不可能摆脱"下等阶层"的印记。从这个意义上说,大学掌握了一种新的权力,并且这种权力没有监督与牵制,还在不断膨胀之中。现代大学在国外,虽然也是培养社会精英的机构之一,却不像在中国内地这般,成了一种能决定年轻人一生出路的特殊权力之所在。后者反映了外部社会环境一种畸形的发展。由于缺乏其他出路和评价体系,文凭贬值只能引起更大的文凭追求的狂热,客观上使民众对大学的依赖也越来越强。原因之二是随着就业压力的增大,人们上大学的功利性更强。人们往往从就业的角度来衡量和评价大学的价值和自己所受的教育,把上大学的目标定位于读几门专业课、学一门实用手艺,从而找到一个回报较高的职业上。"研究生就是花3年时间研究如何找工作的学生。"部分研究生的自我调侃,对这个问题作了形象的说明。原因之三在于我们上大学的成本太高,一个人上学往往要倾全家之力,甚至预支未来,高投入自然希望高收入,一旦不能满足预期、得到较高的回报,其失落感就非常强烈,大学挨骂也就不可避免。曾几何时,一纸大学文凭便意味着一切生活保障。而如今文凭贬值,这种直接对应的关系已经不复存在,而人们却始终不愿放弃长时间养成的功利实用的心态:花大钱拿来的文凭,应当为自己带来相应的回报。由此大学教育的价值也开始受到质疑。尽管我们不能完全否定人们提升学历的功利动机,尽管今后很长一段时间里很多人都将以谋生作为读大学的主要目的,尽管我们的大学教育确实应该增加实用和应用型专业,但是如果国人只把大学教育和就业岗位联系在一起,只以就业率来衡量大学文凭的价值,只以实用与否来看待大学教育的内涵,那将是我国大学的悲哀,从长远来看也将抑制我国大学精神的发扬。

(二)我国高等教育改革的价值取向

1. 确立以做人为目标的教育思想取向。我们历来的教育学家都把做人作为教育的本质。孔子在《论语·为政》中指出,教育的目的在于"道之以德,齐之以礼,有耻且格",而不单是传授知识的文化活动。教育是关系到社会安定、国家治乱的根本大事。治国不能单纯依靠强力管制,更重要的是通过教育教化民众,提高国民的素质。新中国成立后,毛泽东同志继承和发展了马克思主义,充分重视发挥教育开发人的智力,促进人的个性全面发展的功能,提出:"我们的教育方针,应该使受教育者在德育、智育、体育几方面都得到发展,成为有社会主义觉悟的、有文化的劳动者。"改革开放后,邓小平提出了要培养"有理想、有道德、有文化、有纪律"的"四有"新人的观点和"教育要面向现代化,面向世界,面向未来"的要求。江泽民同志在北京大学建校一百周年庆祝大会上的讲话中指出:"青年时期注重思想修养,陶冶情操,努力树立正确的世界观、人生观、价值观,对自己一生的奋斗和成就将会产生长远而巨大的作用。"温家宝总理指出:"高等学校改革和发展归根到底是多出拔尖人才、一流人才、创新人才。高校办得好坏,不在规模大小,关键是要办出特色,形成自己的办学理念和风格。""学生不仅要学会知识,还要学会动手,学会动脑,学会做事,学会生存,学会与别人共同生活,这是整个教育和教学改革的内容。"①

随着知识经济时代的到来,人的发展已经成为世界关注的焦点,也成为每个人最为关注的现实问题。社会主义市场经济体制的建立,为大学生们提供了施展才华的天地,增强了人的主体性和竞争性,创造了发展个性的广阔空间。对于大学生来说,大学对人的一生和学会做人都起着重要或决定作用,是大学生人生发展的重要时期。在这一时期,大学生基本脱离了父辈、家庭的"呵护",要靠自己去约束自己,自己去控制自己,独立走向社会,成为社会人。从中学到大学,要面临环境、学习方式以及价值观、理想信念等方面一些根本性的变化。从学生自身来看,由于多年来的学习生活基本囿于家庭与学校之间,大学生在人格上将逐步完成从青少年

---

① 温家宝.百年大计 教育为本[EB/OL].[2009-01-04].http://www.gov.cn/ldhd/2009-01/04/content_1194983.htm.

向成年人的过渡和转变,将逐步确立自我,摆脱对家庭和父母的依赖,从家庭走向社会。完成这一人生途中的重要转变并不是一帆风顺的,他们要学习正确处理适应社会需要与实现自我价值的关系,学会处理环境变化所带来的适应性问题,既要学会生存,更要学会做社会的人,做现代的人。他们在成长过程中难免会遇到各种困难和矛盾,产生各种困惑和问题,这些问题从根本上讲是世界观、人生观、价值观的形成与确立问题。而如何在大学这个关键阶段帮助大学生形成正确的世界观、人生观、价值观,学会做一个合格的社会人,应该是大学的重要使命。

从国际上来看,做人教育是当今世界教育改革与发展的主流。经济的全球化和科学技术的迅猛发展,特别是知识经济的出现,使知识和人才、民族素质和创新能力越来越成为影响各国经济和社会发展的重要因素。1996年国际21世纪教育委员会向联合国教科文组织提交的报告《教育——财富蕴藏其中》提出,教育应当促进每个人的全面发展,即身心、智力、敏感性、审美意识、个人责任感、精神价值等方面的发展,并将"学会求知、学会做事、学会共处、学会做人"作为21世纪教育的四大支柱,而其核心就是学会做人。中国实现社会主义现代化,跻身于世界发达国家行列的历程,不仅是物的现代化过程,更主要的是实现人的现代化过程。现代人所有的主要品质和特征,如强烈的时间观念、效益观念、积极参与意识、乐于接受新思想、新观念,开放、自尊和尊重他人、强烈的自信心、高度的计划性、尊重知识和重视科学价值等,都与良好的教育影响有直接关系。对于大学来说,无论从哪个层面讲都应该首先以教会大学生做人为根本的价值取向,以培养社会主义事业合格的建设者和接班人为己任。

"当今社会竞争激烈,在校学生时时感到就业的压力,求生存成了他们求学的首要目标。学生异常注重专业技能的学习,高校教育目标也多向'生存、技能'倾斜。这种务实做法的确适应了市场经济发展的需要。但我们同时也应注意,大学生如果在求生存中失去对'意义'的追寻而出现严重的精神困惑或信仰危机,将是非常可怕的。大学教育如果仅局限于急功近利,缺乏基础性、前瞻性与超越性思维，将无法完成'百年树人'的伟业。"①

2.树立以培养学生能力为导向的教学目标取向。一般而言，我们的教育重视学生知识的学习、传递和掌握，而忽视学生创造性智慧和能力的深度开发和培养，在有些学校甚至排斥学生创造性智慧和能力的开发和培养。这一点同世界先进教育重视学生创造力的开发和培养的教学理念相比有明显的缺欠。

假如我们比较一下中美基础教育，情况会很清楚。如果比较的是数理类课程，可以肯定中国的基础教育在难度上超过了美国，中国基础教育的进度快、难度高、知识点多。这一点，中国的教育不仅与美国相比占有优势，就是在世界上也占有优势。可是，如果从另一个视角看问题，比学生的实际能力，特别是创造性智慧和能力，则美国的基础教育占有优势。我们有必要这样去思考问题：在同样的教学时间里，我国学校教的知识大大地高于、难于、多于美国。而要实现这一点，我们的教育一定要比美国的教育省略某些东西。即他们教的某些东西，我们省略了。省略了什么？省略了学生创造性智慧和能力的深度开发和培养。我们的教学省略了培养学生创造性智慧、能力和获取实际知识的大量教学环节。而省略这些教育教学环节，学生的创造性灵感得不到激发，创造性智慧和能力得不到培养和训练，其创造性潜能就无法开发出来。② 为什么要省略这些东西？其原因除了某些大学的教育理念没有改变外，主要在于高校的科研能力不足，缺少具有原创性和独创性能力与成就的教师，尤其是缺少科学技术与人文大师级水平的知识分子。教师的科研能力欠缺，只能在单纯"传授知识的教学模式"中徘徊。因此，只有大力提升大学的科研能力，我们才可以深度开发学生的创造性智慧和能力，才可以提升大学的教学质量，才可以把我们的国家建设成为"创新型社会""创新型国家"。

3.建立以科研为导向的教学体系。学生创新能力不足、就业竞争力不足的原因从根本上来说是教学的不足。一方面，由于多种因素的影响，我

---

① 王子淳.学会做人：教育的本质［J］.淮阴工学院学报，2005（6）：75.
② 陈秉公.论教育省略了什么［J］.思想政治教育研究，2008，4（8）：1-5.

国高等教育改革滞后于社会需要，教育思想和教育观念不适应现代化建设对人才的需求，专业划分过细，教材内容陈旧，教学方法落后，重知识传授，轻能力培养，忽视学生全面素质教育；另一方面，高等教育本身具有滞后性和周期长的特点，而社会需求却瞬息万变，加之近年来人才预测工作比较薄弱，高校招生与社会需求结合不够紧密，这就使学校的人才培养与社会需求往往不相吻合，其中结构性矛盾较为突出。我们尽管不断强调学科建设、课程建设，但纵观各学科的教材和教学内容，老旧的多，新内容少，能反映社会经济发展需求的原创性的内容更少。其原因在于科研能力不足，无法更新内容或现行的教学制度，使学者们的科研成果难以进入教材、课堂。长期从事大学生就业指导工作的教育专家、武汉理工大学就业指导中心主任赵北平教授分析认为，高校专业、课程设置和培养方案与社会需求变化错位也是影响和制约大学生就业的一个重要因素。由于很多高校的专业、课程设置和调整不是面向市场和社会需求，而是立足于学校师资条件，在高校招生和专业设置上不是以社会需求为本，不是以学生就业和发展为本，结果导致大学生就业过程中出现结构性矛盾。一方面是大量的大学毕业生难以找到学以致用的工作岗位，另一方面却是用人单位招不到适合的专业人才。教育是一种社会活动，教育必然要与社会发展相适应，既要满足社会经济发展对多层次、多类型人才的需要，也要满足多种多样的个人理想和目标实现的需要，不能离开社会的发展确定自己的发展方向。高等教育的人才培养结构必须主动与现代经济、社会的人才需求结构相适应。[①] 因此，建立以科研为导向的教学体系显得非常急迫。应该从制度上鼓励学者们及时把自己的科研成果编入教材，进入课堂。鼓励教师们把自己的科研成果化为课程，及时给学生讲授。

---

① 潘懋元，董立平．关于高等学校分类、定位、特色发展的探讨[J]．教育研究，2009（2）：33.

高等学校实施国际教育交流与合作的有关问题[*]

阿春林[**]

一、高等学校开展国际教育交流与合作的战略意义

高等教育国际化的概念是指一个国家的教育或某所具体的大学在国际意识、开放观念指导下，通过开展国际性的多边交流、合作与援助等活动而不断促进对国际社会理解，提高国际学术地位，参与国际教育事务，促进世界教育改革和发展的动态或趋势。简言之，就是指各国大学教育立足国内，面向世界的相互交流、合作与援助的一种发展过程或趋势，是21世纪高等学校的新理念。国际化就是要充分利用国际市场，积极向国外开放国内市场。其实大学最早出现时，高等教育就具有国际化的特征，但是真正高等教育国际化的浪潮始于第二次世界大战之后。"二战"后，随着世界各国的政治、经济、文化交流的加强，高等教育国际化成为各国高等教育发展的方向。这种国际化的趋势主要表现为留学生互派、学者互访的数量急剧增长，国际间高等教育学术交流和开展合作研究日益频繁。特别是自20世纪70年代末以来，随着经济全球化的加剧和信息技术的发展，高等教育国际化出现了前所未有的盛况，其中海外留学生教育成为高等教育

---

[*] 本文发表于《青海师范大学学报（哲学社会科学版）》2003年第3期（总第98期）。
[**] 阿春林，青海师范大学讲师。

国际化最为活跃的迹象。现在美国、英国、加拿大、澳大利亚、新西兰、日本这些教育比较发达的国家,已采取各种政策吸引世界各国留学生,甚至把高等教育国际化作为它们创收外汇的重要手段。这种高等教育国际化不仅为它们带来了巨大的经济利益,而且在深层次上影响着各国政治、外交、科技、经贸等各个方面。同时,高等教育的这种国际化交流不但促进了政府间、人民间的相互了解,而且作为"文化载体"(carrier of culture),留学人员了解、体验了他国文化并将其介绍给本国,还向"东道国"(host country)介绍了自己的社会文化,有助于消除隔阂和误会,增强双边的对话。

  国际化的重要标志就是要进行国际间的交流,而交流的最初形式应该说是从交往开始的,应该说交流是交往的产物,没有交往也就不可能产生交流。教育和文化领域"往来和交流有利于增进国家间人民的相互理解和友谊,也有助于促进国与国之间全面关系的改善和发展"。文化全球化将使各族文化通过交流、融合、互渗与互补,不断突破本民族文化的地域和模式的局限性而走向世界,不断将民族文化的地域的资源转变为人类共享共有资源,不断超越本民族文化的国界并在人类的评判和取舍中获得文化认同。在这种情况下,中外文化交融是大势所趋。美国斯坦福大学校长在北京大学建校100周年校庆举行的"面向21世纪的高等教育——大学校长论坛"上说过,未来的高等学校应当是"研究密集型大学",这种大学始终把研究和教学合在一起为经济和社会服务,所有大学的围墙将被打开更多的缺口,一个世界性的"学术共和国",一个全球性的"学者共同体",从此应运而生。面对这一趋势,只有兼采世界各国文化传统中优秀的教育文化模式,涵养宽阔的文化胸襟,冷静理智地辨析优劣,做出取舍,才能超越自身教育文化的局限,建构符合人类普遍教育理想的新模式。现代大学产生的基本动力是满足探索真理和发现知识的需要。探索真理和发现知识是一项没有国界的事业,只有在不断的国际间相互学习与借鉴的过程中才能取得进步。

  国际交流与合作实质上也是一种国际服务贸易输出,也是高等教育国际化的具体体现和发展趋势。随着我国加入WTO,可以说已为开展国内外的校际交流提供了更为广阔的空间。而对面向世界的中国高等教育而言，应积极借鉴世界先进大学的经验，进一步加强国内外的校际交流与合作，共同进行学术研究与人才培养，互派留学生和访问学者，相互认可学生的学习证书和课程学分，共同享用电子图书馆及国内、国际的共同检索服务等。同时，应允许并积极接受国外大学来我国联合办学，一旦条件成熟，将中国的大学办向国外或在国外设置分校。高等教育国际化是大学自身发展的需要，因为大学市场国际化能带给大学可观的经济收入，尤其是大学留学生教育事业的蓬勃发展，有力促进了我国的教育事业走上与国际教育互相沟通、衔接的轨道，使我国的教育体制从单一、封闭走向多样、开放，还为我国的教育发展和实施科教兴国战略提供了有力的人才支持。目前，国际教育交流与合作是创建一流大学的重要标志之一，也是对想要迫切建立一批世界一流大学的中国高等教育的一种考验，可以说，机遇和挑战并存。因此，我们只有用发展的眼光看待国际教育交流与合作这一问题，并创造性地开展此项工作，才能加快全面建设小康社会的步伐。

二、高等学校开展国际教育交流与合作的形式和内容

要充分利用国际市场的教育资源，积极向国外开放国内教育市场，并根据国际教育交流与合作的特点来开展此项工作。一般来说，此项工作的形式和内容应包括以下几个方面：

1. 用国内外高校相互合作，建立校际友好协作关系——姊妹学校的方式开展国际交流活动。姊妹学校的建立要注意维护国内学校的根本利益，应在本着平等、互惠、互利、共同发展的原则下缔结。由于国内高校与国外高校分处于不同国度、地域和文化环境，所以，双方师生在教育交流与合作以及文化了解方面都有迫切感，都有对彼此的文化产生浓厚兴趣的倾向，而且不同国度的人们互相之间会产生较强的吸引力，都向往着能够尽快同异国朋友结交，都有向异国朋友学习语言和文化的倾向。国内高校应借助双方师生的这种心理需求，积极地与国外高校建立校际交流合作关系，缔结为友好姊妹学校。

2. 用国际合作原则和跨国界交流的观点,以互派访问学者,互派青年教师的方式开展国际交流活动。交流时,可采用以下方式:(1)中外大学之间互派有教学经验的教师以访问学者的身份进行教育教学交流,交流形式为:到对方学校进行一个月、三个月,或半年的讲学,讲学内容由双方提前商定后发邀请函。路费由各自学校承担,讲课费和住宿费由对方学校承担,伙食费自理。(2)中外大学之间在举办国际性学术研讨会时,应邀请对方学校参加,费用可根据具体情况商定。(3)中外大学之间选派管理人员和教师互相进行短期访问和考察,路费由各自学校承担,双方尽可能地为访问、考察提供便利。(4)中外大学之间互派青年教师到彼此院校学习三个月至一年,相互间尽可能提供优惠的学习费用及生活条件。(5)中外大学之间音乐、舞蹈、美术专业和体育系等可根据国内、国外院校的邀请,选派高水平专业人才到彼此的院校进行三个月以上的讲学或短期交流活动,双方院校之间应在此项目上给予大力的支持。

3. 用互派留学生,相互承认学历,相互承认学生所修课程的学分的方式开展国际交流活动。交流时,可采取以下措施:(1)采取"2+2"人才培养方式,即中方学生大一、大二在国内大学就读,大三、大四在国外大学就读,学生生源由国内大学负责组织,学生在两校累计修满学分即可毕业。(2)中外双方也可采取"121"培养方式,即中方学生大一在国内大学就读,大二、大三在国外大学就读,大四回国内在国内大学完成学业,学生累计修满学分即可毕业。(3)国内大学每年选派部分英语专业学生到国外大学学习本专业一年,学习期满后经对方学校考试合格,学校应授予学生相应证书。(4)国内大学非英语专业学生经过语言强化训练后,可到国外大学继续修读本专业,期限为一年。国内大学学生的英语培训可在本学校或在对方学校进行,费用由学生自理。(5)国外大学可选派部分对中国文化、语言、历史、艺术、武术等有兴趣的学生到国内大学学习,学习期限由对方决定,学习期满后由国内大学授予相关证书。(6)参加本项目的中国学生无需通过雅思和托福考试,只要具备四级以上英语水平就可到国外的高校学习,外方须承认或认可学生在国内大学修取的学分成绩,国内大学也承认和认可学生在国外的学分成绩。学生修满规定学分，成绩合格者，毕业时可同时获得两所大学的学历学位证书。

4. 用引进国外智力与人才的方式开展国际交流活动。高等学校只有通过世界范围内的广泛交流与合作，积极引进国外智力、成果和人才，才能跟上世界先进科学技术和高等教育的步伐，并在国际竞争中取胜。为了不让引进国外智力工作受阻，我们应该在聘请渠道上下功夫，来解决这一供需矛盾的问题。因此，可以通过以下几种方式开辟聘请渠道：（1）通过校际交流，以互换学者的形式聘请外国文教专家是比较可靠可行的渠道。因为友好学校为了巩固和发展两校间的协作关系，一般都会挑选业务水平比较高，态度比较好，具有敬业精神的教师来华任教。（2）通过国家外专局同国外境外组织常年合作这个比较固定、可靠以及部分境外友好组织派遣的聘请渠道。它是国际教育交流与合作的一条重要的聘请渠道，其外籍教师的来源一般是国外的高校，他们来学校任教是受学校和政府组织的派遣，一般都有一定的教学经验或把英语作为第二语言来教的教师资格证书，他们有较强的事业心，并且教学认真，教学效果良好，教学质量有所保证。（3）高等学校为了提高外语教学水平，培养中青年外语教师，以及培养和提高学生的听、说、读、写能力，还可聘请外国留学生在校内以勤工俭学的方式担任语言教师，以解决语言专家的供需矛盾问题。这样做，不但可以节省外国专家的聘请费用，而且还有利于东西方文化的交流与融合。（4）随着网络的普及，为聘请外国专家提供了更加便捷的途径。通过在网上发布聘请外专信息的需求，使个体愿意来华任教的外专在网上看到信息后，直接在网上申请，也就是开展网上聘请外国专家工作，可以达到事半功倍的效果。（5）高等学校在引进个体智力的同时，要注意引进优秀的群体智力。例如，在国内举办国际性学术会议、举办中外大学生夏令营、接受国外短期文化、语言交流团组、举办展览会等形式，是引进群体智力的最佳方式。通过以上活动，不仅增加了中外学者、师生之间的交流与合作，还会扩大高校在海外的影响，这对提高高校的国际声誉，为高校的进一步发展奠定了坚实的基础。

另外，还有一些国外的驻华使节，前来国内高校访问、交流、演讲、举办展览等，这无疑给国内高校的国际教育和文化交流增添了绚丽的色彩，我们不但通过他们了解他们各自国家的教育和文化，还可以了解他们的国家最新的政治动态以及国际形势。还可以把他们当作与国外大学建立友好关系的桥梁，因为通过他们的穿针引线作用，可以同国外大学取得联系。如：青海师范大学已先后成功地接待了加拿大驻华使馆大使贝祥先生、美国驻华使馆负责经济事务的二等秘书杨舟先生以及以色列驻华使馆负责文化学术事务的一等秘书安吉道先生，还于近期成功地举办了《充满活力的以色列》摄影展，展期7天，3500余人参观了展览。这种展览不但对青海师范大学师生了解以色列文化起到了积极的推动作用；而且，也让以色列文化官员了解了青海师范大学。同时，青海师范大学把这些活动视为与其他国家交流的一种重要手段，从另一个角度来讲，也促进了这些国家同青海师范大学的国际交流。

三、对高等学校开展国际教育交流与合作的一般性评价

关于高等学校开展国际教育交流与合作的评价，根据不同的形式和内容，可以从大的方面做以下两种一般性评价：

（一）对开展国际教育交流与合作的评价

1. 教师互访，有利于高校师资的提高。利用国外先进技术，跟踪世界高等教育发展的前沿水平，培养具有教学与实践双重能力的人才，促进高等教育的发展。同时，通过引进国外文教专家，加强高校的外语教学，使中青年教师的外语水平，尤其是学生的外语听、说、读、写能力得到提高。

2. 学生互派，有利于与世界接轨。国内经济与国外经济的联合，迫切需要大批外向型、国际性人才，这也是世界各国高校加强国际教育交流与合作的目的。同样，中国经济的飞速发展和中国广阔的市场，对外国留学生具有很大的吸引力，他们希望学习中国语言，希望探讨中国文化，特别是对中国的中医药、传统工艺、烹饪、书法、武术、儒家思想等感兴趣，

除此之外，有的外国留学生甚至还对中国的政治制度、历史、经济、法律等内容也颇感兴趣。因此，中国文化走向世界，发扬光大应该说是指日可待。

3. 学术交流、合作研究，有利于加强高校学科带头人和高层次人才的培养。学术交流、合作研究的形式，如邀请外国专家、学者来国内高校进行短期访问、讲学、开展科研项目的合作研究以及必要时进行联合科学考察（如青海师范大学与英国伦敦大学的可可西里冰川联合考察活动等）。另外，在国内举办国际性学术会议，国际性展览会等（如有条件的话，也可在国外举行）形式也是开展国际性学术交流活动的内容。

4. 选派优秀骨干教师出国进修、短期访问、讲学、工作或参加国外的国际性学术会议，参与重点项目联合攻关，不断跟踪国际最新科技动态，也是培养国际人才的一种途径。目前，随着中国国力、经济和旅游开放的影响，对外汉语教师出现了供不应求的现象。如埃及、毛里求斯、泰国、印尼等国家都迫切需要汉语教师，而日、韩、欧美也存在汉语教师不足的问题。高校要积极培训对外汉语教师，开辟国际教育输出的新思路，要争取向国外派遣汉语教师。另外，对外汉语教师的选派也可在在校大学生当中培养，在他们毕业的时候，还会为他们提供到国外去就业的机会。

（二）对大力发展留学生教育事业的评价

1. 作为高校，应积极改善学校的软、硬件环境，为进一步广泛地接收外国留学生创造良好的物质条件。针对目前世界上出现的学习"汉语热"现象，高等学校应为外国留学生提供更加便利的学习语言的环境。因此，高等学校应培养一批熟悉我国经济特点的新一代外国人才，对地方外向型经济的发展有其难以替代的作用。大多数留学生学成以后，会成为其所在国与中国人民友谊桥梁的使者，并且成为扩大双边交往和把中华文化影响向其周围扩散的媒介。

2. 目前在中国的外企、外资经理、公司职员以及他们的家属、子女迫切需要掌握汉语，而且，入世以后，我国将作为世界贸易组织的成员国，与其他成员国之间进行公正、公平和公开的商贸往来，各国与中国打交道的机会将会越来越多,我国大学争取汉语语言教学的机会也将随之增多。其次,有些国家还把学习掌握汉语作为今后年轻人择业或就业的必备条件。正如《对外汉语教学工作简报》2003年第1期《海外动态》栏目讲到的那样:"21世纪,中国的飞速发展成为世界瞩目的焦点。汉语,因其涵载着中华民族深邃、悠久的文化底蕴,逐渐成为令人向往的热门语言。据统计,目前全世界学习中文的人数已达3000万人,几乎遍及世界的各个角落。"世界上学习汉语的需求增长迅速,其表现一是地域广,不断有新的国家和大学开设汉语课程。二是增幅大,2002年来华学习汉语的留学生人数比2001年增长了42%。又如,美国在近年内学习汉语的人数增幅达到36%,居于全美外语的首位。今天,在多元文化的加拿大,汉语已经发展成为第三大使用语言。所以,针对这一部分人们的学习需求,提供不同层次、不同形式的汉语教学,使他们成为固定的留学生生源,也是一种较畅通的留学生招生渠道,另外,积极与国外大学、使馆等建立良好的关系,招收他们推荐的留学生,也是留学生招生的渠道之一。其次,利用网络覆盖面大、快捷之特点,通过网络在网上进行招生,也是留学生招生较为便捷的一种渠道。

3. 与其他教育机构相比,大学通常与国际社会有更多的接触。因此,"大学超越原有的文化"和"与国际社会有更多的接触"是大学的时代特征。所以,国际化是大学自身发展的需要,大学市场国际化,尤其是在大力发展留学生教育事业方面显得格外的重要。因为大力发展留学生教育事业,能够带给大学可观的经济利益。如:(1)通过高等学校教育教学服务获取学费。对于从事高等教育出口服务的大学来说,通过收取学生的学费来获得直接的经济利益,是大学将高等教育市场由国内拓展到国外的主要国际经济动力。(2)通过后勤服务,可收取留学生的膳食费用。除学费之外,大学还通过向留学生提供生活服务等后勤服务来赚取留学生的生活费用。后勤服务是学校是否能够吸引留学生生源的一个重要因素,因为后勤服务的好坏直接或间接地影响着学校的留学生招生。(3)通过科技服务,获得服务费用。大学是传播科学和创造科学的场所,是科学的发源地。随着全球科技新发现的日益增多,以及科学发现与技术创新之间的距离日益缩短,国际技术转移正在全球范围内迅速展开,已从原始的梯度转移发展为当今的跳跃式转移。(4)通过校园网络、传真、复印等技术手段,获取技术服务费用。由于校园的网络、传真、复印等费用比市场价低,而且便利,所以深受留学生的欢迎。

由于通信的发达,交流的便捷,随着我国加入 WTO,市场国际化,经济国际化,劳动力和人才培养也会逐步国际化,这当然会使高等教育在相当程度上国际化。现在许多人都提,21 世纪是东方文化的世纪,也是中华民族实现伟大复兴的世纪,随着中国经济的强盛,国力的充实,科学文化的发达,中国的优秀传统文化将更多地为世界所认识、所接受,中国在世界文化宝库中所占的份额将更多,东西方文化的交融将更充分,从而使世界文化中东西方文化各自发挥自己的优势,形成色彩斑斓、丰富繁荣的世界文化。

总而言之,各国教育的交流与合作已成为教育现代化和面向未来的重要标志,也是当今世界高等教育改革和发展的共同趋势。将中国高等教育融入世界高等教育潮流之中开展交流与合作,能够使我们吸收人类的一切文明成果,学习世界各国的先进科技与管理经验,将中国高等教育提高到一个崭新的水平,并且提出高校要通过学术交流、合作研究、联合办学、互派学者和留学生等途径,更广泛地开展国际教育合作与交流,同时要求把提高外语水平和学习世界各国创造的优秀文化成果作为高校大学生今后必备的素质。